教育数学基础

汪一敏 著

ZHEJIANG UNIVERSITY PRESS
浙江大学出版社

序

杭州师范大学初等教育学院是一所百年老院,有着悠久的办学历史和教育传统。学院小学教育专业为全国最早开始培养本科学历层次小学教师的院校之一,为国家级特色专业、浙江省首批重点专业和优势专业。"小学教师专业提升"丛书由《小学语文教学技能实训》(吕映主编)、《小学数学教学技能实训》(李红、李国强主编)、《教育数学基础》(汪一敏著)、《课程与教学:新手教师的视角》(袁德润主编)、《儿童发展心理学》(刘瑛主编)五本教材组成。本丛书的编写成员均为小学教育专业建设项目团队成员,长期从事小学教育专业的相关课程的教学与研究。

大家经过历时两年的研讨认为,本科层次的小学教育专业自1998年办学至今,各级各类教材繁多,但是,许多都只是加了小学教育案例而已,针对小学教育专业师范生教与学技能与素养的教材还是有些欠缺,本丛书正是基于这种专业建设的现实需求,本着不求大而全,但求有需要、有特色的指导思想编写出版的,希望对小学教育专业的教材体系做出必要的补充和尝试创新。

本丛书定位于提高四年制本科小学教育专业师范生的教与学的技能与素养。通过本丛书前两本教材的学习,能够掌握作为未来的小学教师所必需的小学语文、小学数学学科的备课、上课、听课、说课、评课和教研技能,形成小学语文、数学教学的实际能力。通过丛书后三本教材的学习,能够提升未来小学教师所必需的心理素养、课程与教学素养、数学素养。而后三本教材是前两本小学语文、小学数学学科技能实训的基础,反之,前两本教材是后三本心理、课程与教学、数学素养的具体体现,五本教材在培养小学教育专业师范生教与学的技能与素养方面,相辅相成,互为促进。

在教材编写过程中,作者力求凸显以下几个特点。

1. 鲜明的时代特色。随着时代的发展,对于小学语文教师、小学数学教师的教学技能提出了许多新的要求。特别是 2011 年《语文课程标准》、《数学课程标准》的修订和颁布，又提出了一系列新的课程理念，要求教师转变课程观念，形成、掌握新的教学技能。本丛书针对时代对于语文教师、数学教师的新要求，依据新课程标准的精神，重新建构小学语文、小学数学教学技能结构体系，培养适应时代需求的新型小学语文和小学数学教师。

2. 整合的理论基础。小学教师需要综合的知识结构和理论素养，所以，本丛书在突破单一学科体系、整合小学教师所需的理论基础知识方面做了有益的尝试。例如，《教育数学基础》将作为一个小学数学教师所需的数学知识进行了整合，这里所讲的数学知识，以往是作为纯数学知识而授的，这里是作为一种"教育数学"而强调的，突出了它们在数学教学中的地位与作用。《课程与教学：新手教师的视角》对课程与教学论的系统理论进行修剪，从历史的角度梳理课程与教学发展的脉络和追求，给读者提供一条理性看待和理解课程与教学问题的线索，并从新手教师专业发展需求的视角出发安排教材内容。《儿童发展心理学》的编排内容，按照儿童在不同领域的发展来划分章节，这与大多数同类教材按儿童的年龄阶段分章节有所区别，有利于相关知识的整合。

3. 明确的实践取向。本丛书体现了鲜明的实践取向，通过鲜活的教学案例的分析，帮助师范生和新手教师掌握各项教学技能，并通过有针对性的应用练习使师范生和新手教师逐步形成教学设计能力、实施能力和评价能力。

4. 优化指导的体例导向。本丛书编写体例完整有序，体现优化指导自学的原则。每一章前面有内容提要、关键问题，后面有案例评析、应用练习，并安排有拓展阅读，引导学生由课内向课外拓展延伸。这样的编写体例，便于教师教学，更便于学生学习，有利于学生的自主学习、探究学习和拓展学习，在"教材"向"学材"的转变方面做了新的尝试。

在本丛书教材编写、出版过程中，始终得到了杭州师范大学攀登工程"人文振兴计划"项目和"本科教学创一流"项目的大力支持，得到了浙江大学出版社的领导、编辑的悉心指导和帮助，在此表示衷心地感谢！

徐丽华

目　录

绪论　数学教师的数学素养 ……………………………………… 1

第一章　数的起源和发展 ………………………………………… 17

第一节　自然数 …………………………………………………… 17

第二节　分数和小数 ……………………………………………… 22

第三节　负数 ……………………………………………………… 27

第四节　有理数和数域 …………………………………………… 29

第五节　整数的表示和进位制 …………………………………… 34

第六节　无理数和实数 …………………………………………… 37

第七节　复数和二元数 …………………………………………… 41

第八节　四元数 …………………………………………………… 45

第九节　数集的无限性及其基数 ………………………………… 48

第二章　数学推理的基础 ………………………………………… 55

第一节　公理化 …………………………………………………… 56

第二节　概念 ……………………………………………………… 64

第三节　定义 ……………………………………………………… 72

第四节　命题 ……………………………………………………… 76

第五节　推理 ……………………………………………………… 86

第三章　代数关系 …………………………………… 106

第一节　集合 ……………………………………………… 107

第二节　映射 ……………………………………………… 115

第三节　关系 ……………………………………………… 118

第四节　代数运算和运算律 ……………………………… 128

第五节　同态和同构 ……………………………………… 134

第六节　群、环、域简介 ………………………………… 139

第四章　数学习题 …………………………………… 156

第一节　数学习题的功能 ………………………………… 157

第二节　数学习题的分类 ………………………………… 165

第三节　数学习题的科学性 ……………………………… 180

第四节　数学习题的选择和改编 ………………………… 193

参考文献 …………………………………………………… 227

附录一　圆周率是用什么方法获得证明的 ……………… 229

附录二　勾股定理的别名 ………………………………… 232

绪论　　数学教师的数学素养

作为一个数学老师，你有没有想过"数学是什么？"对于这个问题，也许没有标准答案，但每一位老师都会有他自己的理解。

有一位数学老师是这样理解的：

数学是一个大宝库，我要领着我的学生在其中汲取知识的养分；

数学是空间，我要让我的学生想象丰富，头脑能装得下整个宇宙；

数学是图形，我要让我的学生明白数、形是一家，形是数的化身，数是形的灵魂；

数学是一座艺术宫殿，我和学生一起在这里享受形式美、对称美、方法美、奇异美……接受美的熏陶；

数学是故事，欧几里得、阿基米德、祖冲之、高斯……每个故事都让人遐想联翩，给人无限启迪；

数学是游戏，七巧板、幻方、二十四点、一笔画……孩子们快乐地游戏于数学乐园中；

数学是问题，我要让我的学生成为像牛顿、瓦特一样喜欢问"为什么"的好孩子；

数学是历史，我要告诉学生勾股定理、《九章算术》、圆周率……让他们知道我国曾有着辉煌的昨天；

数学是一把金钥匙，我要让我的学生用这把金钥匙去打开人生旅途上每一扇通向成功的大门……①

这个理解与数学家对数学的理解完全不同，例如有的数学家是这样理解数学的：

"数学不是别的东西，而只是从定义和公理推导出来的一组结论，而这些定义

---

① http://wenku.baidu.com/link?url＝1AkCftX7NwX81dUqkLVGWSp0tqTH5OlkbP4
GfiW_tSnn9RSedigj8kwotUmjPfNONMdIxFI3XUbGwmNz-6swsx_VFocD2sDcgGcQf5ZDVmK.

和命题除了必须不矛盾外,可以由数学家根据他们的意志随意创造"[①]。

"数学不仅是一种重要的'工具'或'方法',也是一种思维模式,即'数学方式的理性思维';数学不仅是一门科学,也是一种文化,即'数学文化';数学不仅是一些知识,也是一种素质,即'数学素质'"[②]。

"数学有四个显著的特点:高度的抽象性、体系的严谨性、应用的广泛性、发展的连续性"。

"抽象并不是数学独有的,它是人类认识世界的重要方法,因而有着广泛的应用。例如,物理中的刚体、质点等概念和各种理想状态都是抽象出来的,化学中的化学键、天文学中的天体模型也都是抽象出来的。然而,数学中的抽象却有更'高'的层次,表现在内容、方法和度量上。首先,数学研究的对象是抽象的,而且这种抽象逐渐递增。如最早'数'的概念,从自然数到分数和整数,再到整个实数、复数,甚至四元数、八元数等,每一步都是更高一层的抽象;其次,数学的理论可以有多种解释,每一个解释都是一个自然科学、社会科学或其他科学的理论;第三,数学研究只能依据相应的定义进行演绎推理,而不能靠直观、实验或归纳、类比,数学的这种逻辑建构形成系统,成为有别于其他学科方法的公理体系;第四,数学抽象还表现在度量上,通俗地说就是可分为不同的层次。如认识到自然数 1,2,3 后,可以得到自然数的无限序列:$1,2,3,\cdots,n,n+1,\cdots$,即自然数集。后者已失去直观意义,是纯粹理性思维的产物,是更高层次的抽象"[③]。

"数学是历史的科学,是由历史成果累积而成的"。这是由于数学是连续发展的,"数学发展的连续性主要指数学的发展仅仅是方法的改变,而并无实质上的改变,对此德国数学家汉克尔(H. Hankel,1839—1873)有过一段精彩的描述:'在大多数学科里,一代人的建筑往往被下一代人所摧毁;一代人的创造被另一代人所破坏;唯独数学,每一代人都在古老的大厦上添加一层楼'"[④]。

实际上人们对数学的理解,无一例外地都只强调了数学的一个或几个侧面,但这也恰好说明了数学内涵的丰富性。本书强调的是:如何从教育的角度来理解数

---

① [美]R. 柯朗,H. 罗宾. 什么是数学[M]. 增订版. 左平,张饴慈,译. 上海:复旦大学出版社,2005:第二版序言.

② 数学与统计学教学指导委员会. 数学学科专业发展战略研究报告[J],中国大学教学,2005.

③ 王青建. 数学史简编[M]. 北京:科学出版社,2004:177.

④ Moritz R. E. Menmorabilia mathematica[M]. New York:The Macmillan Company,1914,14(31):121-191.

学 —— 教育数学。

一个从师范院校毕业的新数学老师,往往只具备在学校所学的知识基础和在教学实习中积累的有限经验,其中的知识基础主要是数学各分支的知识和数学教学法。虽然数学教学法涵盖了对课程、方法和物质条件的研究,对学习和学习者的研究(要建立数学学习的理论),对教学和教师的研究等方面,但在教学实践中,受制于各方面的条件和学生的经验,该课程往往只成为教学生如何备、上数学课的一门课。由于缺乏衔接数学各分支知识和数学教学法两者的课程,新数学教师的知识结构在这一点上形成了事实上的断层,这当然不利于新教师的成长。

为了消除这个断层,从教育的角度考虑,应当挖掘数学各科知识中对数学教育、教学起方法论、工具性等带有指导作用的数学理论知识,本书称之为教育数学。教育数学以下专题内容为背景。

一、数学素养

毫无疑问,数学教育的目的之一就是培养学生的数学素养。

1. 数学素养的内涵

对数学素养的理解,有的从心理学方面探索,王子兴(2002)认为:数学素养是数学科学所固有的内蕴特性,是在人的先天生理基础上通过后天严格的数学学习活动获得的、融于身心中的一种比较稳定的状态 …… 是一种心理品质。他接着说,数学素养涵盖创新意识、数学思维、数学意识、用数学的意识理解和欣赏数学的美学价值等五个要素。[1]有的从应用层面来讲,朱德全(2002)认为:数学素养的生成是个体在已建立数学经验基础之上对数学感悟、反思和体验的结果。[2]教育部高等学校"数学与统计学教学指导委员会"在2005年4月发布的《数学学科专业发展战略研究报告》中对"数学素养"的阐述算是一个权威的说法:

报告总结了优秀学生应具备十种基本的数学能力和五种基本数学素养。其中五种基本的数学素养是:主动探寻并善于抓住数学问题的背景和本质的素养;熟练地用准确、简明、规范的数学语言表达自己数学思想的素养;具有良好的科学态度和创新精神,合理地提出新思想、新概念、新方法的素养;对各种问题以"数学方式"的理性思维,从多角度探寻解决问题的道路的素养;善于对现实世界中的现象和过程进行合理的简化和量化,建立数学模型的素养。

---

① 　王子兴. 论数学素养[J]. 数学通报,2002.

② 　朱德全. 数学素养构成要素探析[J]. 中国教育学刊,2002:49 - 51.

在初等教育中,我们认为数学素养的内涵是:数学素养是"确定、理解和运用数学的能力,以及数学在每个人的现实生活中所起的良好的判断能力"。

数学素养依赖于对数学的理解和对知识、技能的综合熟练程度。具体地说,一个具有"数学素养"的人在他的认识世界和改造世界的活动中,常常表现出以下特点:

(1)在讨论问题时,习惯于强调定义(界定概念),强调问题存在的条件;

(2)在观察问题时,习惯于抓住其中的(函数)关系,在微观(局部)认识基础上进一步做出多因素的全局性(全空间)考虑;

(3)在认识问题时,习惯于将已有的严格的数学概念如对偶、相关、随机、非线性、周期性等概念广义化,用于认识现实中的问题。比如,可以用拓扑的观点去研究网络的结构等。

数学素养还包括现代社会所必需的进行数学式的思维和工作的能力,这些能力包括:数学问题的提出、理解和评价选择表达数学情景的方式、数学论证,等等。

2.数学素养的构成要素

数学素养养成的核心是培养学生的问题意识,即在提出、形成和解决数学问题中,使学生能够用数学术语解释新形成的问题,能够处理复杂的信息,简化各种量之间的关系,积极地、创造性地解决数学问题,即使在不熟悉的情境中也能确定和应用相关的数学工具和知识,发现合适的解题方法,并形成分析、推理和交流的能力。在这个过程中,我们可以归纳出数学素养的以下五个要素。

(1)数学知识素养

数学素养不论从心理层面看还是从应用层面看,都离不开数学知识。数学知识是人类智慧的结晶,是形成数学文化的基础,所以数学知识素养是数学素养的本体性素养。数学素养扎根于数学知识之中,学生在学习数学知识以及应用数学知识的过程中他们的数学素养才得以生长。没有数学知识,数学素养就是无源之水、无本之木。

(2)数学应用素养

数学应用素养是指主体在现实情境中应用数学知识和技能处理问题的能力,是最直观地反映数学素养的重要方面,个体数学素养的其他方面都是通过在现实情境中对数学的应用而体现的。

数学的产生源于现实的需要,所以数学发展起来了。数学研究的理论也一定要应用于生活实际,否则它就难以发展,例如虚数理论就是这样,诞生之初很不招人待见,得到应用以后得以迅速发展。所以在数学学习过程中,学生就懂得了他所学的东西并不是乌托邦式的,也不是柏拉图式的,而是可应用于我们身边之事的科学知识;懂得了适当地熟识它对生活是大有用处的,并使他的智性变得敏锐、精确性得到增长。但如果一个人在数学学习中,不关注数学的应用,那么就如杜威所说,"如果仅仅'懂得'数学上的定义、法则、公式等,就像懂得一个机器的各部分的名称而不懂得它们有什么用处一样",因此杜威认为:"一个人必须懂得数学概念发生作用的那些问题和数学概念在研究这些问题中的特殊用处,才能说是有数学概念知识的人。"这里"有数学概念知识的人",显然是指有数学应用能力的人。

（3）数学思维素养

不同的学科常常有不同的思维方式。

匈牙利著名的数学家路莎·彼得在她的名著《无穷的玩艺》中把数学中常用的化归思维方式作了一个生动的比喻,她写道:"假设在你面前有煤气灶、水龙头、水壶和火柴,现在的任务是要烧水,你应当怎样去做?"正确的回答是:"在水壶中灌上水,点燃煤气,再把水壶放到煤气灶上。"接着路莎又提出第二个问题:"假设所有的条件都不变,只是水壶中已有了足够的水,这时你应该怎样去做?"对此,人们往往回答说:"点燃煤气,再把壶放到煤气灶上。"但路莎认为这并不是最好的回答,因为"只有物理学家才这样做,而数学家则会倒去壶中的水,并且声称我已经把后一问题化归成先前的问题了。"

无独有偶,伊恩·斯图尔特在《现代数学的观念》中也讲述了一个与数学思维有关的故事:一个天文学家、一个物理学家和一个数学家正在苏格兰度假,当他们从飞驰的火车车厢向外眺望时,看到田野里有一只黑色的羊。天文学家说:"多么有趣,所有苏格兰羊都是黑色的。"物理学家不同意:"不!某些苏格兰羊是黑色的。"数学家则慢条斯理地说:"在苏格兰至少存在着一块田地,至少有一只羊,这只羊至少一侧是黑色的。"数学家的说法体现的是数学思维的严谨性。

思维素养的生成是当代教育家的共识。美国教育家贝斯特(Bester)认为:"学校的存在总要教些什么东西,这个东西就是思维能力。"英国教育哲学家赫斯特强调:"教育的中心目的是向学生传授主要的思维形式。"杜威说:"教育在理智方面的任务是形成清醒的、细心的、透彻的思维习惯。"

数学思维素养可以追溯到古希腊,例如公理化思想的确立,数学成为一门严谨的演绎学科,此后数学就沿着这条路发展至今。我们在学习数学的过程中,受此影响必定养成这种数学独有的思维方式,并能进行数学地思维。美国的舍费尔德教授曾就他1985年出版的《数学解题》一书说过这样一段话:"我现在认识到这一书名的选用不很恰当,我所考虑的单纯的问题解决的思想过于狭隘了。我所希望的并非仅仅是教会我的学生解决问题 —— 特别是别人提出的问题,而是要帮助他们学会数学地思维。不用说,问题解决构成了数学思维的一个重要部分,但这并非是全部的内容。在我看来,数学地思维意味着:① 用数学家的眼光去看待世界,即具有数学化的倾向:构造模型、符号化、抽象,等等;② 具有成功地实行数学化的能力。"

（4）数学思想方法素养

数学思想方法素养表现为主体对数学中蕴含的科学方法和数学特有的方法的掌握和在现实情境中的应用能力。

数学知识本身就是一种重要的方法,这样说的依据是一些数学学科的建立完全依赖于数学方法的成功应用,比如用字母代替数的符号方法,使得代数从算术中脱颖而出,成为独立的数学分支。

张奠宙教授将数学方法分为四个层次[①]:第一,基本的和重大的数学思想方法,如模型化方法、微积分方法、概率统计方法、拓扑方法、计算方法等。它们决定一个大的数学学科方向,构成数学的重要基础。第二,与一般科学方法相应的数学方法,如类比联想、综合分析、归纳演绎等一般的科学方法。第三,数学中特有的方法,如数学等价、数学表示、公理化、关系映射反演、数形转换。第四,数学中的解题技巧。

在义务教育阶段,常用的数学思想方法有演绎、归纳、类比、比较、观察、实验、分析、综合、化归、数学模型等。

在具体的问题解决中,数学思维方式就转化表现为数学方法。在数学地思维中,抽象、推理、模型是三个重要的环节,其中抽象最为核心。抽象,从现实生活中得到数学的概念和运算法则;推理,探求未知,得到问题各量之间的内在联系;模型,建立数学与现实世界的联系,为解决同类问题提供数学手段。

（5）数学精神素养

数学精神包括一般的科学精神、人文精神和数学特有的精神。通常把近代以来科学发展积淀形成的独特的意识、理念、气质、品格、规范和传统等称为科学精神。科学精神的具体内涵主要体现在:① 求真精神,② 实证精神,③ 怀疑和批判精神,④ 创新精神,⑤ 宽容的精神,⑥ 社会关怀精神。人文精神是指以人为本、以人为中心的精神,体现在揭示人的生存意义、体现人的价值和尊严、追求人的完善和自由发展的精神。人文精神包括:自由精神、自觉精神、超越精神和人的价值观等。在数

---

① 张奠宙,过伯祥,等.数学方法论稿[M].修订版.上海:上海教育出版社,2013,第一章:第三节.

学教育中科学的人文精神包括:严谨、朴实;理智、自律;诚实、求是;勤奋、自强;开拓、创新;宽容、谦恭;等等。

实际上,科学精神和人文精神是不可分割的,只有将两者结合起来才能使其走向良性发展。数学精神就是这两种精神的一种很好的结合。侯维民认为:"数学精神是人们在数学活动中形成的价值观念和行为规范。数学精神的内涵十分丰富,主要有数学理性精神、数学求真精神、数学创新精神、数学合作与独立思考精神等。"王健吾认为,"数学运用一切推理手段,力求获得对世界逻辑本质的理解",因而"数学精神就是人们客观地、精确地寻找世界逻辑关系的精神"。

日本数学家米山国藏的观点,可认为是对数学特有的精神的很好的概括,他说:"贯穿在整个数学中的精神包括活动于解决实际问题中的数学精神;数学的精神活动的诸方面,包括充满在整个数学中的应用化的精神;充满在整个数学中的扩张化、一般化的精神;充满在整个数学中的组织化、系统化的精神;遍及在整个数学中的研究的精神;致力于发明发现的精神;充满在整个数学中的统一的建设的精神;充满在整个数学中的严密化的精神;充满在整个数学中的'思想的经济化'的精神。"

结合数学的发展和人类对数学的追求,我们可归纳数学精神的两个侧面,即数学中的科学精神:应用化精神,扩张化、一般化精神,组织化、系统化精神,统一建设精神,严密化精神,最优化精神,等等。数学中的人文精神:自我激励、自我完善精神,求实探索、致力发现精神,质疑、求美精神,唯物辩证、创新进取精神,无私奉献、团结协作精神,等等。

数学精神对人类生活的影响,正如美国应用数学家克莱因在《西方文化中的数学》中所说:"数学精神激发、促进、鼓舞并驱使人类的思维得以运用到最完善的程度,也正是这种精神,试图决定性地影响人类的物质、道德和社会生活;试图回答人类自身存在提出的问题;努力去理解和控制自然;尽力去探求和确立已经获得知识的最深刻和最完美的内涵。"

二、数学教师的数学素养

作为一个合格的教师,需要具备多种素养,例如专业知识素养、文化素养、语言素养、情感素养、方法论素养,等等。不过在这一专题里,我们仅对数学教师的数学素养作以下几方面的讨论。

1. 了解数学知识间的相通性

数学教师的数学知识主要是在师范院校读数时积累的,但是学过一些数学专业知识课程,并不等于就此了解了数学,只有当他了解并掌握了数学各专业知识的内在联系,他在对数学的认识上才算上了一个台阶。例如,已经成为数学分支的解析几何,就是代数学与几何学知识内在相通性的体现。又例如,从微积分到实变函数到函数空间,这是分析学的学习路径,从行列式到矩阵到向量空间,这是线性代数学习的路径,但它们最后都可归结为研究定义了一些运算并符合一定运算律的集合的性质,这是抽象代数的研究范畴。认识到这一点,我们才能体会到数学的高度抽象性和联系的广泛性,这也是一个教师具有扎实的数学功底的表现。

2. 善于从教育的角度把握数学本质

从教育的角度说,把握数学本质,就是看是否把握住了数学素养的内涵。当今世界上数学教学大致有两种模式:一种是认知心理学模式,是指向数学理解的模式;另一种是社会文化模式,它通过让学习者成为一名数学实践共同体的成员,帮助其进行思维。这种模式在教学中强调超越"对数学的结构、概念、程序和事实性知识的掌握",注重"数学实践共同体解决问题过程中所包含的'心理习惯':架构问题、寻找解决方案、表述猜想、将数学逻辑和数学推理作为自己进行推理的依据,注重通过对数学共同体的话语方式、价值观和规范的逐步掌握而成为数学的识知者、评价者、应用者和制造者"[1]。社会文化模式的教学要培养的不仅是数学思维,更有实践中的数学思维。[2]

我国目前数学教学的模式受各方面条件的限制,更接近于认知心理学模式。但这不妨碍我们的数学老师在适当的时机,用合适的内容实践第二种教学模式,只要我们的老师真正理解了数学素养的内涵。

以下案例体现了这种尝试。

在一次数学课上,介绍一元二次方程的韦达定理后,作为老师的我向学生简要说明一元三次方程 $ax^3+bx^2+cx+d=0$ 也有韦达定理:(通常的数学教学首先是介绍一元二次方程的韦达定理,紧接着就是关于韦达定理各种变式的练习题,为学生的再创造奠定基础。这位老师的"简要说明"走出了教材的限制,为学生的"再发现"提供了机会,如果学生自己提出:"一元三次方程"是否有韦达定理将更有价值。这种不局限教材引领而提出问题对学生数学素养生成极为重要。)

---

[1] Stein, M. K., In: Brophy, J.. Subject-specific instructional: methods and activities [M]. Elsevier Science Ltd, 2001.

[2] Stein, M. K., Smith, M. S., Henningsen, M. A., Silver, E. A. 实施初中数学课程标准的教学案例[M]. 李忠如,译. 上海:上海教育出版社,2001.

$$\begin{cases} x_1 + x_2 + x_3 = -\dfrac{b}{a} \\ x_1 x_2 + x_1 x_3 + x_2 x_3 = \dfrac{c}{a}, \\ x_1 x_2 x_3 = -\dfrac{d}{a} \end{cases}$$

同时和学生一起探索如何利用韦达定理解一元二次方程 $ax^2 + bx + c = 0$，

设 $x_1 > x_2$，由 $\begin{cases} x_1 + x_2 = -\dfrac{b}{a} \\ x_1 x_2 = \dfrac{c}{a} \end{cases}$，

可得　$(x_1 - x_2)^2 = (x_1 + x_2)^2 - 4x_1 x_2 = \dfrac{b^2}{a^2} - \dfrac{4c}{a} = \dfrac{b^2 - 4ac}{a^2}$，

当 $b^2 - 4ac \geqslant 0$ 时，可得　$x_1 - x_2 = \dfrac{\sqrt{b^2 - 4ac}}{a}$（或 $-\dfrac{\sqrt{b^2 - 4ac}}{a}$），

解方程组 $\begin{cases} x_1 + x_2 = -\dfrac{b}{a} \\ x_1 - x_2 = \dfrac{\sqrt{b^2 - 4ac}}{a} \end{cases}$，得 $\begin{cases} x_1 = \dfrac{-b + \sqrt{b^2 - 4ac}}{2a} \\ x_2 = \dfrac{-b - \sqrt{b^2 - 4ac}}{2a} \end{cases}$。

这样，由求根公式可得到韦达定理，再由韦达定理求得求根公式，学生对两者及其联系都有了深刻的理解。课后，有个学生跑过来问我，能不能由三次方程的韦达公式来求它的求根公式？（表明学生有数学探索精神以及有了数学类比思想方法）我当时并没在意，因为三次方程求根公式很复杂，对一个初中学生来说可能是无法解决的，但又不能打击他的积极性，于是轻描淡写地说了一句：那你试试看吧。（一句"你试试看吧"给学生提出了挑战，激发了学生的探究的欲望！）没想到，第二天他拿了厚厚一叠草稿纸来找我，说："我本想把韦达定理变形为

$$\begin{cases} x_1 + x_2 + x_3 = A \\ x_1 + x_2 - x_3 = B \\ x_1 - x_2 - x_3 = C \end{cases}$$

的形式，然后解方程组，但没有成功，不过我把韦达定理变形为

$$\begin{cases} x_1 + x_2 + x_3 = A \\ x_1^2 + x_2^2 - x_3^2 = B \\ x_1^3 + x_2^3 + x_3^3 = C \end{cases}$$

的形式。如果这个方程组解出了，那我就解出了三次方程。可是，这个方程组我也解

不出,但我觉得它的形式很漂亮(这个过程使学生体验了数学发现的过程以及数学美的欣赏)。"①

我们的老师还可以创造条件,引领学生发现现实生活中的数学关系。相信学生在具有真实情境的问题中,会进行不同方案的抉择、质疑、反思、联想等,而不是像解题那样追求唯一正确的答案。

3. 了解数学发展的动因

有人认为一个数学教师应当要了解一些基本的数学史,这是对的。但是他们了解数学史的目的是为了在课堂上通过讲述"几何学来源于古代埃及土地面积的测量,三角学来源于古希腊的天文测量,勾股定理来源于中国古代测量工具——勾股的制作和在实际测量中的使用,等等",把书上干巴巴的数学内容丰满起来。这里我们暂且不说了解了数学发展史,可以通过讲授古今中外著名数学家的执着追求、辛勤付出和伟大成就,激发学生的学习兴趣,激励学生努力学习、立志成才。这里我们仅说教师学习数学史,更重要的是了解数学(知识)发展的动因。在义务教育阶段,学生的数学知识从无到有、从有到多,在一定程度上就像人类数学知识的建立和发展。教师应当把握数学发展的脉动,并将此渗透到数学教学之中,将知识点讲透。

例如我们讲授弧度制,如果我们只是就事论事地讲授,学生肯定印象不深,只能囫囵吞枣。但如果我们能从数学(知识)发展的角度设计教学,从角的大小的度量的度、分、秒制讲起,过程中不断进行比较对照,相信学生的印象就会深刻得多。

数学史知识赋予数学课堂教学的启示是:新的知识点应当而且可以从知识的本源讲起。

4. 数学地关注教材、组织教学

有一句俗语说得好,"外行看热闹,内行看门道"。数学教师面对数学教材,应当全力领会教材的编排意图,并有自己的见解。在教学中能时时处处考虑如何培养学生的数学素养,讲授时(有条件时)总是从具体到抽象,深入浅出,具有把数学思维过程在课堂教学中表现出来的本领。

例如,关于三角形概念。

三角形概念无论小学教材还是中学教材,都给出了一个说法。中学浙教版(2013)八年级上册给出的是:"由不在同一条直线上的三条线段首尾顺次相接所组

---

① 杨芳芳,林龙英,王保燕.教学论数学素养[EB/OL]. http://wenku.baidu.com/link?url=HbvV7UenENRKoV2dkImdL4ogkc_cGnLHg_jNgsojqYmq1AJKdjfy0g3fJ2t3FfjAnB_m5CYPl9aQMxV8ai4PsaV5F5c2kzBJt4SsVhxU0Oe.

成的图形叫作三角形"。很多老师把它作为三角形的正式定义,在课堂上特别强调,是很不妥的。从数学定义的要求来看,以上说法并不能作为三角形的定义,而且说法本身也存在问题。一个数学教师虽无力改变教材,但我们在教学中对此完全可以作淡化处理。

例如,关于教师的非数学语言。

教师在讲授圆的时候,尤其是小学,小学生对圆的认识(数学概念)正处在似明非明的建构时期,必须注意数学的形与数学概念之间的关系。有一个老师上课伊始就在 PPT 课件上出示了一个圆,见图 1(1),实际上这个图就是让小学生把圆理解成圆就是圆盘,或者圆包括圆的内部,因为小学生还没有圆是"平面上动点到定点距离相等的点的集合(轨迹)"这样的概念定义,他们还不会甄别、判断。

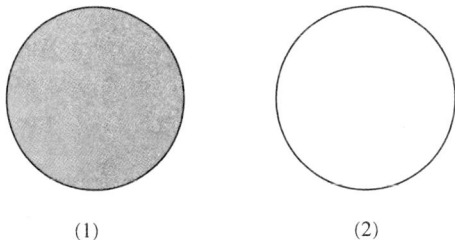

(1)　　　　(2)

图 1

例如,关于教学重、难点的把握。

数学教师确定教学的重、难点是一个日常性的工作,虽然有许多参考资料可供借鉴,但能准确把握又在教学中做到突出重点、突破难点的好课,并不是每个数学老师都能上出来的。"1000 以内数的认识"是小学二年级(下)的一个内容。一般老师的教学目标都会这样制定:

① 知识与技能:使学生掌握数数的方法,会数 1000 以内的数,体验数的产生和作用;知道 10 个一是十,10 个十是一百,10 个一百是一千,认识计数单位:"百"、"千",初步体会相邻两个计数单位之间的十进关系。② 过程与方法(略)。③ 情感与态度(略)。

正确数 1000 以内的数,体会相邻两个计数单位之间的十进关系既是本节课的教学重点,也是难点。

其实 1000 以内数的读、写小朋友都会,除了少数几个数如 502,699 ～ 700 读起来会有些障碍。小朋友也都知道"10 个一是十,10 个十是一百,10 个一百是一千"的关系,只是他们的"知道"是小和尚念经式的,并没有具体表象的依托。

学生学习概念要经历四个阶段:① 接触概念具体的实例,② 经历抽象的过程，③ 获得完整的定义，④ 思考与其他概念的区别和联系，称为学生概念学习的层次分析理论。取这四个阶段英文单词的首字母，定名为 APOS 理论，它可作为我们进行重、难点教学设计时的参考。但问题是这节课的重点真是如上所述吗？

在 2011 年春季"千课万人"第二届全国小学数学生态课堂教学研讨观摩活动上，小学数学特级教师丁杭缨所上的"1000 以内数的认识"课程，对我们极具启发性。这节课可看作是三位数的概念教学，课中丁老师用 APOS 理论对三位数分别用小棒、计数器和阿拉伯数字记数法来设计教学，完成了学生概念学习所需经历的四个阶段。在这个过程中，丁老师一直没有偏离阿拉伯计数系统是十进位值制这一教学重点（也是难点，虽然对二年级的小朋友没有点出这个名称），当小朋友说出屏幕上的小棒共有 999 根的时候，课程达到了高潮，丁老师问"这三个 9 一样吗？"然后让小朋友逐一回答，明确含义，将十进位值制这一记数系统有效地植入了学生的头脑，为学生理解更大的数的书写和构成之间的联系扫清了道路，确实比一般的老师高明许多。

在义务教育阶段，再也没有其他内容的教学更适合渗透"十进位值制"这个概念了。我们的教学不能就事论事，只顾眼前，这就是所谓的数学地关注教材、组织教学。

5. 有一定的数学习题理论知识

一个数学教师不关注数学习题是不可想象的，但现在这个工作却被编教辅资料的人取代了。往好处想的结果是，老师们选择习题的余地更大了。所以，为了选择合适的习题，避免教学的盲目性，提高教学效率，就需要掌握一定的数学习题理论。选择或改编习题，是数学教师的一项基本功。

数学习题理论的相关知识，并没有被多数师范院校列入必修或选修的课程，因此这是许多新的数学教师的一个薄弱环节。现在我们把它收入到本书之中，希望引起数学老师的关注。

三、教育数学的内容和意义

许多专业都有属于自己专业的数学课程，比如《生物数学》、《经济数学》、《金融数学基础》、《计算数学》等。数学教师作为专业职业，如前所述，至今未见与教育教学直接相联系的教材。师范院校培养数学教师，从数学专业角度看，主要是从三方面——专业观、专业知识、教学方法进行培养。这里的专业观就是指数学观，数学观是指从教育的角度对数学的理解，每个数学老师都会有自己对数学的理解，即自己的数学观；专业知识是指所学各数学分支的知识；教学方法是指怎样上数学课的一些理论。从目前师范院校的课程设置看，专业知识、教学方法都有相应的课程讲授，唯独没有数学观的。因此，新数学教师往往都是自己从所学的各数学知识中，凭借自己的悟性，汲取能为自己的教育教学工作指引航向的养分，形成自己的数学观。

为了弥补这一缺陷，我们提出"教育数学"这一概念，通过教育数学所确定的内容的学习，帮助数学师范生形成数学观。本着这样的目的，和对数学素养、数学教师数学素养的理解，我们来确定教育数学的内容。

1. 教育数学的内容选择

教育数学该选择哪些内容？本书确定内容的一个原则是：所选内容主要不是为了增加读者的数学知识的量和解题的技能技巧，而是为了帮助读者形成数学观，理解"数学是什么？"的问题。

所选的"数的起源和发展"（第一章），内容来源于数学史、实数理论、代数学等，初等易懂又紧密联系中小学数学。把它们汇编在一起，能使读者强烈地感受到数学发生发展的过程，即数学因什么而生，因什么而发展，以及发展的动因（现实世界的因素和数学内部的因素），感受到人们对数学追求的可贵精神（如对数域扩张的研究和追求）。实际上，这一章除了研究的具体对象是数以外，其模式就好似整个数学科学的一个缩影。

所选的"数学推理的基础"（第二章），内容来源于数学史、数学方法论和形式逻辑学等。把它们汇编在一起，使读者能清晰地看到数学学科的一个鲜明的特征——演绎性；看到数学大厦建造的基础是公理化，建造的方法是推理；看到了抽象数学的诞生历程（如非欧几何的诞生）暨数学推理的非凡。同时也了解作为数学推理和数学教学必备的关于概念、定义、命题和推理的初步知识及其运用规则。

所选的"代数关系"（第三章），内容来源于集合论、离散数学和近世代数等，把它们汇编在一起，是为了向读者展示数学的抽象性，即数学的研究可以"撇开"具体的对象而进行"统一"研究，领悟到数学各分支间的知识有共性和相通性，这种共性或相通性实际上是数学对象与运算之间的某种结构。这样就可在"高观点"上理解数学，数学在一定的层次上是可以"统一的"。

所选的"数学习题"（第四章），内容来源于学者、专家的研究成果，经整理、改编汇编在一起。目的是让数学老师理解，数学习题理论内容丰富而且重要，数学习题是数学教育教学中的重要环节，也是重要的教学手段，我们不能只顾埋头解题而忽略了它在教育教学中的重要作用。

目前，数学习题的相关内容在数学教师的培养中还相对处于薄弱地位，在教辅资料满天飞的当下，也确实没有引起数学教师的重视。编写本章的意图，一是想改变数学习题在师范教育中的薄弱地位,二是希望大家在了解了数学习题的功能、类型和改编等数学习题的各个侧面之后,能使之成为数学教学中的利器。

教育数学是一个全新的概念,其内容的完善还有很多的路要走。例如,圆周率——不论圆的大小,其周长与直径的比始终是一个常数,这个结论在何时、如何证明的?勾股定理在希腊还被称为"已婚妇女定理",这是为什么?等等,这些是否应作为教育数学的内容,都有待今后来确定。现在我们把它们放在附录中,以供参考。

2. 教育数学的意义

教育数学不同于数学教学法。数学教学法解决的是"教什么?"和"怎么教?"这两个问题,其中的"教什么?"主要指教学内容的体系安排。而教育数学是使人(从教育角度)理解"数学是什么?"的问题,即树立数学观,其意义在于:

(1)有利于数学教师形成准确的数学观

数学教学是一项比较复杂的工作,要做好这项工作,既需要理念,更需要创新,仅靠模仿他人的教学是达不到教学的那种"自我"的境界的。因此,教师必须要有"思想",有教师的数学观。师范毕业生如果只凭在学校所学的数学知识和数学教学法所受的训练,要形成准确的数学观是有一定的难度的。

数学教学只教学生解题这肯定不对,偏重数学抽象结构方面的内容也不行,20世纪60—80年代美国进行的基础数学教育改革就是教训。在这次被称为"新数学运动"的改革中,学生回答$37+14$等于多少时,答案竟然是等于$14+37$。数学教学除了要教给学生一定的数学知识外,还要教给学生其他什么,实际上数学老师是起到主导作用的。而数学老师能起到怎样的主导作用,是他的数学观决定的。美籍匈牙利数学家、数学教育家G. 波利亚有句名言:"数学有两个侧面,用欧几里得方式提出来的数学像是一门系统的演绎科学,但在创造过程中的数学看来,却像是一门实验性的归纳科学。"[①]从中我们不难体会到波利亚的数学观。实际上数学的这两个侧面以及它的两种推理 —— 论证推理与合情推理(猜想),使得数学教育在培养人的数学素养方面的作用是其他科学无法取代的。

教育数学概念的提出和内容的选择确定,其目的就是使师范生能够形成准确的数学观。这种形成不是通过说教式的灌输,而是通过具体材料的学习,让学生"内心自发"地领悟。

(2)有利于数学教师准确地、全面地把握教材,改善课堂教学,提高教学效率

数学教师有了自己的数学观,就会对教学内容做出自己的判断。毫无疑问,有准

① [美]G.波利亚.怎样解题[M].阎育苏,译.北京:科学出版社,1982.

确的数学观,做出正确判断的可能性大。教师依据自己的判断进行教学设计,哪些该重点讲、重点练,以及怎么讲、怎么练,从而优化课内结构,把数学课上出"数学味"。

例如,前述有关三角形概念的问题。由于数学学科的演绎性,有些概念(称为原始概念)是不加定义的(也无法定义),三角形就是这样的一个概念。尽管许多教科书都给出了三角形的所谓"定义",但我们老师可以对此进行淡化处理,不必让孩子们逐字逐句背、写,进行无效学习。

又例如前述"1000 以内数的认识"的教学。丁杭缨老师课中所有的设计都围绕着三位数的组成结构进行,这个结构就是十进位值制记数系统。这种对教材的把握程度,相信与丁老师的数学观有关。不以一节课为参照标准,她的整体教学效率是高的。

启发式教学法教师会有许多提问和追问。提问和追问的目的是帮助学生获得正确的知识,树立正确的观念,但并不是问得越多、越细就越好。

例如有一个老师讲完了分数的意义以后,问图(见图 2)中(1)的阴影部分面积能不能用 $\frac{1}{3}$ 表示?学生甲说"能"以后,老师又问"为什么?"学生乙说"因为是平均分"。老师肯定以后接着对图中的(2)问了同样的问题,学生丙说"不能",老师又问"为什么?",学生丁说"因为不是平均分",老师说"对",又继续上课。

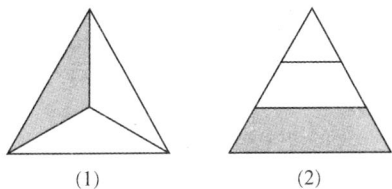

图 2

其实小学生能正确地认定图 2 中的(1)的阴影部分的面积可用分数 $\frac{1}{3}$ 表示,也能正确地认定(2)的阴影部分的面积不能用 $\frac{1}{3}$ 表示,说明已经掌握了分数的意义,再问为什么,一是意义不大,二是还出现了错误。

当问到(2)为什么不能用 $\frac{1}{3}$ 表示时,学生的回答理由常常是"因为(2)不是平均分"。如果这理由是对的,那么图 3 中的阴影部分面积也不能用 $\frac{1}{3}$ 表示了。而实际上,图 3 中的阴影部分的面积是可以用 $\frac{3}{9} = \frac{1}{3}$ 表示的。因此,这个理由是错的。那么,问题出在哪儿呢?根据分数的意义,"如

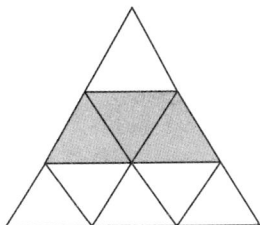

图 3

果这里是平均分的,那么阴影部分的面积可用 $\frac{1}{3}$ 表示"是真命题,其否命题是"如果这里不是平均分,那么阴影部分的面积不能用 $\frac{1}{3}$ 表示"却未必真。

一个命题与它的否命题在逻辑上是不等价的(见第二章第四节)。如果我们的老师清楚地知道这一点的话,就不会在课堂上做这种费力又不讨好的事。

(3) 有利于师范的数学教育的改革和创新

教育数学的研究,给师范的数学教育的改革提供了新观点、新理论和新途径。

教育数学的新观点认为:师范生的培养不仅要从数学知识、教学方法两方面进行培养,还应关注学生的数学观形成的培养。一个没有数学观的人,他的教学方法往往唯方法而方法,似无水之源的方法,难以设计出如前所述的"一元二次方程韦达定理"的教学方案。

作为一种新理论,我们已经从浩如烟海的数学知识的海洋里确定和选取了教育数学的相关内容,形成了《教育数学基础》一书。此书既可作为师范生相关课程的教材,也可作为广大从事初等数学教学老师的培训资料。

教育数学提出的新观点,为师范生课程的改革提供了新思路。《教育数学基础》一书的编写,为师范生各数学课程的整合提供了现实的新途径。

在数学史上具有革命性意义的事件是关于欧氏几何第五公设独立性的研究,这个研究并不是说公理化思想就不需要实践经验,恰恰相反,在很多时候,公理化思想给我们的启示是,我们要常常回到问题的出发点,按照冯·诺伊曼所讲的就是"返本求源"。教育数学给我们的启示是,要培养优秀的数学老师,我们得"返本求源",回到数学老师的思想 —— 他们的数学观上去。

没有数学思想的数学教育,培养训练出来的人始终处在一种无法"自觉"的蒙昧状态,他们也可以应用一些数学的方法,得到一定的结果和成绩,但永远难以自觉地回归本源,缺乏开创意识。这不仅在数学学科上是如此,在其他领域也亦然。

第一章　　数的起源和发展

数的起源最初应该是依赖于原始人类对"有"与"无"、"多"与"少"的认识的，用现代术语来说，即是依赖于"数感"的萌芽。

什么是数感呢?数感就是感知事物多少的心理能力。

现代研究表明，某些鸟类和黄蜂就具有数感。例如乌鸦，科学家在一个人靠近乌鸦巢穴隐藏时，乌鸦会在惊飞后不返巢，直到科学家离开，同样，两个科学家靠近巢穴一人离开另一人隐藏时，乌鸦也不会返巢……但当有五个人靠近巢穴，四人离开一人隐藏的时候，乌鸦却飞了回来，可见乌鸦能分辨一和二，但不能分辨四和五。人类的智慧当然远超这种基本的动物数感，所以人类创造了数。

第一节　自　　然　　数

人类最早认识的数量可能是"1"，然后是"2"、"3"，对于大于3的数，他们都理解为一堆或一群。那时候还没有文字来记录数。人类形成数量的概念，远在文字发明之前，人们为了记载数目的多少，开始使用"刻痕记事"和"结绳记事"这两种方法，即人类用在树皮、木棒、兽骨上刻痕的方法或用结绳的方法来记录数。1937年，在捷克摩拉维亚地方出土的一块幼狼胫骨上刻有55道刻痕。这块狼骨的年代，据考证大约在3万年前。至今在欧、亚、非大陆的某些地方，仍然有一些牧人用在棒上刻痕的方法，来计算他们的畜群。中国古代文献《周易·系辞下》有"上古结绳而治"之说，"结绳而治"即结绳记事或结绳记数。这种记事方法在秘鲁高原一直盛行到19世纪，而世界上有些地方，如琉球岛的居民至今还保持着结绳记事的传统。由于"结"的大小和"痕"的不同，所以这种方法兼具记事和计数的功能，它体现了原始的一一对应的计数原理。

一一对应的计数方法很容易形成自然数的概念，它是数概念发展的重要途径。

最早书写的数字是距今五千年以前的埃及和美索不达米亚。每个国家起源的数字也各有所不同，现存的世界上几种古老的书写记数系统有：古埃及的象形数字(前3400年左右)，见图1-1;巴比伦楔形数字(前2400年左右);中国甲骨文数字

（前 1400 年左右）；希腊阿提卡数字（前 500 年左右）；中国筹算数码（春秋战国时期前 770— 前 221 年），见图 1-2；印度婆罗门数字（前 300 年左右）；美洲玛雅数字（年代不详）。

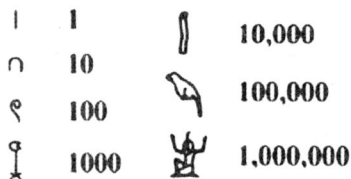

图 1-1　埃及象形文字表示的数字

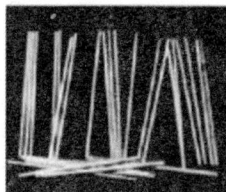

图 1-2　中国的算筹

当计数较多的实物时，人类学会了依次用更大的单位记数的方法。考古学家提供的证据表明，人类采用的记数方法的进位制有二进制、三进制、五进制、十进制、十二进制、六十进制，等等。人类最早可能用手指计数，一只手五个指头，一双手十个指头，若加上一双脚趾则为二十个，这大概是五进制、十进制、二十进制的来由。玛雅数字系采用二十进制。巴比伦楔形数字系采用六十进制，埃及、中国、希腊和印度则采用十进。德国农民日历，一直到 1800 年还采用五进制。

在中国的算筹记数法中，以纵横两种排列方式来表示单位数目，其中 1 ～ 5 均分别以纵横方式排列相应数目的算筹来表示，6 ～ 9 则以上面的算筹再加下面相应的算筹来表示，见图 1-3。

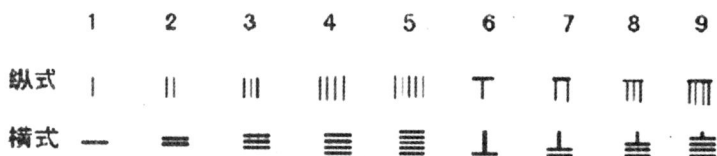

图 1-3　中国算筹纵横两种计数方法

表示多位数时，个位用纵式，十位用横式，百位用纵式，千位用横式，以此类推，遇零则置空。例如 197 和 1907 的筹式分别表示为：

这种记数法遵循一百进位制。据《孙子算经》记载，算筹记数法则是：凡算之法，先识其位，一纵十横，百立千僵，千十相望，万百相当。《夏阳侯算经》说：满六以上，五在上方，六不积算，五不单张。算筹的发明就是在以上这些记数方法的历史发

展中逐渐产生的。它最早出现在何时,已经不可查考了,但到春秋战国时期,算筹的使用已经非常普遍了。

　　阿拉伯数字 1,2,3,4,5,6,7,8,9,0 是现今国际上通用的数码。但这种数字的发明创造者并非阿拉伯人,阿拉伯数字最初出自印度人之手,是他们的祖先在生产实践中逐步创造出来的。公元前 3000 年,印度河流域的居民使用的数字已经比较进步,采用十进制计数法。到吠陀时代(前 1400— 前 543),雅利安人已意识到数码在生产活动和日常生活中的作用,创造了一些简单的、不完全的数字。公元前 3 世纪,印度出现了整套的数字,但各地的写法不一,其中典型的是婆罗门式,它的独到之处就是从 1～9 每个数都有专用符号,现代数字就是从它们中脱胎而来的。当时,"0"还没有出现。到了笈多时代(约 300—500)才有了"0",叫"舜若"(shunya),表示方式是一个黑点"●",后来衍变成"0"。这样,一套完整的数字便产生了。这是古代印度人民对世界文化的巨大贡献。

　　阿拉伯人对印度数字的传播功不可没。印度数字首先传到斯里兰卡、缅甸、柬埔寨等国。7—8 世纪,随着地跨亚、非、欧三洲的阿拉伯帝国的崛起,阿拉伯人如饥似渴地吸取古希腊、罗马、印度等国的先进文化,大量翻译其科学著作。771年,印度天文学家、旅行家毛卡访问阿拉伯帝国阿拔斯王朝(750—1258)的首都巴格达,将随身携带的一部印度天文学著作《西德罕塔》献给了当时的哈里发曼苏尔(754—775),曼苏尔令翻译成阿拉伯文,取名为《信德欣德》。此书中有大量的数字,因此称其为"印度数字",原意即为"从印度来的"。阿拉伯数学家花拉子密(约783—850)和海伯什等首先接受了印度数字,并在天文表中运用,他们放弃了自己已有的用 28 个字母表示数字的方法,并在实践中修改完善印度数字,并毫无保留地把它介绍给西方。9 世纪初,花拉子密发表《印度计数算法》,阐述了印度数字及其应用方法。

　　古罗马数字,是罗马人在希腊数字的基础上,建立的自己的记数方法。罗马人用字母表示数,Ⅰ 表示 1,Ⅴ 表示 5,Ⅹ 表示 10,C 表示 100,D 表示 500,M 表示1000。这样,大数字写起来就比较简短,但计算十分不便。因此,今天人们已经很少使用罗马数字记数了,但有时也还可以见到使用在年号或时钟上的罗马数字。

　　中国的数字除了算筹以外还有天干、地支、生肖、文字等表示方法。其中文字数字分大写、小写。例如大写的有:零、壹、贰、叁、肆、伍、陆、柒、捌、玖、拾、佰、仟、万、亿、兆、京、垓、秭、穰、沟、涧、正、载、极。小写的有:〇、一、二、三、四、五、六、七、八、九、十、百、千、万、亿、兆、京、垓、秭、穰、沟、涧、正、载、极。干支记数法是一种特有的60 进制的记数方法。

十天干：甲、乙、丙、丁、戊、己、庚、辛、壬、癸。

十二地支：子、丑、寅、卯、辰、巳、午、未、申、酉、戌、亥。

相互搭配组合可以表示 $1 \sim 60$ 的数,称为六十甲子,见表 1-1。

表 1-1 六十甲子

1	2	3	4	5	6	7	8	9	10
甲子	乙丑	丙寅	丁卯	戊辰	己巳	庚午	辛未	壬申	癸酉
甲戌	乙亥	丙子	丁丑	戊寅	己卯	庚辰	辛巳	壬午	癸未
甲申	乙酉	丙戌	丁亥	戊子	己丑	庚寅	辛卯	壬辰	癸巳
甲午	乙未	丙申	丁酉	戊戌	己亥	庚子	辛丑	壬寅	癸卯
甲辰	乙巳	丙午	丁未	戊申	己酉	庚戌	辛亥	壬子	癸丑
甲寅	乙卯	丙辰	丁巳	戊午	己未	庚申	辛酉	壬戌	癸亥

世界各民族、国家所创立的数字系统,从进位原理看,大致可分为以下四类:简单累加制、逐级命数制、乘法累数制和位值制。[1]

简单累加制是指对每一个较高的计数单位都用一个新的符号表示,计数时依次重复排列这些符号。埃及的象形文字记数法、巴比伦楔形文字记数法、罗马字母记数法等都采用的是这种方法。

例如算式:

$$
\begin{array}{r}
2\ 3\ 5 \\
\times)\quad 4 \\
\hline
9\ 4\ 0
\end{array}
$$

写成罗马数字的算式为

$$
\begin{array}{r}
CC\ X\ X\ X\ V \\
\times)\qquad\qquad ⅣV \\
\hline
CCCCCCC\ X\ X\ X\ X\ X\ X\ X\ X\ X\ X\ X\ X\ V\ V\ V
\end{array},
$$

再写成 CMXL(其中:L 代表五十;C 代表一百;D 代表五百;M 代表一千)。

逐级命数制(也称分级符号制)是指对每一个个位数、一百以内十的倍数、一千以内百的倍数等都有专门的符号,记数时可避免重复排列,显得较为简洁。但由于记数时符号种类多,增加了记忆上的困难。埃及的僧侣文记数、希腊字母记数等采

① 梁宗巨. 数学历史典故[M]. 沈阳:辽宁教育出版社,1992:6—47,213—235.

用的就是这种方法。

乘法累数制是指对每个位数与较高的单位数之间采用乘法组合关系,记数较之逐级命数法减少了数字符号,又比简单累加制简洁。中国的甲骨文记数采用的是这种方法。

甲骨文记数是中国最早的记数体系,形成于公元前 16—前 11 世纪,主要用于占卜祭祀,是十进制非位值制数系,独立的符号共发现 13 个:

记数时,将十、百、千、万作为单位词,对十以上的数目还多用合文并写,如

分别表示 20,30,40,50,60,70,80,200,300,400,500,600,800,900,2000,3000,4000,5000,8000,30000,已有位值制的萌芽。

位值制比乘法累数制进了一步,省掉了个位数以上的单位符号,仅靠个位数字所在的位置表示它们代表的数值,即同一个数字在不同的位置代表不同的值。中国的算筹记数法、玛雅人记数、印度—阿拉伯数字采用的就是这种记数法。

中国在甲骨文记数中就已经使用了完整的十进制记数,到春秋战国时期,又开始出现严格的十进位值制筹算记数。在欧洲,印度数字的传播,开始遭到一些基督教徒的反对,但实践证明印度数字优于罗马数字,最终印度数字取代了冗长笨拙的罗马数字。1202 年意大利数学家列奥纳多,又称斐波那契所发行的《计算之书》,又译称《算盘书》,标志着欧洲使用印度数字的开始。该书共 15 章,开章说:"印度九个数字是:'9,8,7,6,5,4,3,2,1',用这九个数字及阿拉伯人称作 sifr(零)的记号'0',任何数都可以表示出来。"随着 14 世纪时中国的印刷术传到欧洲,更加速了印度数字在欧洲的推广应用。西方人接受了经阿拉伯人传来的印度数字,并称之为阿拉伯数字。

在阿拉伯数字中,0 是极为重要的数字,0 的发现被称为人类伟大的发现之一。0 在我国古代叫作金元数字,意即极为珍贵的数字。0 这个数据说是由印度人在约公元 5 世纪时发明,当初引入西方时,曾经引起西方人的困惑。因当时西方认为所有数都是正数,而且 0 这个数字会使很多算式、逻辑不能成立(如除以 0),甚至认为

是魔鬼数字,而被禁用。直至约 15、16 世纪,0 和负数才逐渐为西方人所认同,才使西方数学有了快速的发展。

拉普拉斯面对创造阿拉伯数字"1,2,3,4,5,6,7,8,9,0"的伟大功绩说:"用不多的记号表示全部的数的思想,赋予它除了形式上的意义以外,还有位置上的意义,它之所以如此绝妙非常,正是由于这种难以估量的简易。"马克思对此也感叹地说,"这是最奇妙的发明之一"。今天我们可以肯定地说,若没有这种先进的记数方法,数学就不可能发展到今日的水平。

十进位值制记数法是自然数集形成的基础。

我国传统的教科书所说的自然数都是指正整数,0 不是自然数。在国外,有些国家的教科书是把 0 也算作自然数的。国内外数学界对于 0 是不是自然数历来有两种观点:一种认为 0 是自然数;另一种认为 0 不是自然数。我国的中小学教材一直规定自然数不包括 0。1993 年,我国为了推行国际标准化组织(ISO)制定的国际标准,也是为了早日和国际接轨,方便国际交流,颁布了《中华人民共和国国家标准》(GB 3100～3102—93),在《量和单位》(11—2.9)第 311 页,规定自然数包括 0。

现行九年义务教育教科书和高级中学教科书(试验修订本)都把非负整数集叫作自然数集,记作 N,而正整数集记作 N^+ 或 N^*,改变了 0 不是自然数的说法,认为一个物体也没有,用 0 表示,所以 0 也是自然数。

第二节　分数和小数

在数发展的历史上,分数几乎与自然数同样古老,也都带有强烈的地域特征。在各个民族最古老的文献里,都能找到有关分数的记载,然而,分数的传播并在数学中获得自己的地位,却用了几千年的时间。

分数的起源缘于"分",原始的分数概念来源于对量的分割。如《说文解字·八部》对"分"的解释是:"分,别也。从八从刀,刀以分别物也。"一块土地平均分成三份,其中一份便是三分之一。"三分之一"是一种说法,用专门符号写下来便成了分数,分数的概念正是人们在处理此类问题的长期经验中形成的。

世界上最早期的分数,出现在埃及的阿默斯纸草卷。公元 1858 年,英国人亨利林特在埃及的特贝废墟中,发现了一卷古代纸草,立即对这卷无价之宝进行修复,并花了十九年的时间,才把纸草中的古埃及文翻译出来。现在这部世界上最古老的数学书被珍藏在伦敦大英博物馆内。

在阿默斯草卷中,我们见到了四千年前分数的一般记法,当时埃及人已经掌握

了单分数 —— 分子为 1 的分数的一般记法。他们用记号"⌂"表示单分数，如：

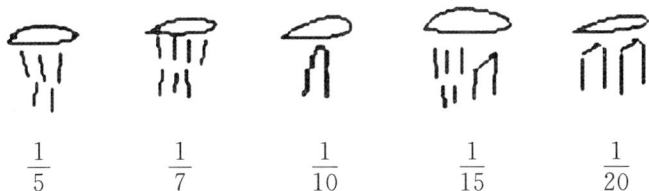

$$\frac{1}{5} \qquad \frac{1}{7} \qquad \frac{1}{10} \qquad \frac{1}{15} \qquad \frac{1}{20}$$

埃及人把单分数看作是整数的倒数，埃及人的这种认识以及对单分数的统一记法，是十分了不起的，它告诉人们数不仅有整数，而且有它的倒数 —— 单分数。

如果想要表示分数 $\frac{2}{7}$ 怎么办呢？古埃及人把 $\frac{1}{4}$ 和 $\frac{1}{28}$ 摆在一起，说这就是 $\frac{2}{7}$。$\frac{1}{4}$ 和 $\frac{1}{28}$ 怎么能够表示 $\frac{2}{7}$ 呢？原来，古埃及人只使用单分子分数。也就是说，他们只使用分子为 1 的那些分数，遇到其他的分数，都得拆成单分子分数的和。$\frac{1}{4}$ 和 $\frac{1}{28}$ 都是单分子分数，它们的和正好是 $\frac{2}{7}$。那时还没有加号，相加的意思要由上下文显示出来，看上去就像把 $\frac{1}{4}$ 和 $\frac{1}{28}$ 摆在一起表示了分数 $\frac{2}{7}$。

由于有了这种奇特的规定，古埃及的分数运算显得特别繁琐。例如要计算 $\frac{5}{7}$ 与 $\frac{5}{21}$ 的和，首先得把这两个分数都拆成单分数，然后再把分母相同的分数加起来，由于算式中会出现一般分数，接下来又得把它们拆成单分子分数。所以，即使是这样一道简单的分数加法题，古埃及人算起来会很费事，如果遇上复杂的分数运算，按他们的算法将会非常地吃力。

巴比伦人在实践中也广泛应用了分数，他们常使用分母为 60 的分数，如〈可表示 $\frac{10}{60}$，《可表示 $\frac{20}{60}$，《可表示 $\frac{30}{60}$，但是这些符号的确切含义需联系上下文进行判断。在《汉谟拉比法典》和其他文献中，还使用了"二分之一"、"三分之一"、"三分之二"等分数，这几个特定的分数分别用✝ ✝✝ ✝✝✝表示。

大约在公元前 5 世纪，中国开始出现把两个整数相除的商看作分数的认识，这种认识正是现在的分数概念的基础。在这种认识下，一个除式也就表示一个分数，中国古代分数的表示法是被除数放在除数的上面，最上面留放着商数。

我国现在尚能见到最早的一部数学著作，刻在汉朝初期的一批竹简上，名字叫

《算数书》。它是 1984 年年初在湖北省江陵县出土的。在这本书里,已经对分数运算做了深入的研究。稍晚些时候,在我国古代数学名著《九章算术》里,已经在世界上首次系统地研究了分数。《九章算术》从除法运算引入分数,其"合分术"有云:"实如法而一。不满法者,以法命之。"其"命之"即是"命分",其意为:用法除实,如不能除尽,则定义一个分数。源于除法的分数的出现,对发展分数的运算具有十分重要的意义。书中将分数的加法叫作"合分",减法叫作"减分",乘法叫作"乘分",除法叫作"经分",并结合大量例题,详细介绍了它们的运算法则,以及分数的通分、约分、化带分数为假分数的方法步骤。如题:"又有九十一分之四十九,问约之为几何?"书中介绍的方法是,91 中减去 49,得 42;从 49 中减去 42,得 7;从 42 中连续减去 7,到第 5 次时得 7,这时被减数与减数相等,7 就是最大的公约数。用 7 去约分子、分母,那就得到了 $\frac{49}{91}$ 的最简分数 $\frac{7}{13}$。不难看出,这正与现在常用的求两数的最大公约数的方法之一 —— 辗转相除法类似。中国古代分数理论的高明之处是它借助于"齐同术"把握住了分数算法的精髓:通分。正如我国数学家刘徽在 263 年注释《九章算术》时所说:"众数错杂,非细不会。乘而散之,所以通之。通之则可并也。凡母互乘子谓之齐,群母相乘谓之同。同者,相与通同共一母也。齐者,子与母齐,势不可失本数也。"有了齐同术,就可将异分母分数化为同分母分数,变相违为相通。刘徽深得其中奥秘,称:"然则齐同之术要矣。错综度数,动之斯谐,其犹佩觿解结,无往而不理焉。乘以散之,约以聚之,齐同以通之,此其算之纲纪乎。"刘徽在《九章算术注》中补充了一条分数除法计算的法则:"分数除法就是将除数的分子、分母颠倒与被除数相乘。"而欧洲直到 1489 年,才由维特曼提出相似的法则,比刘徽整整晚了1200 多年!我国古代数学家发明的这些分数计算的方法步骤,与现代分数计算的步骤已大体相同,这令人非常自豪。对此,苏联数学史专家鲍尔加尔斯基公正地评价说:"从这个简短的论述中可以得出结论:在人类文化发展的初期,中国的数学远远领先于世界其他各国。"

在拉丁文里,分数一词源于 frangere,是打破、断裂的意思,因此分数也曾被人叫作"破碎数"。在欧洲,这些"破碎数"曾经令人谈虎色变,视为畏途。7 世纪时,有个数学家算出了一道 8 个分数相加的习题,竟被认为是干了一件了不起的大事情。在很长的一段时间里,欧洲数学家在编写算术课本时,不得不把分数的运算法则单独编写,因为许多学生遇到分数后,就会心灰意懒,不愿意继续学习数学了。直到 17世纪,欧洲的许多学校还不得不派最好的教师去讲授分数知识。以致到现在,德国人形容某个人陷入困境时,还常常引用一句古老的谚语,说他"掉进分数里去了"。

一些古希腊数学家认为分数是"整数的比",并不把它看作是一种数。巴比伦的分数是 60 进位的,埃及采用的是单分数。阿拉伯的分数更加复杂,有单分数、主分数和复合分数,这种繁复的分数表示导致了分数运算方法的繁杂,所以欧洲分数理论长期停滞不前。大约在 12 世纪后期,阿拉伯人首先用一条短横线把分子、分母隔开来,这可以说是世界上最早的分数线。13 世纪初,意大利数学家菲波那契在他的著作《算盘书》中介绍阿拉伯数学,也把分数的记法介绍到了欧洲。欧洲在 15 世纪以后才逐步形成现代的分数算法,到 16 世纪,西方的数学家们才对分数有了比较系统的认识。

美国数学史家卡约利(F. Cajori)认为十进小数是近代数学史上关于计算基础方面的三大发明之一,所以,小数(文中"小数"均指"十进小数")的出现是数学史上的一件大事。

我国对小数的认识在世界上是最早的。小数是在实际度量和整数运算(如除法、开方)的需要中产生和发展起来的。随着社会生产力的发展,对度量精度的要求越来越高,反映在数学上,就是对数量表示精度的要求越来越高。开始,人类只能用整数来表示数量,继而在所表示的数量的末尾附注"有余"、"有奇"或"强"、"弱"等字样,以表示该数量与实际数量之间的差异。当需要用数来比较精确地表明这种差异时,就逐渐形成了两种表示方法:一种是用分数来表示不足整数的剩余部分;另一种是发展度量衡系统,用更小的度量衡单位来表示有关的量。我国古代较早地形成了占主流地位的度量衡十进制单位系统,打下了产生十进小数的基础。刘徽在注解《九章算术》时,记录长度所用的单位是:丈、尺、寸、分、厘、毫、秒、忽,忽是最小的单位。在计算中,他把忽作为最小的单位,以下那些没有明确单位的数就是小数,刘徽称为"徽数",或者把它舍去,或者把它化为简单分数,或者用十进分数表示。他在处理平方根问题时也使用了十进小数。刘徽是历史上目前所知的最早应用小数的数学家,可惜他没有对小数的记数方法进行改进,把它推进到现代水平,而仅把它视为(十进)分数进行通分、约分。

十进小数,实际上是不带分母的十进分数,它的产生需有两个前提:一是十进制记数法的使用;二是分数概念的完善。

小数的出现标志着十进制记数法从整数扩展到了分数,使分数与整数在形式上获得了统一。

刘徽以后,有些天文学家和数学家从不同角度也采用了这种科学的小数记数法。南朝刘宋著名科学家何承天编著的《宋书》律历志部分,大量地记述如

十一万八千九百二十六$_{二五}$(118926.25)

九万四千三百五$_{十七}$(94305.17)

这样的数,用附在整数位后面的小字来表示小数。这大概是数学史上最早的小数表示法了。

到了宋元时代,在计算中,人们已普遍习惯于专门用"分"、"厘"、"毫"来称呼基本单位下的数量了,它已不仅仅是具体的单位,而是各种量的小数部分的通称。"分"表示小数的十分位上的数,"厘"表示百分位上的数,等等。南宋著名的数学家秦九韶(1202—1261)在他的著作《数书九章》中称小数为"收数",并给予定义:"收数,谓尾见分厘者。"

宋元数学家们常常在他们的著作中列出演算图,使我们能够清楚地看出他们对数的表示法和计算过程。在秦九韶的《数书九章》中,用有关文字标明一个筹算数码为个位数,清楚地把整数部分与小数部分区分开来。例如在卷六"环田三积"的运算中,得出"三十二万四千五百六步二分五厘"。他在演算图中用算筹的表示见图1-4,用"余"字表示该位后都是小数,"余"字起到了现代小数点的相同作用。

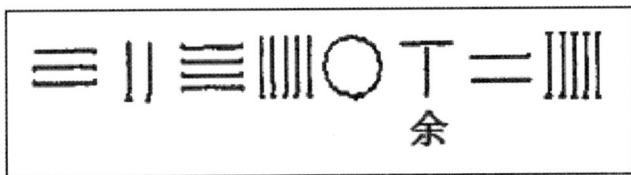

图1-4 "环田三积"所示筹算图

虽然我国对小数的认识远早于欧洲,但现代数学中所使用的小数的表示法却是从欧洲传入我国的。欧洲关于十进小数的最大贡献者是荷兰工程师斯蒂文(Simon Stevin,1548—1620)。他从制造利息表中体会到十进小数的优越性,因此他竭力主张把十进小数引进到整个算术运算中去,使十进小数有效地参与记数。不过,斯蒂文的小数记法并不高明,如139.654,他写作139⊙6①5②4③,每个数后面圈中的数是用来指明它前面数字位置的,这种表示方法使小数的形式复杂化,并且给小数的运算带来很大的麻烦。1592年,瑞士数学家布尔基(Jobst Burgi)对此做出较大的改进。他用一空心小圆圈把整数部分和小数部分隔开,比如把36.548表示为36。548,这与现代的表示法已极为接近。大约过了一年,德国的数学家克拉维斯(C. Clavius,1537—1612)首先用黑点代替了小圆圈,他在1608年发表的《代数学》中,将他的这一做法公之于世,至此,小数的表示方法一直沿用至今。

第三节　负　　数

负数是怎样产生的?有人认为由于现实世界中存在着意义相反的量,盈余与不足、收入与支出、上升与下降、增加与减少,所以负数概念是生活中的实例的抽象,现行初中教科书也是按此思路来讲授负数的。这就产生了一种误解:似乎人类只是从对这种具有相反意义的量的认识中引进负数的。事实上,负数的引入还缘于数学内部的矛盾。

中国是世界上首先使用负数的国家。从历史上看,负数产生的一个原因是解方程的需要。负数的概念和算法首先出现在《九章算术》"方程"章,因为对"方程"进行两行之间的加减消元时,常常会遇到小数减大数的情况,为了使方程组能够解下去,就必须引入负数和建立正负数的运算法则。

我国古代数字是用算筹摆出来的,为了区分正数和负数,古代数学家创造了两种方法:一种是用不同颜色的算筹表示正负数,通常用红筹表示正数、黑筹表示负数;另一种是采用在正数上面斜放一支算筹,来表示负数。因为后者的思想较新,很快发展为在数的最前面一位数码上斜放一算筹来表示负数(也可将算筹斜放表示负数)。

刘徽在注解《九章算术》"方程"章时给出了正负数的加减法则:"同名相除,异名相益,正无入负之,负无入正之","异名相除,同名相益,正无入正之,负无入负之"。这里的"名"就是"号","除"就是"减","相益"、"相除"就是两数的绝对值"相加"、"相减","无"就是"零"。用现在的话说就是:"正负数的加减法则是:同号两数相减,等于其绝对值相减;异号两数相减,等于其绝对值相加。零减正数得负数,零减负数得正数。异号两数相加,等于其绝对值相减,同号两数相加,等于其绝对值相加。零加正数等于正数,零加负数等于负数。"还辩证地指出:"言负者未必负于少,言正者未必正于多。"意思是:负数的绝对值未必小,正数的绝对值未必大。遗憾的是他未能像正负数的加减运算那样,总结出正负数乘除运算的一般法则,而是通过具体的例子予以处理。正负数的乘除法则直到 1299 年元代数学家朱世杰的《算学启蒙》中才有明确记载:"同名相乘为正,异名相乘为负,同名相除所得为正,异名相除所得为负。"

负数之所以最早为中国古代数学家引入和使用,与中国古代传统数学算法高度发达和筹算机械化的特点是密不可分的。

印度最早使用负数的是婆罗摩芨多(Brahmagupta,598—665),他在 628 年完成的《婆罗摩修正体系》中给出了正负数的四则运算法则,认为负数就是负债和损失,并用小点或小圈标在数字上面标示以表示负数。

西方首先使用负数的是古希腊的丢番图(Diophantus,250 年前后),尽管不承认方程的负根,但他已知道"减数乘减数得加数,加数乘减数得减数"。可见对正负数的四则运算他已了如指掌。在解方程中若出现负根,他就放弃这个方程,认为是不可解的。

在欧洲初步认识并提出负数概念的,最早要算意大利数学家斐波那契(1170—1250)。他在解决一个盈利问题时说:我将证明这个问题不可能有解,除非承认这个人可以负债。14 世纪最有成就的法国数学家丘凯说负数是荒谬的数。1484 年,法国的舒开在《算术三篇》中曾给出二次方程的一个负根,却又不承认它,说它是荒谬的数。意大利学者卡丹(Cardan,1501—1576)在《大术》中承认负根,即把负数作为方程的根,但认为它们是不可能的解,仅仅是一些记号,是"假数"。韦达(Vieta,1540—1630)则完全不要负数。直到 1637 年笛卡尔(Descartes,1596—1650)在《几何》中认真考虑了方程正负根出现的规律,未加证明地给出了正负号法则,负数才被采用,但依旧议论纷纷。如帕斯卡(Pascal,1623—1662)认为从 0 减去 4 纯粹是胡说,法国数学家阿纳德(1612—1694)提出了一种有趣的说法以反对负数,他认为:若承认 $-1:1=1:(-1)$,因为 $-1<1$,那么较小数与较大数的比,怎能等于较大数与较小数之比呢?

到了 1831 年,英国著名数学家德摩根(A. DeMorgan,1806—1871)还在他的《论数学的研究和困难》一书中仍坚持认为负数是荒谬的。他举例说:"父亲现在 56 岁,他的儿子现在 29 岁,问什么时候,父亲的岁数将是儿子的 2 倍?"他解道:设 x 年后,父亲的岁数是儿子的 2 倍,得方程 $56+x=2(29+x)$,解得 $x=-2$,他认为这个结果是荒谬的。

负数在西方曾备受冷落,久久得不到人们的认可,但负数并不可被抹杀。分数系(包括自然数)对于加、乘、除三种运算是封闭的,为了使得减法运算在数系内也通行无阻,即对数系而言是封闭的,负数的出现就是必然。1572 年,意大利数学家邦贝利(R. Bombelli,1526—1572)在他的《代数学》中就给出了负数的明确定义。1629 年颇具远见的法国数学家吉拉尔(A. Girard,1595—1632)在《代数新发现》中用减号表示负数和减法运算,吉拉尔的负数符号得到人们的公认,一直沿用至今。17 世纪荷兰人日拉尔(1629 年)首先用负数解决了几何问题。

负数的地位最后是由德国的维尔斯特拉斯和意大利的皮亚诺确立的。1860 年维尔斯特拉斯在柏林大学的一次讲课时,把有理数定义为整数对,即当 m,n 为整数时，把 $\dfrac{n}{m}(m \neq 0)$ 定义为一个有理数；当 m,n 中有一个为负整数时；就得到一个负有理数。这就把负数的基础确立在了整数的基础之上。40 年后，皮亚诺在著名的《算术原理新方法》(1889) 中又用自然数确立了整数的地位：设 a,b 为自然数，则数对 (a,b) 即"$a-b$"是一个整数，当 $a > b$ 时，$a-b$ 为正整数；当 $a < b$ 时，$a-b$ 是一个负整数。至此，历经数十代数学家近 2000 年的前仆后继的工作和努力，负数的地位终于被牢固地确立了，历经半个多世纪的争论也因此降下了帷幕。

负数是人类第一次越过正数域的范围，前此种种的经验，在负数面前全然无用。在数系发展的历史进程中，现实经验有时不仅无用，反而会成为一种阻碍。我们将会看到，负数并不是唯一的例子。

第四节　有理数和数域

形如 $\dfrac{n}{m}(m,n$ 为整数，$m \neq 0)$ 的数为有理数（rational number）。有理数的集合通常用字母 Q 表示。有理数集包含以下数集：

(1) 自然数：$0,1,2,3,4,\cdots$；
(2) 正整数：$+1,+2,+3,+4,\cdots$；
(3) 负整数：$-1,-2,-3,-4,\cdots$；
(4) 整数：正整数、0、负整数统称为整数；
(5) 分数：正分数、负分数统称为分数。[①]

把这些数称为有理数，不免叫人费解：有理数是不是比别的数更"有理"?事实上，这可能是翻译上的一个失误。有理数一词来自西方，在英语中是 rational number，而 rational 通常的意义是"理性的"。中国近代翻译的西方科学著作，多数依据日译文的翻译，以讹传讹，把它译成了"有理数"。实际上，这个词源于古希腊，其英文词根为 ratio，是"比率"的意思（这里的词根是英语中的，希腊语意义与之相同），说的是这些数是整数的"比"，把它们翻译成"可比数"才名至实归。与之相对，"无理数"就是不能表示为两个整数的比的数，可称为"不可比数"。

人类为了创造一个既符合于实际又满足于数学发展理论论证上的需要的强有力的工具，认识到必须把数的原始概念，即只把自然数当作数的这种概念，大大推广。在一个漫长而曲折的发展过程中，分数、零、负整数逐渐取得了和正整数同样的

---

① 准确地说，分数即为有理数。此处是相对于整数而言。

地位,而且今天这些数的运算法则已经为普通中小学生所掌握。虽然自然数概念的这些推广人们已用了好几个世纪,而且已经成了近代一切数学的基础,但是直到19世纪,它们才有了一个逻辑上坚实的基础。

有理数集的形成,可能经历了以下的发展历程。

1. 作为度量工具的有理数

我们知道,自然数是从计算有限集合的元素个数(即计数)的过程中抽象出来的。但在日常生活中,我们不仅要数数,而且也需要度量像长度、面积、重量和时间这样的量。如果我们要能够自如地度量和记下这种能任意细分的量,就必须把算术的范围扩展到自然数的范围以外。为了把一个度量问题转化为计数问题,我们先要选择一个度量单位——米、分米、厘米、毫米、千克、克或分、秒(选哪一个根据情况而定),并规定它为 1。然后我们数一数被度量的那个量包含有多少个这种单位。某一铁块可能恰好是 24 千克,但是一般说来,在数含有几个单位的个数的过程,其结果不一定是"正好数完",即给定的量不一定恰好是我们所选择的单位的整数倍。实际上,在大多数情况下它是介于这个单位的两个相邻的倍数之间,例如在 23 千克和 24 千克之间。遇到这种情况,我们将进行下一步:通过把原单位分成 n 等分,引进一个新的小单位。在通常的语言中,这个新的小单位可以有专门的名称,例如,1 米分为 10 分米或分为 100 厘米,1 英尺分为 12 英寸,1 磅分为 16 盎司,1 小时分为 60 分,1 分钟分为 60 秒,等等。但在数学的符号系统中,把原来一个单位分为 n 等分而得到的小单位,用符号 $\frac{1}{n}$ 来表示;而且如果一个给定的量恰好包含 m 个小单位,它的度量将用符号 $\frac{m}{n}$ 来表示。这个符号称为分数或比(有时记作 $m:n$)。经过了若干个世纪的摸索,人们开始有意识地把符号 $\frac{m}{n}$ 与测量过程及被测量的量相分离,$\frac{m}{n}$ 被看作是一种纯粹的数(这是决定性的),它本身作为一个实体与自然数有同样的地位。当 m 和 n 是自然数时,我们称符号 $\frac{m}{n}$ 为有理数。

把这些新的符号叫作数(数原来只是指自然数)是完全合理的,因为这些符号的加法和乘法与自然数的加法和乘法有同样的运算规律。为了说明这一点,必须首先定义有理数的加法、乘法及相等。众所周知,这些定义是:对任意正整数 a,b,c,d 有

$$\frac{a}{b} + \frac{c}{d} = \frac{ad+bc}{bd}, \quad \frac{a}{b} \cdot \frac{c}{d} = \frac{ac}{bd}, \tag{1}$$

$$\frac{a}{a} = 1, \quad \frac{ac}{bc} = \frac{a}{b}。$$

很明显,如果我们希望有理数能用来度量长度、面积等的话,这些定义就不得不这样建立。但另一方面,这些符号的加法、乘法及相等的规则只是用我们的定义本身建立起来的,并不涉及某一具体的量。我们这样定义,仅是为了相容性和便于应用,事前并没有强加上什么东西。在定义(1)的基础上我们能证明:以下这些自然数的基本运算规律在有理数的范围内仍成立:

$$p + q = q + p \qquad \text{(加法交换律)},$$
$$p + (q + r) = (p + q) + r \qquad \text{(加法结合律)},$$
$$pq = qp \qquad \text{(乘法交换律)}, \qquad\qquad (2)$$
$$p(qr) = (pq)r \qquad \text{(乘法结合律)},$$
$$p(q + r) = pq + pr \qquad \text{(分配律)}。$$

例如,可以证明分数的加法满足交换律:

$$\frac{a}{b} + \frac{c}{d} = \frac{ad + bc}{bd} = \frac{cb + da}{db} = \frac{c}{d} + \frac{a}{b}。$$

其中,第一个等号和最后一个等号是应用分数加法的定义(1),而中间的等号是应用自然数的加法和乘法交换律的结果。用同样的方式可以验证其他四个运算规律。

值得指出的是,有理数是按我们自己的想法创造的,运算规则(1)也是按我们的意志规定的,可以这么说,一切都是人为的。当然我们也可以胡乱地规定加法的某些规则,例如规定 $\frac{a}{b} + \frac{c}{d} = \frac{a+c}{b+d}$,特别地,由此得到 $\frac{1}{2} + \frac{1}{2} = \frac{2}{4}$,从度量的观点来看,这是一个荒谬的结论。如果我们这样规定了,在逻辑上虽然允许,但我们的符号算术将会变得毫无意义。我们是要求创造一个适合于度量的工具,所以思维的自由发挥也得以符合这个要求为前提。

2. 作为数学自身需要的有理数

引进有理数,除了有其"实际"原因以外,还有一个更内在的,从某些方面来看甚至是更为迫切的理由。我们现在不从作为度量工具的角度来讨论有理数,而从完全算术性的角度讨论,就数学发展的主要趋势来说,它很具代表性。

在通常的自然数的算术中,我们总能进行两个基本运算:加法和乘法。但是"逆运算"减法和除法并不总是可行。两个整数 a, b 的差 $b - a$ 是一个使得 $a + c = b$ 的整数 c,即是方程 $a + x = b$ 的解。但在自然数的范围内,符号 $b - a$ 仅限于 $b > a$

时才有意义,因为只有这时方程 $a+x=b$ 才有一个自然数的解。通过 $a-a=0$ 引进符号 0,再进一步引进符号 $-1,-2,-3,\cdots$ 以及对 $b<a$ 的情况,定义 $b-a=-(a-b)$,这保证了减法能够在正整数和负整数范围内施行而无限制。在一个扩大了的既包括正整数,又包括负整数的算术中(即引入的新符号 $-1,-2,-3,\cdots$),我们得定义它们的运算,使得算术运算原来的运算规律保持不变。例如,我们对负数乘法规定

$$(-1)(-1)=1。 \tag{3}$$

这个规定是我们希望保持分配律 $a(b+c)=ab+ac$ 的结果。因为如果我们让 $(-1)(-1)=-1$,那么当我们令 $a=-1,b=1,c=-1$ 时,就会有 $-1\cdot(1-1)=-1-1=-2$,这是矛盾的。对数学家来说,经过了很长的一段时间才认识到"符号规则"(3)以及负数、分数所服从的其他定义,这些定义还不能加以"证明",大数学家欧拉也曾借助于一个完全不令人信服的讨论来证明 $(-1)(-1)$ "必须"等于 $+1$。他说,因为 $(-1)(-1)$ 必须或是 $+1$,或是 -1,而由于 $(+1)(-1)=-1$,所以 $(-1)(-1)$ 只能是 1。这当然不能算是证明,因为它们是人为创造出来的,为的是在保持算术基本规律的条件下,运算能够自如施行,数学家必须并且能够加以证明的仅仅是:在这些定义的基础上,算术的交换律、结合律、分配律是保持不变的。

正如负整数和 0 的引进冲破了对减法的限制一样,分数的引进为除法消除了算术上类似减法的障碍。用方程

$$ax=b \tag{4}$$

定义的两个整数 a 和 b 的比 $x=\dfrac{b}{a}$,仅当 a 是 b 的一个因子时才作为一个整数而存在。如果不是这种情形,例如 $a=2,b=3$,我们简单地引进一个新的符号 $\dfrac{b}{a}$,称为分数,它服从于 $a(\dfrac{b}{a})=b$ 这样的规则,使得 $\dfrac{b}{a}$ "按照定义"是(4)的解。发明分数作为一个新数的符号,可使除法运算不受限制地进行,当然,除数为零除外。

全体有理数(整数和分数、正数和负数)的纯算术意义现在是很明显的了,在这种扩大了的数的范围内,不仅形式上的结合律、交换律和分配律成立,而且方程 $a+x=b$ 和 $ax=b$ 总有解 $x=b-a$ 和 $x=\dfrac{b}{a}$(只要后一情形中 $a\neq 0$)。

在有理数的范围内,有理运算即加、减、乘、除,可以无限制地进行,其运算结果绝不会超出这个范围,我们称有理数集对有理运算是封闭的,由于有理数的运算满足算术运算的基本规律,所以有理数集是一个数域,简称域。在这一章的后面和第

二章中,我们还会碰到其他一些域的例子。

3. 有理数的几何模型

用一个几何模型给有理数作一个解读,对深入了解有理数的性质有十分重要的意义。这个几何模型就是"数轴"。数轴是规定了原点、长度单位和正方向的直线。我们标出从 0 到 1 的线段,见图 1-5。

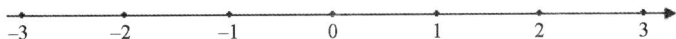

$$-3 \qquad -2 \qquad -1 \qquad 0 \qquad 1 \qquad 2 \qquad 3$$

图 1-5　数轴

规定从 0 到 1 这线段的长为单位长,注意单位长度我们可以任意选取。于是,正整数和负整数被表示为数轴上一组等距离的点,正数在 0 点(称为原点)的右边而负数在其左边。为了表示分母为 n 的分数,我们把每一个单位长线段分为 n 等分,这些分点就表示了分母为 n 的各分数。如果我们对任一个整数 n 都这样做,那么所有的有理数将都能用数轴上的点来表示,我们称这些点为有理点,并不加区分地使用"有理数"和"有理点"这两个术语。很明显,数轴上越在右边的有理点,所对应的有理数越大。

4. 有理数具有稠密性

这个意思是指在数轴上任意一个区间内,都存在有理点。事实上,如果 $[a,b]$ 是一个区间,我们只要选取足够大的自然数 n,使 $b-a > \dfrac{1}{n}$,这时分数 $\dfrac{m}{n}$ 至少有一个落在区间 $[a,b]$ 内,不然的话,会存在整数 p,使 $\dfrac{p-1}{n} < a, \dfrac{p}{n} > b$,于是 $\dfrac{1}{n} = \dfrac{p}{n} - \dfrac{p-1}{n} > b-a$,这是矛盾的。因此在数轴上的任何一个区间,不论它多么小,其内都有有理点。这样继续下去,可知在 a 与 b 之间存在有无限多个有理数。

至此,我们已经将数的范围扩充成了有理数集。它通过引进新的符号,扩充一个范围,使得在原来范围内成立的规律,在这个更大的范围内继续成立。从自然数推广到有理数,既满足了消除减法和除法限制的这一理论上的需要,也满足了用数来表示度量结果这一实际上的需要。由于有理数适应了这两方面的需要,这就使得有理数有了它真正的重大意义。如我们已经看到的那样,数的概念的这种扩充,可以通过创造形如 $0, -2, \dfrac{3}{5}$ 这种抽象符号的新数来实现。今天,这些数我们已经习以为常,以至于很难相信,直到 17 世纪,其合法性还不能像正整数那样为人们所普遍承认,人的天性倾向于认可"具体",例如像自然数所表明的那样。然而,现实的情况是,只有在这种抽象的领域内,人们才有可能创造出一个更令人满意的算术系统。

这个扩充它体现了以下的数概念扩展原则：

（1）原先的数集合自然数集、整数集、负数集、分数集等成为有理数集合的真子集；

（2）原先数集合中的各种顺序关系及运算关系，在有理数集中被保留下来，且与原来集合中的一致；

（3）新定义的运算如减法在有理数集合中完全能施行。

第五节　整数的表示和进位制

这里所说的整数表示方法和进位制是指位值计数法的一种记数方式，它用有限的数字符号表示所有的数值。可使用数字符号的数目称为基数，基数为 k，即可称 k 进位制，简称 k 进制。现在最常用的是十进制，通常使用十个阿拉伯数字 $0 \sim 9$ 进行记数。

进位制和数字的起源同样古老，在原始的记数方法中，十进制并不占有绝对的统治地位。一位数学家在 1920 年统计了当时所发现的 307 种原始计数方法，结果只有 146 种采用的是十进制。曾经生活在巴西的保托库德部落就只有"1"和"多"两个词来表达数。而在托列斯峡群岛上的某些部落里，只有"1"（即"乌拉勃"）和"2"（即"阿柯扎"），就靠这两个数进行计算。如，在他们的语言中，"3"用"阿柯扎、乌拉勃"来表示，被认为是古老的二进制。很显然，由于各地区、各民族所处的自然环境与社会环境不同，他们没有条件能够在一起协商采用相同的进位制记数。现在我们知道，理论上任何一个比 1 大的自然数，都有可能成为一种进位制的基数。

在本节中，我们需要把一个整数和用来表示它的符号 $5, V, \cdots$ 区分开来。在十进位制中，$0, 1, 2, 3, \cdots, 9$，这十个数码符号是用来表示零和前九个正整数的。一个较大的正整数，例如"五百三十二"可表示为

$$500 + 30 + 2 = 5 \cdot 10^2 + 3 \cdot 10 + 2$$

的形式，而这在十进位制中是用符号 532 表示的。这里重要的是，数码符号 5, 3, 2 的意义依赖于它们在个位、十位、百位上的位置。有了这个"位置记法"，我们用十个数码符号的各种组合就可以表示出任何整数。例如整数

$$z = a \cdot 10^3 + b \cdot 10^2 + c \cdot 10 + d$$

就可以用缩写符号 $abcd$[①]表示。这里数码 a,b,c,d 是从零到九的整数,称为系数。系数 a,b,c,d 是整数 z 连续被 10 除后的余数,例如:

$$
\begin{array}{rl}
10)\ 532 & \text{余　数} \\
10)\ 53 & 2 \\
10)\ 5 & 3 \\
0 & 5
\end{array}
$$

一般地,一个正整数 z 可以表示为

$$z = a_n \cdot 10^n + a_{n-1} \cdot 10^{n-1} + \cdots + a_1 \cdot 10 + a_0,$$

并用符号 $a_n a_{n-1} a_{n-2} \cdots a_1 a_0$ 来记它。与上面的 532 一样,系数 $a_0, a_1, a_2, \cdots, a_{n-1}, a_n$ 是 z 连续被 10 除后所得到的一系列余数。

在十进位系统中,数十就是基数。但是要表示一个正整数,其基数并不一定非得选取十不可,任何大于一的正整数都可以用来作为基数。例如,可以用一个七进位系统(基数是 7),在这样的一个系统中,一个正整数可以表示为

$$b_n \cdot 7^n + b_{n-1} \cdot 7^{n-1} + \cdots + b_1 \cdot 7 + b_0,$$

这些 b_i 是从零到六的数码,并简记为 $b_n b_{n-1} b_{n-2} \cdots b_1 b_0$。例如"一百零九"在七进位系统中是用符号 $(214)_7$ 表示的,其意义是

$$(214)_7 = 2 \cdot 7^2 + 1 \cdot 7 + 4,$$

系数 2,1,4 是"一百零九"连续除以 7 而得的一列余数,如下式:

$$
\begin{array}{rl}
7)\ 109 & \text{余　数} \\
7)\ 15 & 4 \\
7)\ 2 & 1 \\
0 & 2
\end{array}
$$

所以 $109 = (412)_7$。

对于任何一个正整数,我们可以用不同的进位制来表示。比如:

$$57 = (111001)_2 = (212)_5 = (71)_8 = (39)_{16}。$$

那么,选哪一个数做基数最合适?我们从下面会看到,太小的基数从运算的角度来说,有它不方便之处,而一个较大的基数要求记住更多的数码符号和有一个更大的乘法表。有人曾提议用十二作基数,因为十二能被二、三、四和六整除,这样,涉及除法和分数时,便能有许多简化。但是为了写出任一个以十二为基数的(十二进

[①]　为了与乘法运算相区别,也写作 $\overline{abcd}$。

位系统）的正整数,我们需要采用十和十一两个新的数码符号,让我们用 x 表示十,用 y 表示十一,这样在十二进位制中,"十二"将写成10,而"二十二"将是 $1x$,"二十三"将是 $1y$,"一百三十一"是 xy。

位置记法的发明对人类文明有巨大的意义。有的数字系统是建立在纯粹的加法规则上的。例如在罗马人的符号表示中,

$$CLX\mathbb{N} = 壹百 + 伍拾 + 拾 + 肆。$$

在这种纯粹的加法记法中,有许多不便之处,当数变大时需要越来越多的新符号,数的计算也十分困难以至于除了最简单的问题外,其他只有专家才能掌握,与现在通用的(即印度的)位置记法不可相提并论。位置记法有一个很方便的性质:所有的数,不论多大或多小,都能用一小组不同的数码符号来表示(在十进位制中就是"阿拉伯数字"$0,1,2,\cdots,9$),而且其更重要的优点就是容易计算。用位置记法所表示的数,其计算规则可以用这些数码的加法表和乘法表(如中国的乘法口诀表)的形式来表示,而且一旦记住,便可永远运用自如。古代的计算技巧一度只有少数专家才掌握。

在非十进位制中,算术运算的规则仍然不变,但必须用不同的加法表和乘法表来计算。由于我们已经习惯于十进位制,数的语言也与十进位制紧密连在一起,因此我们对非十进位制的计算可能会感到有点别扭。表 $1-2$ 是七进位制乘法表。

表 $1-2$　七进位制乘法

	1	2	3	4	5	6
1	1					
2	2	4				
3	3	6	12			
4	4	11	15	22		
5	5	13	21	26	34	
6	6	15	24	33	42	51

现在让我们计算 $(32)_7 \times (256)_7$,在十进位制中,这相当于 23×139。乘法规则和十进位制中的情形一样。我们开始用2乘6,由乘法表知,得15:

$$
\begin{array}{r}
2\ 5\ 6 \\
\times)\ \ \ \ 3\ 2 \\
\hline
5\ 4\ 5 \\
1\ 1\ 3\ 4\ \ \ \\
\hline
1\ 2\ 2\ 1\ 5 \\
\end{array}
$$

我们在个位处写下 5 并把 1"进"到前一位,然后我们求出 $2\times5=13$,和 $13+1=14$,我们写下 4 然后继续以这种方式进行直到全部乘完。把 545 和 1134 加起来,在个位上我们得 $5+0=5$,在 7 位上我们有 $4+4=11$,写下 1 并把 1 进到 7^2 位上,在那我们有 $5+3+1=12$,最后的结果便是 $(32)_7\times(256)_7=(12215)_7$。

为了核对这个结果,我们可以将结果转化为十进位制的数。

$$(12215)_7=1\times7^4+2\times7^3+2\times7^2+1\times7+5=3197,$$

而 $23\times139=3197$,两者相等,所以以上计算是对的。

在所有可能的基数中最小的基数是二。在二进位制中,只有数码 0 和 1,其他任何数都可用 0,1 来表示。加法表和乘法表仅由规则 $1+0=1$ 和 $1\times1=1$ 组成。由于基数太小,所以表示一个不大的数却需要用很长的一行表达式,例如 $105=(1101001)_2$。但是二进位制中的乘法却具有简单性,例如 $5\times7=(101)_2\times(111)_2$,只要记住在该系统中 $1+1=10$,我们就有

$$
\begin{array}{r}
1\ 0\ 1 \\
\times)\quad 1\ 1\ 1 \\
\hline
1\ 0\ 1 \\
1\ 0\ 1\quad \\
1\ 0\ 1\quad\quad \\
\hline
1\ 0\ 0\ 0\ 1\ 1
\end{array}
$$

$(100011)_2=2^5+2+1=32+3=35$,它的确应该等于这个数。

莱布尼兹(W. Leibniz,1646—1716)是他那个时代最伟大的思想家之一,他十分欣赏二进位制。对此,拉普拉斯(Laplace)曾评价说:"莱布尼兹在他的二进位算术中看到了宇宙创始的原像,他想象 1 表示上帝,而 0 表示虚无,上帝从虚无中创造出所有实物,恰如在他的数学系统中用 1 和 0 表示了所有的数。"

第六节　无理数和实数

1. 不可公度线段的发现

毕达哥拉斯(Pythagoras,约前 560— 前 480)是古希腊毕达哥拉斯学派的创始人。这个学派信奉"万物皆数",他们认为世上一切事物,都可以用数来表达和理解。毕达哥拉斯学派在这里所说的数仅指(正)整数,分数则被看成是两个整数的比。他们相信任何量都可以表示成两个整数的比,这在几何上相当于说,对任何两条给定的线段,总能找到某第三条线段,以它为单位线段可以将给定的两条线段划分为整数段。例如,在比较两个线段 a 和 b 的长度时,可能 b 恰好包含 a 的正整数 r 倍。在这

种情况下,我们可以用 a 来表示线段 b 的度量,说 b 的长度是 a 的 r 倍。也可能出现 a 的整数倍不等于 b 的情形,这时我们把 a 分为 n 等分,每一份的长为 $\frac{a}{n}$,使得线段 $\frac{a}{n}$ 的某个整数 m 倍等于 b,即

$$b = \frac{m}{n}a。 \tag{1}$$

当(1)成立时,我们说两个线段 a 和 b 是可公度的,因为它们有一公共的度量线段 $\frac{a}{n}$。它的 n 倍等于 a,而它的 m 倍等于 b。因此,与 a 可公度的所有线段,其长度总可以用(1)[选择适当的整数 m 和 n（$n \neq 0$）]来表示。在数轴中,如果我们选 a 为单位线段,则与单位线段可公度的线段将对应于数轴上的全体有理点 $\frac{m}{n}$。就度量的所有实际目的来说,有理数完全够了。即使从理论上看,由于全体有理点数稠密地布满整条直线,似乎直线上所有的点都是有理点。如果真是这样,则任何一条线段都将和单位长线段可通约。但是,实际情况并不这么简单,毕达哥拉斯学派成员希帕苏斯(Hippasus,公元前 470 年左右)发现,单位正方形的对角线与边长就不可公度(据说毕达哥拉斯学派以五角星作为自己学派的标志,项武义教授的一项研究认为,希帕苏斯首先发现的是正五边形边长与对角线长不可公度),这是早期希腊数学(毕达哥拉斯学派)最惊人的发现之一:存在着不可公度线段,或者说,如果我们认为每一条线段都对应着借助于单位长度而给出的一个数,则存在着有理数之外的数(无理数)。这个发现是科学上极其重要的事件,很可能这标志着数学上严格推理的起源。

由勾股定理我们知道,单位正方形的对角线的长是 $\sqrt{2}$。$\sqrt{2}$ 与 1 不能公度的证明也是毕达哥拉斯学派给出的。据亚里士多德(Aristotel,前 384— 前 322)记载,他们用的是反证法。假设 $\sqrt{2}$ 是有理数,那么 $\sqrt{2}$ 可以表示为 $\frac{b}{a}$,a,b 为互素的整数。由 $\frac{b}{a} = \sqrt{2}$ 两边平方得 $b^2 = 2a^2$,所以 b 为偶数,设 $b = 2c$,得 $2a^2 = 4c^2$,即 $a^2 = 2c^2$,所以 a 也为偶数,这与 a,b 互素矛盾。

这个证明的结果可以表述为:没有等于 $\sqrt{2}$ 的有理数。但 $\sqrt{2}$(作为单位正方形对角线的长)却可以在数轴上找到对应的点,这只需用圆规作一个简单的图就能达到,见图 1-6。

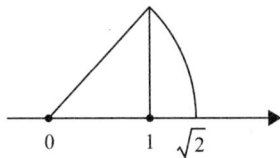

图 1-6 $\sqrt{2}$ 的作图

　　这样作出来的点不可能与任何有理点重合,有理点全体虽然在数轴上处处稠密,但并不能覆盖整个数轴。这看起来显得有点奇怪和荒谬,这就是为什么不可公度线段的发现使希腊的哲学家和数学家激动不已的原因。

　　不可公度线段的发现,击碎了毕达哥拉斯"万物皆数"的信仰,同时也暴露了有理数系的缺陷:一条直线上的有理点尽管是"稠密"的,但有理点之间却有许多"孔隙",后来我们才知道,这种"孔隙"还多得"不可胜数"。那么,数轴上除了有理点外,其余的点能表示什么呢?

　　2. 有理数和循环小数

　　如果一个有理数 $\frac{m}{n}$ 不是有限十进位小数,那么通过不断地做除法,$\frac{m}{n}$ 一定能表示为一个循环的十进位小数。这是因为在这过程中每次做除法必然有一个非零的余数,否则这十进位小数将是有限的。在除的过程中出现的所有不同余数将是 1 和 $n-1$ 之间的整数,所以最多只能有 $n-1$ 个不同的余数值。这意味着,最多除 n 次,某个余数 r 将第二次出现。但由此随后而来的所有余数,将按照余数 r 第一次出现后它们出现的同样次序重复。这说明任何一个不是有限小数的有理数的十进位小数表示式是循环的:开始出现有限个数码,随后同样的一个数码或一组数码将无限次地再现。例如:

$$\frac{1}{7} = 0.142857142857\cdots = 0.\overset{.}{1}428\overset{.}{5},$$

$$\frac{11}{90} = 0.122222222\cdots = 0.1\overset{.}{1},$$

$$\frac{61}{550} = 0.11090909\cdots = 0.11\overset{.}{0}\overset{.}{9},$$

等等。对那些能表示为有限小数的有理数,我们也可以把它看成是一个循环小数,就是在它的有限个数码之后,认为有无限个 0 在循环重复,例如:

$$\frac{1}{5} = 0.2 = 0.2000000\cdots = 0.2\overset{.}{0},$$

$$\frac{13}{8} = 1.625 = 1.625000000\cdots = 1.625\overset{.}{0}。$$

反之,所有循环小数都是有理数,即循环小数都可以化为分数。例如,循环小数:

$$a = 3.28222222\cdots = 3.28\overset{.}{2},$$

我们有 $a = \frac{328}{100} + \frac{2}{10^3}(1 + \frac{1}{10} + \frac{1}{10^2} + \frac{1}{10^3} + \frac{1}{10^4} + \cdots)$,括号内的式子是一个无穷等比级数,又

$$1 + \frac{1}{10} + \frac{1}{10^2} + \frac{1}{10^3} + \frac{1}{10^4} + \cdots = \frac{1}{1 - \frac{1}{10}} = \frac{10}{9},$$

所以
$$a = \frac{328}{100} + \frac{2}{10^3} \cdot \frac{10}{9} = \frac{2954}{900} = \frac{1477}{450}.$$

对一般的循环小数 $a = t + 0.s_1 s_2 \cdots s_m k_1 k_2 \cdots k_n k_1 k_2 \cdots k_n \cdots = t + 0.s_1 s_2 \cdots s_m \dot{k}_1 k_2 \cdots \dot{k}_n (t$ 为自然数)，仿照以上方法，可知它能化为分数。

至此，我们明白了数轴上的有理点表示的是循环小数，那么那些"孔隙"表示的是什么呢？为此我们用以下一些式子对 $\sqrt{2}$ 做一些分析。

$$1^2 = 1 < 2 < 4 = 2^2$$
$$1.4^2 = 1.96 < 2 < 2.25 = 1.5^2$$
$$1.41^2 = 1.9881 < 2 < 2.0264 = 1.42^2$$
$$1.414^2 = 1.999396 < 2 < 2.002225 = 1.415^2$$
$$1.4142^2 = 1.99996164 < 2 < 2.00024449 = 1.4143^2$$
$$\cdots\cdots$$

所以 $1.4142 < \sqrt{2} < 1.4143$。

为了使叙述通俗易懂，我们略去了对无限十进小数收敛性的讨论。我们容易看到，$\sqrt{2}$ 是一个有理数列 $1,1.4,1.41,1.414,1.4142,\cdots$ 的极限，它不可能是有限小数或循环小数，因为前面已经证明了它不是一个分数，所以它是无限不循环小数。

现在我们有理由"相信"，数轴上那些"孔隙"所对应的应是无限不循环小数。我们把无限不循环小数称为无理数。无理数的严格定义由"戴德金分割"等方法完成。

有理数和无理数统称实数。正如我们所看到的，实数将数轴"填满"了，数轴上的点与实数一一对应，实数也被称为实数连续统。

引入无理数后，数的范围进一步扩大，有理数集成为实数集的真子集，有理数集合中的各种顺序关系及运算规则，在实数集中仍然成立。例如对任意两个实数 a，b，我们有

$$a + b = b + a \qquad \text{（交换律）}$$

这是因为实数 a 有有理数列 $\{r_n\}$ 逼近，实数 b 有有理数列 $\{q_n\}$ 逼近，则 $\{r_n + q_n\}$ 逼近 $a + b$，$\{q_n + r_n\}$ 逼近 $b + a$，但 $\{r_n + q_n\}$ 与 $\{q_n + r_n\}$ 是同一个有理数列，它们有极限，由极限的唯一性知：

$$a + b = b + a.$$

在实数集中,有理运算即加、减、乘、除的结果仍是实数,所以实数集也是一个域,有理数域是它的一个子域。

3. 实数理论的完善

中国古代数学在处理开方问题时,也不可避免地碰到无理根数。对于这种"开之不尽"的数,《九章算术》直截了当地"以面命之"予以接受,刘徽注释中的"求其微数",实际上是用 10 进小数来无限逼近无理数。这本是一条完成实数系统的正确道路,不过,中国传统数学关注的是数量的计算,对数的本质并不太关注。

17、18 世纪微积分的发展几乎吸引了所有数学家的注意力,恰恰是人们对微积分基础的关注,使得实数域的连续性问题再次突显出来。因为,微积分是建立在极限运算基础上的变量数学,而极限运算,需要一个封闭的数域。无理数正是实数域连续性的关键。无理数是什么?法国数学家柯西(A.Cauchy,1789—1875)给出了回答:无理数是有理数序列的极限。但问题是这个"预先"存在的极限,又从何而来呢?终于在 1872 年,实数的三大派理论:戴德金"分割"理论、康托尔的"基本序列"理论,以及维尔斯特拉斯的"有界单调序列"理论,同时在德国出现了。

努力建立实数理论的目的,是为了给出一个形式化的逻辑定义,它既不依赖几何的含义,又避免用极限来定义无理数的逻辑错误。有了这些定义做基础,微积分中关于极限的基本定理的推导,才不会有理论上的循环。导数和积分就可以直接在这些定义的基础上建立起来,避免了任何与感性直观相联系的性质。戴德金的工作受到了崇高的评价,这是因为由"戴德金分割"定义的实数,是完全不依赖于空间与时间的直观的人类智慧的创造物。

但是,在实数集中,代数运算并没有得到完全的自由,所以有了引入复数的工作。

第七节　复数和二元数

实数的建立使数学理论的研究达到了相当高深和丰富的程度,但直到 19 世纪中叶,数学家们才完全认识到,在一个扩充的数域中规定的运算,其逻辑和哲学基础本质上是形式主义的,例如为了便于作形式计算,需要用到负数和有理数,尽管它们并不像自然数那样直观和具体。扩充数域需要通过定义来实现,这些定义是"随意"的。但是,如果不能在更大的范围内保持在原来范围内通行的规则和性质,这种扩充将是毫无意义的。这些扩充有时可以和"实际"对象相联系,通过这种方式为新的应用提供工具,不过这只能提供动力而不是扩充的合理性的逻辑证明。

有许多原因使得数的概念必须越出实数连续统而引进所谓的复数。

复数概念的历史完全没有按照教科书所描述的逻辑连续性发展，人们没有等待实数的逻辑基础建立之后，才去尝试新的征程。在数系扩张的历史过程中，往往许多中间地带还未得到完全认识，天才的勇敢者已经迈出了探索的步伐。例如1545年，在欧洲人还未完全理解负数、无理数时，他们就面临了一个新的挑战。卡丹在所著的《重要的艺术》(1545) 中提出了一个问题："把10分成两部分，使其乘积为40"，为了解决这个问题，较好的方法是设这两部分分别为 x 和 $10-x$，并建立方程 $x(10-x)=40$，再解方程求出 x。可是这个方程在实数范围内求不出 x。

最早要求应用复数的也许就是为了解一元二次方程。

回想为了使整数系数线性方程 $ax=b(a\neq 0)$ 始终有解，我们引入了有理数。又在引入无理数，构造了实数域以后，方程 $x^2=p(p\geqslant 0)$ 的解的问题获得了解决。然而实数域还不足以提供一元二次方程解的完整理论，像 $x^2=-1$ 这样一个简单的方程在实数域内没有解，因为任意实数的平方不可能是负数。面对这样的方程，我们有两个选择：一是认为这个简单的方程不可解；二是按照我们所熟悉的扩充数概念的途径引进使得这个方程可解的数。

历史选择了后者。当我们用定义 $i^2=-1$ 引进新的符号 i 时，正是这样做的。如果只把数看作计数手段，那么这个符号 i 是"虚"的，它并不指向任何实际，纯粹是一个符号。它服从于基本规则 $i^2=-1$，它是否有价值，将完全取决于这个引进是否真正有用以及数系的这个扩充能不能实现这两个方面。

由于我们希望符号 i 能像普通实数那样进行加、乘运算，自然会出现像 $2i,3i,$ $-i,2+5i$ 这样的符号，或更一般地，像 $a+bi$ 这样的符号，其中 a 和 b 是任意实数。如果这些符号服从熟知的加法和乘法的交换律、结合律和分配律，例如像

$$(3+2i)+(5+3i)=(3+5)+(2+3)i=8+5i,$$

$$(3+2i)(5+3i)=15+9i+10i+6i^2=15+9i+10i-6$$

$$=(15-6)+(9+10)i=9+19i$$

那样进行运算，沿着这个思路，我们通过以下定义对实数域进行系统推广：

一个形如 $a+bi$ 这样的符号，叫作复数，其中 a 和 b 是任意两个实数，称 a 为复数 $a+bi$ 的实部，b 为复数 $a+bi$ 的虚部。

复数的加法和乘法运算规定如下：

$$(a+bi)+(c+di)=(a+c)+(b+d)i,$$

$$(a+bi)(c+di)=ac+adi+bci+bdi^2=(ac-bd)+(ad+bc)i,$$

其中，i^2 总是用 -1 来代替。特别地，我们有

$$(a + bi)(a - bi) = a^2 - abi + abi - b^2 i^2 = a^2 + b^2。$$

在这些定义的基础上，容易验证交换律、结合律和分配律对复数成立。而且不仅两个复数相加和相乘，就是相减和相除，也仍然得出一个形如 $a + bi$ 的数，从而使得复数形成一个域。

$$(a + bi) - (c + di) = (a - c) + (b - d)i，$$

$$\frac{a + bi}{c + di} = \frac{(a + bi)(c - di)}{(c + di)(c - di)} = \frac{(ac + bd) + (bc - ad)i}{c^2 + d^2} = \left(\frac{ac + bd}{c^2 + d^2}\right) + \left(\frac{bc - ad}{c^2 + d^2}\right)i。$$

（第二个等式当 $c + di = 0 + 0i$ 时无意义，$0 + 0i$ 规定为 0，所以 0 仍不能做除数）

当一个复数的实部为 0 时，我们把复数 $0 + bi = bi$ 称为纯虚数。当虚部为 0 时，我们把复数 $a + 0i$ 看成和实数 a 一样，所以实数域是复数域的一个子域。

这就是复数，自 1545 年卡丹首次遇到负数开平方以来，在很长一段时间里，人们在实际生活中找不到用虚数和复数表示的量，所以虚数总让人感到虚无缥缈。

直到 18 世纪，数学家们对复数才稍稍建立了一些信心。因为，不管什么地方，在数学推理的中间步骤中用了复数的，结果都被证明是正确的。特别是 1799 年，高斯(Gauss，1777—1855)关于"代数基本定理"的证明必须依赖对复数的承认，从而使复数的地位得到了巩固。尽管如此，在 19 世纪，人们对"复数"的顾虑还未完全消除，例如在 1831 年，德摩根(De Morgan，1806—1871)在他的著作《论数学的研究和困难》中依然认为：记号 $\sqrt{-a}\,(a > 0)$ 是没有意义的，或者甚至是自相矛盾或荒唐可笑的。然而，通过这些记号，代数中极其有用的一部分便建立起来了。它依赖于一件必须用经验来检验的事实，即代数的一般规则可以应用于这些式子(指复数)，而不会导致任何错误的结果。[①]造成这种矛盾心理的原因，可能是复数的直观形象和它的几何理论还没有被揭示出来。

1797 年，挪威的韦塞尔(C. Wessel，1745—1818)写了一篇"关于方向的分析表示"的论文，他在平面上引入虚轴，以实轴和虚轴所确定的平面上的向量表示复数 $z = a + bi$，因不同的向量对应不同的点，因而复数表示也不同，他还用几何术语定义了向量和复数的运算，规定向量的长度 $\sqrt{a^2 + b^2}$ 为复数 z 的模 $|z| = \sqrt{a^2 + b^2}$，建立了向量运算的平行四边形法则，这实际上已经揭示出了复数及其运算的几何意义。遗憾的是这篇文章的重大价值直到 1897 年译成法文后，才被人们

---

① 莫里斯·克莱因(Morris Kline).古今数学思想[M].上海：上海科学技术出版社,2002：394.

重视。瑞士人阿甘达(J. Argand,1768—1822)给出复数的一个稍微不同的几何解释。他注意到负数是正数的一个扩张,它是将方向和大小结合起来得出的,他的思路是：能否利用增添某种新的概念来扩张实数系?在使人们接受复数方面,高斯的工作更为有效。他将复数 $z = a + bi$ 表示为平面上带有直角坐标 a,b 的点 (a,b) 来代表(不像韦塞尔和阿甘达那样把复数表示为一向量),z 的实部是它的 x 坐标,z 的虚部是它的 y 坐标,这样就把复数和"数平面"上的点之间建立了一个对应,特别地,数平面 x 轴上的点对应于实数 $z = x + 0i$,而 y 轴上的点对应于纯虚数 $z = 0 + yi$,而且阐述了复数的几何加法和乘法。他还说,如果 1, -1 和 $\sqrt{-1}$ 原来不称为正、负和虚单位,而称为直、反和侧单位,那么人们对这些数就可能不会产生种种阴暗神秘的印象。他说几何表示可以使人们对虚数真正有一个新的看法,他引进术语"复数"(complex number) 以与虚数相对立,并用 i 代替 $\sqrt{-1}$。

在澄清复数概念的工作中,爱尔兰数学家哈密尔顿(Hamilton,1805—1865)的想法是最奇特的,他不满足于复数的几何直观解释,他所关心的是复数的算术逻辑基础。他指出：复数 $a + bi$ 不是 $2+3$ 意义上的一个真正的和,因为 bi 并不能加到 a 上去,加号的使用是历史的偶然。复数 $a + bi$ 只不过是实数的有序数对 (a,b),并定义了有序数对的四则运算：

$$(a,b) + (c,d) = (a+c,b+d),$$
$$(a,b) - (c,d) = (a-c,b-d),$$
$$(a,b)(c,d) = (ac-bd,ad+bc),$$
$$(a,b) \div (c,d) = (\frac{ac+bd}{c^2+d^2},\frac{bc-ad}{c^2+d^2})。$$

可以证明这些运算满足结合律、交换率和分配率。例如：

因为 $[(a,b)+(c,d)](e,f)$

$\quad = (a+c,b+d)(e,f) = [(a+c)e-(b+d)f,(a+c)f+(b+d)e]$

$\quad = (ae+ce-bf-df,af+cf+be+de)$

$(a,b)(e,f)+(c,d)(e,f)$

$\quad = (ae-bf,be+af)+(ce-df,cf+de)$

$\quad = (ae+ce-bf-df,af+cf+be+de)$

所以 $[(a,b)+(c,d)](e,f) = (a,b)(e,f)+(c,d)(e,f)$ (分配律)

又因为 $[(a,b)(c,d)](e,f)$

$\quad = [(ac-bd)e-(bc+ad)f,(ac-bd)f+(bc+ad)e]$

$\quad = (ace-bde-bcf-adf,acf-bdf+bce+ade)$

$$(a,b)\big[(c,d)(e,f)\big]$$
$$= (a,b)(ce-df,cf+de)$$
$$= \big[a(ce-df)-b(cf+de),a(cf+de)+b(ce-df\big]$$
$$= (ace-adf-bcf-bde,acf+ade+bce-bdf)$$

所以 $\big[(a,b)(c,d)\big](e,f) = (a,b)\big[(c,d)(e,f)\big]$。　　　　　　（结合律）

在这样的观点下，不仅复数被逻辑地建立在实数的基础上，而且至今还有点神秘的 i 也完全消除了。人们称有序实数对 (a,b) 在这种运算下为二元数。

第八节　四　元　数

回顾数系的历史发展，给人的印象似乎是，数系的每一次扩充，都是在旧的数系中添加新的元素，如分数添加于整数、负数添加于正数、无理数添加于有理数、复数添加于实数而完成的。但是，哈密尔顿的观点和做法告诉我们：数系的扩张，并不是一定要在旧的数系中添加新元素，它可以在旧的数系之外去构造一个新的代数系，其元素在形式上与旧的可以完全不同，但它保持与旧代数系有完全相同的代数构造。

回顾哈密尔顿在发现"四元数"的过程中所受到的挫折和克服困难的历程，可为后人了解数学家怎样研究数学提供一个活生生的实例，也可为数学工作者借鉴。

哈密尔顿是不满足于现状的数学家，他想：复数可以和平面（二维）的点（或向量）建立起一一对应的关系，因而在物理学上得到广泛的应用。仿照已建立的复数系，能否找到三维复数，用它一一对应于空间的向量（或点），且满足复数那样施行的算术运算规则，特别是相乘复数的模等于原先两个复数模的乘积：

设　　$z_1 = a+bi,z_2 = c+di$，则 $|z_1| = \sqrt{a^2+b^2}$，$|z_2| = \sqrt{c^2+d^2}$，

因为　　$z_1 \cdot z_2 = (ac-bd)+(ad+bc)i$，

所以　　$|z_1 \cdot z_2| = \sqrt{(ac-bd)^2+(ad+bc)^2} = \sqrt{a^2c^2+b^2d^2+a^2d^2+b^2c^2}$
$$= \sqrt{(a^2+b^2)(c^2+d^2)} = |z_1| \cdot |z_2|,$$

这称为复数的模法则。

哈密尔顿要发现这个新数，在代数思想方面是一种新的突破。他根据二元数的思想，把空间的类似物设想为实数的三元有序数组 (a,b,c)，也即这个可能存在的新数就可用符号 $a+bi+cj$ 来表示。按照模法则，若用数学式表示两新数 $a+bi+cj$ 与 $x+yi+zj$ 相乘，其积所对应的三维空间的向量长应等于原来两新数所对应的三维空间向量长的积，也就是说，对于

$$(a^2 + b^2 + c^2)(x^2 + y^2 + z^2)$$

能否找到实数 u,v,w，使得等式 $(a^2 + b^2 + c^2)(x^2 + y^2 + z^2) = u^2 + v^2 + w^2$ 成立。

哈密尔顿想找的"新数" $a + bi + cj$ 应包含复数集为其子集，就像复数 $a + bi$ 包含实数为其子集一样。因此，复数的一些性质，例如 $i^2 = -1$ 应该保留。类比这个结果，他猜想应有 $j^2 = -1$，但是 ij 和 ji 又表示什么呢？起初，他设想 $ij = ji$，那么两个复数相乘为

$$(a + bi + cj)(x + yi + zj)$$
$$= (ax - by - cz) + (ay + bx)i + (cx + az)j + (cy + bz)ij, \tag{1}$$

但式中的最后一项中的 ij 又该如何处理呢？

哈密尔顿把 ij 平方，看它的结果是什么？

因为 $(ij)^2 = (ij)(ij) = i(ji)j = i(ij)j = i^2 j^2 = (-1)(-1) = 1$，
所以 $ij = 1$ 或 $ij = -1$。 \tag{2}

但无论假设 $ij = 1$ 或者 $ij = -1$，都不能使这个"新数"满足它所要求的"模法则"。因此假定 $ij = ji$ 行不通。哈密尔顿考虑到一开始就用两个一般的"新数"进行乘积，难以发现它的运算规律，现在考虑（1）的特殊情形，看看能否有所启发。他计算一个"新数"的平方得

$$(a + bi + cj)^2 = (a^2 - b^2 - c^2) + 2abi + 2acj + 2bcij, \tag{3}$$

哈密尔顿发现（3）中如果 $ij = 0$，两边取模、再平方有

$$(a^2 + b^2 + c^2)^2 = (a^2 - b^2 - c^2)^2 + (2ab)^2 + (2ac)^2,$$

刚好符合"模法则"。但（2）告诉我们，令 $ij = 0$ 是不合理的。

既然 $ij = ji$ 的假设不成立，现假设 $ij = -ji$ 且 $ij = k$，要使"模法则"成立，那么两个"新数"的乘积

$$(a + bi + cj)(x + yi + zj)$$
$$= (ax - by - cz) + (ay + bx)i + (cx + az)j + (bz - cy)k \tag{4}$$

中的 k 要等于什么呢？如果 $k = 0$，那么（4）左边的模的平方为 $(a^2 + b^2 + c^2)(x^2 + y^2 + z^2)$，右边的模的平方为 $(ax - by - cz)^2 + (ay + bx)^2 + (cx + az)^2$，它们相等时，符合"模法则"，但前者与后者的差为 $(bz - cy)^2$，这正好是 k 的系数的平方。已经知道 k 不能等于 0，相反应当把它当作垂直于 $1, i, j$ 的单位向量，这时（4）左右两边的模的平方分别为

$$(a^2 + b^2 + c^2)(x^2 + y^2 + z^2)$$

和 $(ax-by-cz)^2+(ay+bx)^2+(cx+az)^2+(bz-cy)^2$，

两者相等，"新数"的乘法符合"模法则"①。这使哈密尔顿难于理解,怎么三维空间向量的乘积,其结果却出现在四维空间里?

哈密尔顿从失败中进行了反思,或许当初不应该设新数为"三元数",是否应该直接设为"四元数"呢?

于是,他就对"四元数"$a+bi+cj+dk$ 进行了研究。既然 $ij=-ji=k$,那么在"新数"的乘积中还会遇到 ik,ki,jk,kj,它们又应该等于什么呢?我们从哈密尔顿与他儿子的通信中可以了解到他的思考,他说:"······我看,我们或许有 $ik=-j$,因为 $ik=i(ij)$,而 $i^2=-1$,类似这样的推理或许可期望 $kj=(ij)j=-i$。"

"······ 由此我想或许 $ki=j,jk=i$,因为这样很可能,如果 $ij=-ji$,我们就会有 $kj=-jk,ik=-ki$。"

哈密尔顿发现自己在寻找三维空间类似复数的新数时,被迫做了两个让步:第一,他的新数要包含四个分量;第二,他必须牺牲乘法交换率。这两个特点都是对传统数系的革命。他称这新的数为"四元数"。

1843 年是哈密尔顿探求"四元数"的第十五个年头。这年的 10 月 16 日黄昏,他和妻子沿着都柏林"皇家运河"散步。清凉的晚风驱散了一天的疲劳,激起了他思维的波涛。据他的追忆,当时"我感到思想的电路接通了,而从中落下的火花就是 i,j,k 之间的基本方程,恰恰就是我以后使用它们的那个样子。我当场抽出笔记本,就将这些做了记录"。

记事本上记下了如下公式:
$$\begin{cases} i^2=j^2=k^2=-1 \\ ij=k,jk=i,ki=j \\ ji=-k,kj=-i,ik=-j \end{cases}$$

这一记事本现还保存在都柏林三一学院的图书馆里。据说,他当时很激动,还立刻从口袋里拿出小刀将上面的公式刻在布洛罕桥的石头上。晚上回到家里,马上进行了下列计算:

$(a+bi+cj+dk)(\alpha+\beta i+\gamma j+\delta k)=(a\alpha-b\beta-c\gamma-d\delta)+(a\beta+b\alpha+c\delta-d\gamma)i+(a\gamma-b\delta+c\alpha+d\beta)j+(a\delta+b\gamma-c\beta+d\alpha)k$，

他发现,右边 $1,i,j,k$ 前面系数的平方和恰好等于 $(a^2+b^2+c^2+d^2)(\alpha^2+\beta^2+\gamma^2+\delta^2)$。这表明,"新数"的乘法满足"模法则",于是"新数"—— 四元数便诞生了。

---

① 在直角标架下,模的平方等于各分量的平方和。

重温哈密尔顿寻找新数的历程,现在我们知道,从二元数扩充到三元数,这实际上是不可能做到的,因当时法国大数学家勒让得(Legendra,1752—1833)在他的名著《数论》中曾举过一个反例,实质上揭示了"三元数"的乘法不满足"模法则"。反例是 $3 = 1^2 + 1^2 + 1^2, 21 = 1^2 + 2^2 + 4^2$,但 $3 \times 21 = 63$ 就不能表示为三个平方数的和。因为形加 $8k + 7$ 的整数,均不能表示为三个平方数的和。这个结论证明如下:

若 $u^2 + v^2 + w^2 = 8k + 7$,则 u, v, w 中或为三个奇数,或为一个奇数。若为三个奇数,设 $u = 2m + 1, v = 2n + 1, w = 2p + 1$,

则 $4m(m + 1) + 4n(n + 1) + 4p(p + 1) = 8k + 4$,

左边是 8 的倍数而右边不是,所以这种情况不可能。若为一个奇数,设 $u = 2m, v = 2n, w = 2p + 1$,

则 $4m^2 + 4n^2 + 4p(p + 1) = 8k + 6$,

左边是 4 的倍数而右边不是,所以这种情况也不可能。

令人遗憾的是,由于那时科学信息传播不像现在这么迅捷,哈密尔顿根本不知道勒让得的结果,从而使他花了一生的四分之一的时间苦苦探索寻找这种根本不存在的"新数"。

"四元数"的发现,虽然昭示着传统观念下数系扩张的结束,但是,通向抽象代数的大门却被打开了。它开阔了人们的视野,随着人类的认识不断加深,以后又发现了"八元数"…… 于是,人们提出了一个问题:是否还存在用实数,类似复数、四元数、八元数的构造法再构造出一些新的数体,并且可实施加、减、乘、除的运算?1958 年,有三位著名的拓扑学家波特(Bott)、米诺(Milnor)、科威尔(Kervaire)利用现代数学 —— 代数拓扑,同时独立地证明了:在实数域上能构造的有限维斜体(是指能在其中施行加、减、乘、除四种运算的数学体系)只有一维的(实数域)、二维的(复数域)、四维的(四元数体)、八维的(八元数体)这四种。除了这些,再也没有其他维数的了。

第九节　数集的无限性及其基数

我们已经了解自然数、整数、有理数、无理数、实数、复数这些数集的产生和形成,对有些数也给出过它们的定义,但却未对自然数给出严格的定义。那么什么是自然数呢?

随着集合论的创建,自然数的概念越来越清晰。

五个苹果组成的集合,五支铅笔组成的集合,五个学生组成的集合,这些集合互不相同,但是它们有一个共同点,即在"等价"(它们的元素能一一对应起来)的意义下可以不加区别,它们的共同点是"有五个元素"。于是,我们就用 5 来"标记"这个"等价类"中的集合。从这个意义上说,每一个自然数就是一类等价有限集合的标记,特别地,空集的标记是 0。

谁也不能把自然数全部数出来或全部写出来,因为自然数有无限多个,所以集合除了有限集外,还有元素个数是无限的集合。

正整数集合 $\{1,2,3,4,\cdots\}$ 是最早和最重要的无限集。它的元素不会"终结",这一点并不神秘,因为不论整数 n 有多大,总有下一个整数 $n+1$。当我们抽象地研究集合时,集合中元素的性质往往被忽略,关心较多的是集合中元素的多少,即对给定的集合 A 和集合 B,它们的元素个数是否相同?哪一个集合元素"较多"或集合"较大"?

对于有限集合来说,集合的"大小"就是集合中元素个数的多少,元素的个数称为集合的基数(或势)。基数越大的集合所含元素的个数越多。有限集合的基数是一个具体的数,可是这个数又是什么呢?实际上,数只是一个抽象的概念,一个具体的数实际上是对集合基数这个概念用一种符号表示。

但对于无限集来说,元素的"个数"这个概念是没有意义的,因为按通常的理解它是指一个有限数,而不是无限数。我们不能把通常用特殊符号 ∞ 表示的"无限"看成像普通的数那样。我们不可能把符号 ∞ 包括在实数系统中而仍然保持算术的基本规律,因为说一个无限数比另一个无限数大,是不可思议的。

尽管如此,无限的概念还是渗透到了所有的数学领域之中,因为数学对象通常不是被当作单个对象来研究,而是被当作包含了无限多个同样类型的对象的类或集合(例如,全体整数、全体实数或平面上全体三角形)的成员来研究。由于这个原因,我们必须确切地分析数学中的无限性,我们把有限集合元素的个数这一概念进行推广,使它对无限集的元素"个数"也有精确的定义,即无限集合基数的概念,然后确定比较两个集合基数大小的方法。

由康托尔(G. Cantor,1845—1918)和他的学派在 19 世纪末创建的近代集合论,面对着这个挑战取得了惊人的成绩。康托尔用于比较两个不同集合的"元素个数"的基本概念是"等势"。它依赖于一一对应,而一一对应曾是数概念形成和发展的重要途径。

如果两个集合 A 和 B 的元素可以按一定的方式彼此配对,使得 A 的每一个元

素对应着 B 的一个且仅一个元素,而 B 的每一个元素对应着 A 的一个且仅一个元素,那么这个对应就称为一一对应,并称 A 和 B 两集合是等势的。

对有限集来说,等势的概念和通常的个数相等的概念是一致的,因为两个有限集有同样多个元素必须而且只需两个集合的元素之间能建立一一对应。实际上这就是数东西的意思,因为当我们数一组有穷对象时,我们就是简单地在这些对象和一组数字符号 $1,2,3,\cdots,n$ 之间建立一个一一对应。

康托尔把等势的概念推广到了无限集,以此定义无限的"算术"。全体实数集和一条直线上的所有点是等势的,因为选择一个原点和一个单位长度,我们就可以把直线上的每一点 P 和一个作为其坐标的实数 x 一对一地联系起来:

$$P \leftrightarrow x。$$

偶数是全体整数集的一个真子集,而整数是全体有理数的真子集(一个集 S 的真子集是指这样一个集 S' —— 它由 S 的一些元素组成,但又不包括 S 的所有元素)。显然,如果一个集是有限的,即如果它只包含某个数 n 那么多的元素,则它不能和它的任何一个真子集等势,因为任何真子集最多只能有 $n-1$ 个元素。但是如果一个集合包含了无限多个元素,它却可以和它本身的一个真子集等势。例如,标出

$$1 \quad 2 \quad 3 \quad 4 \cdots n \cdots$$
$$\updownarrow \quad \updownarrow \quad \updownarrow \quad \updownarrow \cdots \updownarrow \cdots$$
$$2 \quad 4 \quad 6 \quad 8 \cdots 2n \cdots$$

它在正整数和它的真子集偶数集之间建立了一一对应关系,从而表明正整数集和偶数集是等势的。这与我们常说的"整体大于它的任意一部分"是矛盾的,它表明在无限性的领域内,会出一些令人惊奇的事。

无限集 A 的基数也是一个符号,凡与集 A 等势的每个集合,都对应着同一个符号。正整数集 $\{1,2,3,4,\cdots\}$ 又称为可数集,它的基数通常用 $\aleph_0$ 表示。

康托尔在分析无限性时发现:有理数集和正整数集是等势的。稠密的有理数集与疏散的它的正整数子集的元素"一样多",初看起来这似乎是很奇怪,确实,人们不能像正整数那样按大小次序来排列正有理数,不能说 a 是第一个有理数,b 是接着它的那个比它大的有理数,因为任意两个给定的有理数之间有无穷多个有理数,因而没有"紧挨着 a 的"那一个。康托尔放弃了按大小次序相连的关系排列有理数,他把全体有理数按某种方式排列成一行:

$$r_1,r_2,r_3,r_4,r_5,\cdots$$

在这序列中有第一个有理数,第二个,第三个,等等,而且每个有理数恰好出现一次。一个集合如果其元素能像正整数集那样排成一个序列,它就是可数的。通过展示这样的可数性,康托尔证明了:有理数集和正整数集是等势的。因为对应

$$
\begin{array}{ccccc}
1 & 2 & 3 & 4 & \cdots n \cdots \\
\updownarrow & \updownarrow & \updownarrow & \updownarrow & \cdots \updownarrow \cdots \\
r_1 & r_2 & r_3 & r_4 & \cdots r_n \cdots
\end{array}
$$

是一一对应。而把所有正有理数排成一列的一个方式是

$$
\frac{1}{1} \ \frac{1}{2} \ \frac{1}{3} \ \frac{1}{4} \ \frac{1}{5} \cdots
$$

$$
\frac{2}{1} \ \frac{2}{2} \ \frac{2}{3} \ \frac{2}{4} \ \frac{2}{5} \cdots
$$

$$
\frac{3}{1} \ \frac{3}{2} \ \frac{3}{3} \ \frac{3}{4} \ \frac{3}{5} \cdots
$$

$$
\frac{4}{1} \ \frac{4}{2} \ \frac{4}{3} \ \frac{4}{4} \ \frac{4}{5} \cdots
$$

$$
\cdots\cdots
$$

因为每个正有理数都能写成 $\dfrac{b}{a}$(a,b 是正整数)的形式,所以所有的正有理数都在这个无限的数表中,具体地说,数 $\dfrac{b}{a}$ 在这个数表的第 b 行,第 a 列。现在我们将表中所有的有理数按照左下右上的对角线规则排成一行,即

$$
\frac{1}{1},\frac{2}{1},\frac{1}{2},\frac{3}{1},\frac{2}{2},\frac{1}{3},\frac{4}{1},\frac{3}{2},\frac{2}{3},\frac{1}{4},\frac{5}{1},\frac{4}{2},\frac{3}{3},\frac{2}{4},\frac{1}{5},\frac{6}{1},\cdots
$$

在这一列数中,我们划去所有 a 和 b 有公因子的数 $\dfrac{b}{a}$,使得每一个有理数 r 以最简分数的方式恰好出现一次,因而我们得到一个数序列:

$$
\frac{1}{1},\frac{2}{1},\frac{1}{2},\frac{3}{1},\frac{1}{3},\frac{4}{1},\frac{3}{2},\frac{2}{3},\frac{1}{4},\frac{5}{1},\frac{1}{5},\frac{6}{1},\cdots
$$

其中,每一个正有理数在其中出现一次而且只出现一次,这说明全体正有理数是可数的。

可数集有一个重要的性质:如果集 A、集 B 都是可数集,那么它们的并集 $A \bigcup B$ 也是可数集。这是因为集 A 的元素可以排成 $a_1,a_2,a_3,\cdots$,集 B 的元素可以排成 $b_1,b_2,b_3,\cdots$,这时集 $A \bigcup B$ 可排成 $a_1,b_1,a_2,b_2,a_3,b_3,\cdots$,这说明集 $A \bigcup B$ 中的元素可以和正整数一一对应,所以它们的并集是可数的。这一事实可以写成 $\aleph_0 + \aleph_0 = \aleph_0$。

这样说来,是不是所有的无限集都是可数的?答案是否定的。

区间[0,1]中的所有实数构成的集合是不可数的。

为了证明这个结论,我们把区间[0,1]中的每一个实数,都写成十进无限位小数的形式 $0.a_1 a_2 a_3 \cdots$,其中每个 $a_i \in \{0,1,2,\cdots,9\}$。当一个数有两种表示形式的时候,例如,$0.5 = 4.999\cdots = 0.5000\cdots$,$0.82 = 8.1999\cdots = 0.82000\cdots$,约定每个有限位小数后均补以无限多的 0 来表示这个小数。这样每个小数都有唯一的一个十进制无限位小数表示形式。假定结论不成立,即[0,1]中的全体实数之集是可数集,那么[0,1]中的全体实数可排成一个无限序列:

$$p_1, p_2, p_3, p_4, \cdots$$

对每个 p_i,把它写成十进无限小数形式并排成下表:

$$p_1 = 0.a_{11}a_{12}a_{13}\cdots a_{1n}\cdots$$

$$p_2 = 0.a_{21}a_{22}a_{23}\cdots a_{2n}\cdots$$

$$p_3 = 0.a_{31}a_{32}a_{33}\cdots a_{3n}\cdots$$

$$\cdots\cdots$$

$$p_n = 0.a_{n1}a_{n2}a_{n3}\cdots a_{nn}\cdots$$

$$\cdots\cdots$$

其中,$a_{ij} \in \{0,1,2,\cdots,9\}$。今构造一个小数 $b = 0.b_1 b_2 b_3 \cdots b_n \cdots$,每个 $b_i \in \{0,1,2,\cdots,9\}$,规定

$$b_i = \begin{cases} 2, 若 a_{ii} = 1 \\ 1, 若 a_{ii} \neq 1 \end{cases}, i = 1,2,3,\cdots。$$

我们显然有 $b \in (0,1)$。但另一方面,由 b 的构造可知,$b \neq p_n (n = 1,2,3,\cdots)$,这说明 $b \notin (0,1)$。这是一个矛盾,导致这个矛盾的原因是假定了[0,1]中的全体实数之集是可数集。所以,[0,1]中所有实数之集是不可数的。

构造数 $b = 0.b_1 b_2 b_3 \cdots$ 的方法称为"cantor 对角线法",数 $b_1, b_2, b_3, \cdots$ 与 $p_1, p_2, p_3, \cdots$ 数表中"对角线"上的元素 $a_{11}, a_{22}, a_{33}, \cdots$ 分别不相等,从而保证 b 与每个 p_i 不相等。

这样我们有了一个与正整数集不等势的即不可数的无限数集[0,1]或数轴上(0,1)内点的集合。这是无限集合的另一类型,其基数记为 $\aleph$。利用一一对应,我们可以得到任何长度的线段,其上的点组成的集合基数是 $\aleph$(见图 1-7)。

进一步我们可以证明:直线上的点组成的集合的基数是 $\aleph$。因为我们可以将一个半圆周上的点与直线上的点一一对应(见图 1-8),其中连接对应点的线段从

圆心出发,半圆的直径与直线平行。

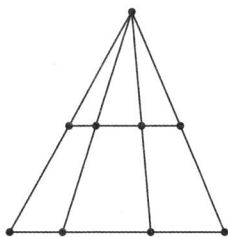

图 1-7　单位线段与任意长
线段上的点的一一对应

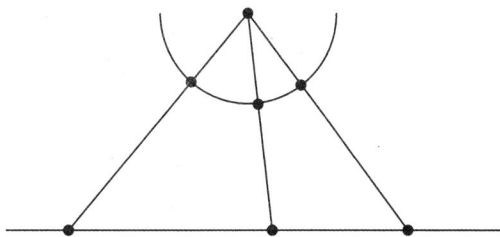

图 1-8　半圆周上的点与直线上的点一一对应

这个事实说明,实数集(连续统)的基数是 $\aleph$。由于{实数}={有理数}$\bigcup${无理数},所以无理数集是不可数的。因为如果无理数集可数,那么两个可数集的并集实数集也可数,这显然是不对的。由此我们知道,无理数比有理数要多得多,两者不在同一个数量级上。尽管这让我们感到有点吃惊,但事实确是如此。

现在我们已经有了两个基数 $\aleph_0$ 和 $\aleph$,并且 $\aleph_0 < \aleph$,显然 $\aleph_0$ 是无限集中最小的基数。于是人们自然会问:有没有这样的基数 k,使得 $\aleph_0 < k < \aleph$?这也就是说:是否存在一个集合 S,S 是不可数的,但 S 有一个可数的真子集,并且 S 不与实数集等势,却能与实数集的一个不可数真子集等势?

这就是著名的康托尔的"连续统假设"(continuum hypothesis),数学上常记作 CH。康托尔本人在一百多年前猜测答案是否定的,即没有这样的无限集。对于这个问题,数学家们做了多年的努力,企图证明 CH 成立,或证明它不成立。1938 年哥德尔(kurtCoder,1906—1978)证明了连续统假设与集合论的公理是无矛盾的,即承认连续统假设,绝不会引出矛盾。就是说,在集合论的公理下,根本不能证明连续统假设是错的。但这并不等于证明了它是正确的。1963 年科恩(P. J. Cohen,1934—)证明了连续统假设对集合论中的常用公理是独立的。这又表明,从集合论的常用公理出发,根本不可能证明连续统假设是正确的。因此对 CH,目前我们的回答是:在集合论公理系统中,不能判定 CH 的真伪。不过,大多数数学家承认 CH,即认为在 $\aleph_0$ 和 $\aleph$ 之间没有其他基数。

那么,有没有比 $\aleph$ 大的基数呢?也许有人以为,找出一个比从 0 到 1 的实数集有更大基数的点集是一件简单的事情。一个"二维"的正方形肯定显得比"一维"的线段包含有"更多"的点。令人十分惊异的是,事实并非如此。一个正方形中的点集的基数与一个线段上的点集的基数是相等的。为了证明这一点,我们将单位正方形中的点

$$(x,y) \in \{(x,y) \mid 0 < x < 1, 0 < y < 1\}$$

与区间 $(0,1)$ 中的点作一个对应。

设 x 和 y 的十进位小数形式为

$$x = 0. a_1 a_2 a_3 \cdots \quad 和 \quad y = 0. b_1 b_2 b_3 \cdots,$$

为了避免含糊，例如对有理数 $\dfrac{1}{4}$ 我们选用 $0.250000\cdots$，而不用 $0.249999\cdots$。然后对正方形中的一点 (x,y)，我们规定 0 到 1 这线段上的一点 $z = 0. a_1 b_1 a_2 b_2 a_3 b_3 \cdots$ 与之对应。显然，正方形上不同的点 (x,y) 和 (x',y') 对应于线段上不同的点。尽管这个对应不是一一对应，例如数 $0.2140909090\cdots$ 在正方形中没有点与之对应，因为按规则应是 $x = 0.24999\cdots$，$y = 0.1000\cdots$ 的点 (x,y) 与之对应，而这一点在我们的规定中应该用 $(0.25, 0.1)$ 表示，但它也已经表明了正方形的所有点的集合和单位线段的一个真子集之间是一对一的，所以正方形中的点集基数不超过线段中的点集基数。由于正方形中的点集基数显然不小于线段中的点集基数，所以两者的基数相等。

进一步我们还可以证明整个平面，乃至整个三维空间的点集的基数都是 $\aleph$。

这些事实也许会给我们一个暗示，不会有比基数 $\aleph$ 再大的基数了吧？然而实际情况依然令我们吃惊不已。康托尔证明了定理：对任意集合 A，A 的幂集（由 A 的一切子集构成的集合）基数大于 A 的基数。这就告诉我们，不存在基数最大的集合。

第二章　数学推理的基础

古希腊的毕达哥拉斯学派虽然在数学上有不朽的成就,但他们信奉"万物皆数",认为数是万物的本原,事物的性质是由某种数量关系决定的,宇宙万物皆可由整数(数量比例)来刻画描述,所以当不可公度量(正方形的边长和它的对角线)发现时,整数的尊崇地位受到了挑战,也动摇了数学的基石,导致了第一次数学危机。数学危机的发生使人们意识到:直观和经验不一定靠得住,推理和证明才是可靠的。如果凭借直观和经验,就难免会产生如下错误:

问题:将一个边长为 13 厘米的正方形纸片裁成 4 块,拼成一个长方形。

做法:将边长为 13 厘米的正方形按照 5 厘米和 8 厘米的比例先分成两个长方形,小长方形长 13 厘米,宽 5 厘米,沿对角线剪成两个直角三角形;大长方形长 13 厘米,宽 8 厘米,将 13 厘米的长边再按 5 厘米和 8 厘米的比例剪成两个直角梯形,见图 2-1。

将这四个部分再拼成一个长方形,长(13＋8)厘米,宽 8 厘米,见图 2-2。

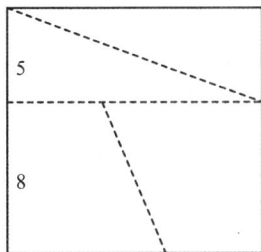

图 2-1　正方形

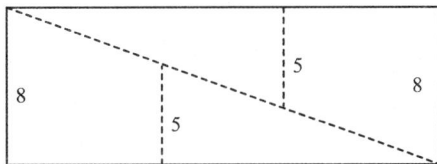

图 2-2　长方形

但 $13^2 \neq 21 \times 8$,怎么少了 1 平方厘米呢?

人们为了避免认识上的失误(如"万物皆数"的观点)和具体问题上的错误,如少了 1 平方厘米,觉得只有通过逻辑推理的方法获得的结论才是可靠的。而逻辑推理是需要大前提的,每一步的逻辑推理都需要大前提,这就出现了最初始的大前提怎么办的问题。

第一节　公　理　化

一、公理化思想的萌芽

回忆我们目前所了解的数学分支和理论,基本都是由假设、概念、命题、定理等组成,通过推理、证明或者获悉结论,或者确认猜想来构建知识的大厦,是一门典型的演绎科学。它的任何一个命题的证明都必须从一些已知的概念和已经证明为正确的命题出发,而作为出发点的这些概念和命题又依赖于另一些概念和命题。如此环环相扣地往上追溯,必然会存在一些无法再定义的概念和再证明的命题。按照这个思路,就应将某一学科中的某些概念及其有关的相关关系,作为不加定义的原始概念或不加逻辑证明的公设或公理,而其他的概念、性质与结论都由这些原始概念、公设和公理通过演绎推理获得。历史上公理化思想就在此认识的基础上萌芽。

由原始概念和公理构成的一个系统称为公理系统,在这个公理系统的基础上,以逻辑为工具,把该系统范围内的真命题推演出来,这时系统成为演绎系统。这种构造逻辑系统的思想我们称之为"公理化思想",相应的方法则称为"公理化方法"。

第一个将公理化思想付诸实践的是哲学家和逻辑学家亚里士多德(Aristotle,前384—前322),他总结了前人发现和创立的逻辑知识,完成了三段论演绎体系,当时称公理为基本命题。这是人类历史上第一个公理化方法,为后来形成数学公理化思想创造了条件。

欧几里得(Euclid,约前4世纪)以亚里士多德演绎逻辑为工具,通过总结人类长期以来的大量几何知识,编写了著名的《几何原本》。《几何原本》共15卷,前13卷为欧几里得原著,欧几里得从23个基本概念和自明的5条公设、5条公理出发,推演出465个命题,成为一个展示人类构建逻辑理性体例的范本,是人类文明史上一座难以逾越的丰碑。

《几何原本》第一卷给出了点、线、面等23个基本概念,接着给出了5条公理:

(1) 等量间彼此相等;

(2) 等量加等量和相等;

(3) 等量减等量差相等;

(4) 完全重合的东西是相等的;

(5) 整体大于部分。

还有5条公设:

（1）任意两个点可以通过一条直线连接；

（2）任意线段能无限延伸成一条直线；

（3）给定任意线段，可以以其一个端点作为圆心，该线段作为半径作一个圆；

（4）所有直角都相等；

（5）若两条直线都与第三条直线相交，并且在同一边的两内角之和小于两个直角，则这两条直线在这一边必定相交。

第五公设被人们称为平行公理。

《几何原本》是演绎逻辑与几何相结合的产物，是有史以来用公理化思想方法建立起来的第一门演绎数学，它的诞生向人们展示了一种使知识条理化和严密化的有效方法，以后很长时期内它成为严格证明的典范，人们把严密的逻辑推理和完善的逻辑结构看成是古典几何成熟的标志。

按现代的观点来看，这种公理化的方法还很原始，主要是它的公理系统中的基本概念即其所研究的对象的范围、含义和特征先于公理被给出，其公理体系称为直观公理体系。

二、公理化思想的形成和非欧几何的诞生

在直观公理体系中，它的"严格性"也是相对当时的情况而言的，有些基本概念的定义不够妥当，有些证明要借助于直观。在欧氏几何的所有公设中，第五公设的表述从字面上看很不自明，显得比较特殊，不像其他公设那样简洁、明了，在有限范围内可能看不到两直线相交。当时就有人怀疑它不像是一个公设而更像是一个定理，并产生了从其他公设和定理推出这条公设的想法。欧几里得本人对这条公设似乎也心存犹豫，并竭力推迟它的应用，一直到卷Ⅰ的命题29才不得不使用它。

第五公设能否从其他的公理推导出来？通过很多一流数学家近两千年的大量工作，始终未获成功。但也得到了一些有价值的结论，证明了第五公设与下面两个命题等价，即其中任何一个命题都可以代替第五公设：

（1）三角形三内角和等于两个直角；

（2）通过直线外一点，有且仅有一条直线平行于已知直线。

到了18世纪初，意大利数学家萨凯里（G. Saccheri，1667—1733）汲取了前人正面直接证明失败的教训，反其道而行之，改用反证法来证明，即否定第五公设，再推出矛盾，这样就可以说明第五公设是一个定理，可以用其他公理推出来。他在《欧几里得无懈可击》（1733）一书中，从著名的"萨凯里四边形"出发来证明平行公设：他设在四边形 $ABCD$ 中，$AD = BC$，$\angle A = \angle B$ 且为直角，那么不用平行公设可以证

明 $\angle C = \angle D$。他对以下三种假设进行了论证：

(1) 直角假设：$\angle C$ 和 $\angle D$ 是直角；

(2) 钝角假设：$\angle C$ 和 $\angle D$ 是钝角；

(3) 锐角假设：$\angle C$ 和 $\angle D$ 是锐角。

萨凯里首先由钝角假设出发，推出了矛盾。然后采用锐角假设，在这一过程中他获得了一系列新奇的结论：如三角形内角和小于两直角，过直线外一点有无数条直线与已知直线平行等。但萨凯里认为它们太不合习惯，便以为自己导出了矛盾而判断锐角假设也是不真实的，而直角假设则是与平行公设等价的。

尽管如此，萨凯里提出的反证法及其结果却给其他数学家以极大的启发，使人们意识到两种几何并存的可能性，即除欧氏几何外，还有非欧几何。

最早认识萨凯里工作意义的是德国数学家克吕格尔(G. S. Klugel，1739—1812)。1763 年，克吕格尔在其博士论文中首先指出萨凯里的工作实际上并未导出矛盾，只是得到了似乎与经验不符的结论。克吕格尔是第一位对平行公设是否可以由其他公设加以证明表示怀疑的数学家。1766 年德国数学家兰伯特(J. H. Lambert，1728—1777) 完成《平行线理论》一书，书中继续萨凯里的探索。他认识到任何一组假设如果不导致矛盾的话，一定可以提供一种可能的几何。继兰伯特之后，又有几位数学家指出，欧氏平行公理是不能证明的，它同其他几条公理相互独立，并相信有可能选取与平行公理相矛盾的其他公理建立逻辑上相容的几何。

到了 19 世纪，高斯、罗巴切夫斯基、包耶等许多杰出数学家在此基础上做了大量的推导工作都没有发现矛盾，其中罗巴切夫斯基(Lobachevski，1792—1856) 最早、最系统地发表了自己的研究成果，并且也最坚定地宣传和捍卫自己的新思想。他于 1826 年在喀山大学发表了演讲"简要论述平行线定理的一个严格证明"，而后又于 1829 年发表了《论几何原理》的论文，这是历史上第一篇公开发表的非欧几何文献。

罗巴切夫斯基非欧几何的平行公理：设 a 是任一直线，A 是 a 外任一定点。在 a 与 A 所决定的平面上，过点 A 而与 a 不相交的直线，至少有两条。

罗巴切夫斯基非欧几何有许多新奇的结论，例如：

(1) 三角形内角和都是小于 π 的，而且其和的大小因三角形而异，并非一个常量；

(2) 同一直线的垂线及斜线，并不总是相交的；

(3) 不存在相似而不全等的两个三角形；

(4) 如果两个三角形的各内角对应相等，则它们必定是全等的；

(5) 存在着没有外接圆的三角形；

（6）三角形三边的中垂线并非必定交于一点。

德国数学家黎曼（B. Riemann，1826—1866）于1854年发展了罗巴切夫斯基等人的思想而建立了一种更广泛的几何学——黎曼几何。

但是要人们像信服欧氏几何那样信服非欧几何，还需要解决两个问题：一是虽然以前在逻辑上未推出矛盾，并不等于永远推不出矛盾，因此这种逻辑上的无矛盾性还需要理论上的严格证明；二是非欧几何的客观原型是什么，人们并不清楚非欧几何到底反映了什么样的空间形式。19世纪中叶，随着微分几何、射影几何的进一步发展，为非欧几何寻找模型提供了条件。意大利的贝特拉米在1869年提出了用欧氏球面作为黎曼几何的一个模型空间，其上的大圆圆弧被解释成为黎曼几何中的直线，球面上的点仍是黎曼几何中的点，故其后黎曼几何也称为球面几何。德国数学家克莱因在1870年也提出了罗氏几何的模型空间，是一个欧氏平面上的不包括圆周的圆的内部，其上的点、直线（相当于圆的弦）作为罗氏几何中的点和直线。在这个圆内，过直线外一点有无数条直线平行于已知直线。这样一来，倘若欧氏几何无矛盾性，则非欧几何也无矛盾性。

非欧几何的产生，是人类纯粹逻辑理性的最高成就之一。因为欧氏几何毕竟源于现实经验（它的一些基本概念和公理，都是直观的，一定程度上符合现实经验），所以有人称此为"实质性公理化"。而非欧几何，纯粹是从改变基本公理入手，并在此基础上推导出的一套完整的独立系统，这不能不说是一个奇迹。尽管以后爱因斯坦的相对论为它提供了一个现实的模型，但它却是数学自身发展演绎的结果，并不依赖于物理的经验系统。

三、公理化思想的发展

为了进一步研究两种几何平行不悖，以希尔伯特（D. Hibert，1862—1943）为代表的数学家掀起了对几何基础的研究。由于同时期的康托尔、维尔斯特拉斯、戴德金等为代表的数学家对实数理论的研究推动了代数的重大变化，代数由方程的求解导致了群论的产生，使代数研究的对象发生了质的变化，代数逐渐演变成为一门研究各种代数运算系统形式结构的科学，这一切将几何公理化方法的研究推向了一个新的阶段，即形式公理化阶段。希尔伯特在1899年出版的《几何基础》代表了这个时期的研究成果。希尔伯特在他的《几何基础》中，摒弃了欧几里得《几何原本》中公理的直观显然性，着眼于对象之间的联系，强调了逻辑推理，第一次提出了一个简明、完整、逻辑严谨的形式化公理系统。它的公理系统中的基本概念是不加定义的原始概念，即其所研究对象的范围、含义和特征不是先于公理确定，而是由公理组予以确定,人们称这种建立形式化公理系统的方法为元数学的纯形式化公理方法,是公理化方法发展史上的一个里程碑。

希尔伯特公理体系分类如下:

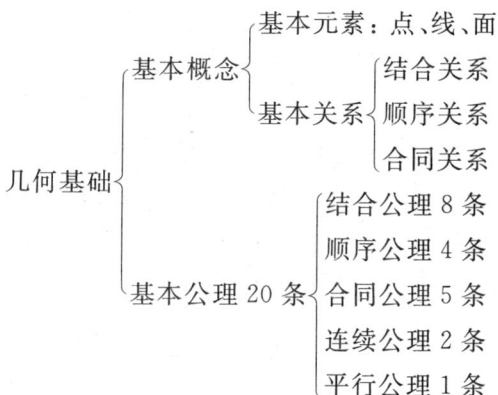

```
                            ┌ 基本元素：点、线、面
                  ┌ 基本概念 ┤         ┌ 结合关系
                  │         └ 基本关系 ┤ 顺序关系
                  │                   └ 合同关系
        几何基础 ┤         ┌ 结合公理 8 条
                  │         │ 顺序公理 4 条
                  └ 基本公理 20 条 ┤ 合同公理 5 条
                            │ 连续公理 2 条
                            └ 平行公理 1 条
```

其中的点、线、面仅作为三种对象的名称,是不加定义的"原始"概念,叫作基本元素。

形式化公理方法给几何学的研究带来了全新的观点。在公理体系中,由于基本对象不加以定义,因此就不必考虑研究对象的直观形象,只要研究抽象的对象之间的关系、性质。凡符合公理体系的元素都可以作为这个几何体系的直观解释,或称几何学的模型。因此,几何学的研究对象更广泛,其含义也更抽象。

现代形式化公理方法在研究更复杂的逻辑结构中发展,这导致了现代数理逻辑学的诞生。特别是英国哲学家、数学家和逻辑学家罗素 1902 年发现的集合论悖论,使数学界深感震动和不安,于是开始以形式化公理方法来建立集合论。集合论公理化系统的出现,将形式化公理方法推向了一个更高的阶段。

至此,公理化方法不但是分析、总结科学知识的方法,也是创建新理论的方法。在现代数学中,概率论就是采用了公理化方法才建立了扎实稳固的理论基础,成为演绎体系,从而得到了迅速的发展;分析学也是在建立了实数公理体系以后才有了坚实的理论基础,得以健康地发展。

在公理化的过程中,我们一方面希望用最少的公理推出这一系统范围内的更多的真命题;另一方面希望不要推出相悖的结论,产生逻辑矛盾。这就对公理化方法提出了以下逻辑要求,它也是判断一个公理系统是否科学合理的基本准则。

1. 相容性

相容性要求在一个公理系统中,公理组之间的公理不能互相矛盾,由公理推出的结论,也不能相互矛盾,即不能推出命题 A 与其否定命题 $\overline{A}$。

2. 独立性

独立性要求在一个公理系统中，公理组中的任何一个公理都不能由其他的公理推出。

若一个公理能由其他公理推出，则这个公理就是一个定理，因此独立性即是要求公理组中的公理数目最少。

3. 完备性

完备性要求在一个公理系统中，公理组的选取要保证由该公理组能推出这个系统范围内的所有真命题，所以公理不能过少，否则有些真命题将不能被推出来。

形式公理系统满足相容性、独立性和完备性的要求而提出，是数学推理严谨思维的理性思考。但是要证明一个公理系统的相容性却并非易事，目前多是用解释法来证明一个公理系统的相对相容性。奥地利数学家哥德尔（K. Godel, 1906—1978）提出的"算术的不完全性定理"证明了算术公理系统完备性的不可满足。即在算术系统中，存在一个命题，该命题及其否命题在该系统中均不能证明。这个定理的深刻思想意义在于它指出了严谨性也是相对的，使人们对数学严谨性的哲学理解更趋深化和科学。

不过，公理化方法的这三个逻辑要求，相容性最重要但也不是非有不可，独立性从理论上、逻辑完美上讲应该要求，公理和定理在一个系统中的地位是不同的，但是把一个定理不加证明地作为公理也不会出现逻辑错误，不会使系统产生矛盾，也不影响公理系统的完备性。事实上，根据学生的心理发展水平适当将某些定理当作公理看待，反而有利于教学，有利于学生的接受。完备性由于歌德尔的"算术不完全性定理"，要求也可放宽。

公理化思想反映了数学之不同于其他学科的本质特性，是数学中最重要的基础思想之一。

四、自然数集的公理化

自然数是人类历史上最早出现的数，自然数在计数和测量中有着广泛的应用。从公理化的角度看，后来出现的数例如正有理数、负数、无理数等，都可以在自然数的基础上定义其概念和运算。威尔斯特拉斯（K. T. W. Weierstrass, 1815—1897）就曾在 1859—1860 年的演讲中提出了把有理数建立在自然数基础上的思想，他以一对自然数定义一个正有理数，并认为只要承认了自然数，就可以建立全部实数理论。为了使数的系统有严密的逻辑基础，许多数学家开始了对自然数的研究。19 世纪的数学家建立了自然数的两种等价的理论：自然数的基数理论和序数理论，使自然数的概念、运算和有关性质得到严格的论述。

我们在第一章第九节中说过,每一个自然数就是一类等价有限集合的标记。因为一切等价有限集合的元素可能毫无共性可言,它们共同的特征只能是集合中元素的个数(基数)。这一提法被称为自然数的基数理论,它表明了两个可以在元素之间建立一一对应关系的有限集具有共同的数量特征,这一特征就叫作基数。这样,所有单元素集合$\{x\},\{y\},\{a\},\{b\}$等具有同一基数(用集合的形式表示),记作 1。类似地,凡能与两个手指头建立一一对应的集合,它们的基数相同,记作 2,等等。各种不同的基数总称自然数,利用集合的并定义自然数的加法等运算。

自然数的序数理论是意大利数学家皮亚诺(G. Peano,1858—1932)提出来的,他用三个基本概念和五个基本命题演绎出了自然数的全部理论。皮亚诺对自然数的处理方法体现了公理化思想,在当时就较为流行,被普遍接受。

皮亚诺的三个基本概念是 0、数、后继。后继是指自然数次序中某数的次一数,自然数 a 的后继记为 $a+$,如 1 的后继是 $1+,2$ 的后继是 $2+$,等等。五个基本命题(公理)是:

(1) 0 是一个自然数;

(2) 每个自然数都有一个后继数;

(3) 0 不是任何其他自然数的后继数;

(4) 如果 $a+=b+$,那么 $a=b$;

(5) 设 M 是一个由自然数组成的集合,如果 $0\in M,a\in M$,就能推出 $a+\in M$,则 M 包含所有自然数。

第五条称为归纳公理,也称为数学归纳法。自然数集记为 N。

在此公理的基础上,皮亚诺定义了自然数的运算。加法运算"$+$"定义为:对任何自然数 a,b,有唯一的和 $a+b$ 存在,使得 $a+0=a;a+(b+)=(a+b)+$。

如果我们将 $0+$ 定义为符号"1",那么 $a+1=a+(0+)=(a+0)+=a+$,即"$+1$"运算可求得任意自然数的后继数。

我们可以证明加法运算"$+$"满足运算律,例如结合律和交换律。

证明结合律:$(m+n)+k=m+(n+k)$。对 k 应用数学归纳法。

当 $k=0$ 时,由加法定义得 $(m+n)+0=m+n$ 和 $m+(n+0)=m+n$,因此结合律对 $k=0$ 成立。

假设结论对 k 成立,即 $(m+n)+k=m+(n+k)$,对 $k+$,有 $(m+n)+(k+)=[(m+n)+k]+$ 和 $m+[n+(k+)]=m+[(n+k)+]=[m+(n+k)]+$,由假设,$(m+n)+k=m+(n+k)$,所以 $(m+n)+(k+)=m+[n+(k+)]$,结论对所有自然数成立。

证明交换律：$a+b=b+a$。

先证明对任何 $a\in N$，$0+a=a+0$。应用数学归纳法，当 $a=0$ 时，结论自然成立；假设当 $a=n$ 时，结论成立；当 $a=n+$ 时，$0+(n+)=(0+n)+=(n+0)+=n+=(n+)+0$。所以结论成立。

再证明对任何 $a\in N$，$1+a=a+1$。根据数学归纳法，当 $a=0$ 时，结论成立；假设当 $a=n$ 时，结论成立；当 $a=n+$ 时，$1+(n+)=(1+n)+=(n+1)+=n+(1+)=n+(1+1)=(n+1)+1=(n+)+1$。所以结论成立。

为证明 $a+b=b+a$，再利用数学归纳法，当 $b=0$ 时，已证结论成立；假设当 $b=k$ 时，结论成立；当 $b=k+$ 时，$a+(k+)=(a+k)+=(k+a)+=k+(a+)=k+(a+1)=k+(1+a)=(k+1)+a=(k+)+a$。交换律成立。

乘法运算"×"定义为对任何自然数 a,b：

$a\times0=0$；

$a\times(b+)=a\times b+a$。

我们可以证明 $a\times k=\underbrace{a+a+\cdots+a}_{k\text{个}a}$，即乘法是特殊的加法。

根据数学归纳法，当 $k=1$ 时，$a\times1=a\times(0+)=a\times0+a=0+a=a$，结论成立；假设 $k=n$ 时，结论成立；当 $k=n+$，即 $n+1$ 时，$a\times(n+)=a\times n+a=\underbrace{a+a+\cdots+a}_{n\text{个}a}+a=\underbrace{a+a+\cdots+a}_{(n+)\text{个}a}$。

可以证明乘法运算满足结合律、交换律等运算规律。$a\times b$ 也简记为 ab。

自然数的减法和除法可以由加法和乘法的逆运算的方式来定义，就像中小学教材中的处理方式，但那必须是在引进负数和有理数之后才可行。为了避免用负数的概念定义减法，按公理化方法，可将整数定义为自然数对 (a,b)，规定当 $a+d=b+c$ 时，$(a,b)=(c,d)$，例如 $(4,2)=(2,0)$。整数的加法定义为 $(a,b)+(c,d)=(a+c,b+d)$，定义 (a,b) 的相反数为 (b,a)。我们把 $(a,0)$ 和 a 视为等同，在此基础上可以证明自然数是整数的一部分，加法的定义也相符。这样，在整数上，我们有相反数的概念。整数和它相反数的和是 0，因为 $(a,b)+(b,a)=(a+b,b+a)=(0,0)$，这可视为自然数 0。0 和任意整数的和是这个整数本身。在整数上，定义减法 $a-b$ 为 $a+(b$ 的相反数)。可以验证，这样的定义与通常理解的整数加减法是一致的。如果我们引入"－"号，记 $(0,a)$ 为 $-a$，便可得到我们所熟悉的整数的表示：$\cdots,-4,-3,-2,-1,0,1,2,3,4,\cdots$。

整数的乘法定义为 $(a,b)*(c,d)=(ac+bd,ad+bc)$。

为了避免用分数的概念定义除法，我们可以将有理数定义为整数对 $[a,b]$，其

中 b 非零。规定当 $ad = bc$ 时，$[a,b] = [c,d]$。定义有理数乘法为 $[a,b] \odot [c,d] = [a*c,b*d]$，当 a,b 都不等于零时，规定 $[a,b]$ 的倒数为 $[b,a]$。定义有理数加法为 $[a,b] + [c,d] = [ad+bc,bd]$，定义 $[a,b]$ 的相反数为 $[-a,b]$，定义 $a-b$ 为 $a + (b$ 的相反数$)$。如果视 $[a,1]$ 和 a 等同，则可以证明整数是有理数的一部分，加法、减法、乘法的定义都与之相符。这样，在非零有理数上，我们有倒数的概念。非零有理数和它倒数的积是 1，1 和任意有理数的积是这个有理数本身。在有理数上，定义除法 $a \div b$ 为 $a \odot (b$ 的倒数$)$，如果 b 非零。可以验证，这样的定义与通常理解的有理数加减乘除法是一致的。

自然数理论的建立，使数的理论有了坚实的逻辑基础，得到了严格的论述。

第二节　概　　念

数学的推理不仅依赖于前提条件和逻辑体系，还依赖于数学概念。没有概念就不能做出判断，进行推理。概念在数学推理中所起的递导作用是推理得以进行的依据之一，是数学内容的重要组成部分。

一、什么是概念

任何事物，总是有许多的性质与关系，例如偶数，有能被 2 整除的性质及与其他偶数是否相邻的关系。我们把一个事物的性质与关系，叫作事物的属性。事物与属性不可分割。

一个事物与另一个事物的相同或相异，也就是一个事物的属性与另一个事物的属性的相同或相异。由于事物属性的相同或相异，客观世界中就形成了许多不同的事物类。具有相同属性的事物就形成一类，具有不同属性的事物就分别地形成不同的类。

我们经常说的事物的本质属性，是指对该事物起决定性作用的属性；非本质属性，则指该事物的派生的属性。比如"三内角之和等于 180° 的平面图形"这个属性就是三角形的本质属性，"三个内角都是锐角的平面图形"就不是三角形的本质属性。

通过感觉，我们认识到事物的某方面的属性；通过知觉，我们认识到事物的各种属性。通过对事物的多次的感觉、知觉以后，我们在头脑中保留了事物的形象，这称为印象。印象已经具有抽象性与普遍性的成分。

在感觉、知觉与印象的基础上，人们借助语言的抽象作用，例如我们会多次应用同一词语表示同一类中的许多个别事物,这就使我们能从这些个别事物中抽象出这类事物的本质属性,并逐渐形成了反映事物的概念。与感觉、知觉、印象都反映的是事物的具体形象不同,概念反映的不是一个具体的形象,它反映的是事物的本质属性,不反映事物的非本质属性。

概念的产生,是人们认识过程中的质变。由于感觉、知觉、印象仅反映事物的个别具体形象,在这些具体的形象中,事物的本质属性与非本质属性浑然不分,这些个别具体形象可以通过直观得到,所以,感觉、知觉、印象具有直观性和个别性。概念反映的是事物的本质属性,而本质属性是从一类具体事物中抽象出来的,是这一类事物都具有的,所以,概念具有抽象性和普遍性。

人的认识是不断发展的,概念也是不断发展的。对于某类事物,我们开始可能只是认识到它的外部特征——那些派生的非本质属性。这时,我们对这类事物的概念,只是一个初步的概念。在长期丰富的实践基础上,我们会逐渐地认识到某类事物的内在本质,逐渐地认识到某类事物的决定性的本质属性,这时,我们对某类事物的概念,才是深刻的概念。例如人们对函数概念的认识和提炼,早期数学家还没有明确函数的一般意义,绝大部分函数是被当作曲线(方程)来研究的。近代认为函数是定义在非空数集之间的映射。

概念是一种思维的形式。概念与其他的思维形式,如判断、推理与论证,是有密切联系的。人们必须先具有关于某事物的概念,然后才能做出关于某事物的判断、推理和论证。概念是判断、推理、论证的基础,从这个意义上说,概念是思维的起点;另一方面,人们通过判断、推理与论证所获得的新认识,又会形成新的、较深刻的概念,从这个意义上说,概念是判断、推理和论证的结晶。

数学概念是数学对象本质属性的反映。数学概念是对现实世界的数量关系、空间形式或结构关系的特征的概括。它的产生,一般来说有两种情形:一种是直接从对客观事物的数量关系、空间形式或结构关系的反映而得到;另一种是在已有的数学概念的基础上,经过多层次的抽象概括,进而形成数学概念的抽象链,例如四边形 → 平行四边形 → 矩形等。一个数学概念形成的过程,实际上是把对某种数学对象模糊笼统的感性认识上升为清晰准确的理性认识的过程,也就是对数学对象的抽象概括过程。一个数学概念抽象链的形成过程,都是从一个原始的概念开始,伴随着数学思维的发展,抽象程度的逐渐提高,不断形成新的数学概念的过程。

二、概念的内涵和外延

概念有两个重要的逻辑特征,即概念的内涵和外延。事物总是具有一定属性的事物,而属性总是联系着具体的事物。因此,概念在反映事物的特有属性的同时,也就反映了具有这些特有属性的事物,这就形成了概念的内涵与外延。

概念的内涵,就是指概念所反映的事物的特有属性。概念的外延,就是指具有概念所反映的特有属性的事物。如自然数,它的内涵是等价集合的基数,它的外延是 $0,1,2,3,\cdots$。

我们在理解概念的内涵上要区分概念所反映的事物的特有属性与客观存在的事物的特有属性的区别,这也就是说,概念的内涵与事物的特有属性是有区别的。概念的内涵是属于思想方面的认识内容,事物的特有属性是属于事物方面的认识对象。虽然概念的内涵要求要正确地反映事物的特有属性,但是,它们两者仍然不是等同的。原因有二:第一,概念的内涵是否正确地反映了事物的特有属性?从数学推理的角度看,古代对数(数概念)的认识并没有揭示数的特有属性,只有今天我们以公理化方法为工具,才认清了数的本质属性。这就说明,属于思想方面的概念内涵与属于事物方面的特有属性不是等同的。第二,由于关注的侧面的不同,人们可以从不同的方面去认识同一类事物。对于同一类事物,人们就可以形成几个不同的概念。这些不同概念的内涵,分别反映同一类事物不同方面的特有属性。例如对于数 7,如果考虑它被 2 除的余数,那么它是奇数;如果考虑它的质因数的个数,那么它是素数。

概念的内涵,是概念必须具有的内容,因而任何一个概念都是有内涵的。不但真实概念有内涵,虚假概念也是有内涵的。比如,在欧氏几何里,"内角和等于 175° 的三角形"是一个虚假的概念,它的内涵就是内角和等于 175° 的三角形。

概念的外延,是研究范围中具有概念所反映的特有属性的事物。一个概念的外延,就是由具有这个概念所反映的特有属性的那些事物所组成的类。因此,真实的概念,由于研究范围中存在着相应的事物,就有外延;虚假概念在研究范围中没有一个相对应于它的事物类,就是没有外延。例如,"自然数"是个真实的概念,它具有外延;"内角和等于 175° 的三角形"在欧氏几何里是一个虚假的概念,就没有外延。

在反映属种关系的一对概念之间,概念的内涵与概念的外延是互相制约的。概念的内涵确定了,在一定条件下概念的外延也跟着确定;反之概念的外延确定了,在一定条件下概念的内涵也跟着确定。在内涵与外延的互相制约的关系中,有一点特别值得我们注意,这就是概念内涵的多少与概念外延的多少这两者之间呈反比关系。例如概念"平行四边形",其内涵是"两组对边分别平行的四边形",外延是各种各样的一个个具体的平行四边形。如果我们增加内涵,变为"两组对边分别平行且有一个角是直角的四边形",那么它的外延就比前者减少,实际上,它的外延是一个个具体的矩形。

由此，我们就不难得出这样一条规律：如果一个概念 A 的内涵比另一个概念 B 的内涵多，那么 A 的外延就比 B 的外延少；如果 A 的内涵比 B 的内涵少，那么 A 的外延就比 B 的外延多。这就是概念的内涵与外延的反比规律。

概念的内涵与外延成反比，并不是严格的数学函数规律。也就是说，内涵中特有属性的数量，并不是外延中事物数量的一个函数，并不是内涵中增加（或减少）几个属性，外延中就按比例地减少（或增加）几个事物。内涵与外延的反比规律，只是内涵与外延在数量关系方面的变化趋势的一个形象说法。

三、概念的种类

概念是推理的基石，明确概念，是正确推理的前提。那么如何来明确概念呢？我们可以从概念的内涵和外延两方面着手。根据内涵与外延的不同情形，可以对概念进行分类。根据外延的不同，概念可分为单独概念和普遍概念；根据内涵的不同，概念可分为集合概念和非集合概念，肯定概念和否定概念，实体概念、属性概念和关系概念。

1. 单独概念和普遍概念

根据概念的外延是一个事物还是许多事物，概念可以分为单独概念与普遍概念。

单独概念是指其外延只含有一个事物的概念。例如"偶质数"，它的外延就只有一个数 2，"绝对值最小的有理数"、"$\triangle ABC$ 中 $\angle A$ 的平分线"等都是单独概念。有些标明了数目序列或最大（小）的概念，例如某一个数列的第 10 项，式子 $|x-1|+|x+1|+|x+2|$ 的最小值，也是单独概念。

普遍概念是指其外延包含多个事物的概念。例如"自然数"、"三角形"、"方程 $x^2-x-2=0$ 的根"等。在用普遍概念进行判断时，需要有表示数量的词如"所有"、"有些"，判断才会明确。例如，"等式 $1^3+2^3+3^3+\cdots+n^3=[\frac{n(n+1)}{2}]^2$ 对所有自然数成立"。

2. 集合概念和非集合概念

集合概念是指由个别事物所构成的集合体的概念。它们的内涵体现的是所含事物集合体某方面的本质属性。事物集合体的本质属性不一定为它的组成部分的个别事物所具有；其组成部分的个别事物的本质属性，也不一定为集合体所具有。例如，"自然数的可数性"、"有理数的稠密性"、"$45,75,105$ 的最大公约数"等都是集合概念。可数性是自然数集的一个特性，单个自然数并不具有，同样，有理数的稠密性(任意小的区间内都存在有理数或任何两个有理数之间都存在有理数)也是有理数集的一个特性,几个有理数并不存在这个特性。

非集合概念是指不作为个别事物的集合体的概念。实际上,非集合概念是反映一类事物的概念,即类概念,一个集合体与由这个集合体的部分成员所组成的类,是有很大区别的。但是,人们在思维过程中,却常常容易把表示一个集合体的集合概念,同表示由这个集合体的部分成员所组成的类的非集合概念相混淆。这种情形,尤其是在表示这两者都用同一个术语的时候,更容易发生。例如"有理数的加法满足交换律"和"有理数具有稠密性",前者的"有理数"是非集合概念,后者的"有理数"是集合概念。

3. 肯定概念和否定概念

所有具有某种属性的事物可以组成一个类,所有不具有某种属性的事物也可以组成一个类。肯定概念是指具有某种属性的事物的概念,否定概念就是指不具有某种属性的事物的概念。例如"正数"是肯定概念,"非正数"就是否定概念。

否定概念总是需要在一定的范围内来理解。例如"非正数",在整数范围内,它是 $0, -1, -2, -3, \cdots$;在有理数范围内,它是 0 和负有理数。一个否定概念涉及的范围,逻辑上叫作论域。论域可大可小,最大的论域可以是整个世界。在一定的论域中,任何一个事物,它或者具有某种属性,或者不具有某种属性。因此,在一定的论域中,对某一个事物,如果我们不能用肯定概念"A"去表示它,我们就能用相应的否定概念"非 A"去表示它。例如我们想表示除平行四边形、梯形外的四边形,我们可以表示为"两组对边都不平行的四边形"。

任何一个事物,它必然是"A"或者"非 A"。这是排中律在概念方面的要求。

在一定的论域中,任何一个事物,如果它具有某个属性,它就不能同时又不具有这个属性。因此,在一定的论域中,对于任何一个事物,如果我们能用一个肯定概念"A"去表示它,那么,我们就不能同时又用一个相应的否定概念"非 A"去表示它。任何一个事物,它不能同时既是 A 又是非 A,这是矛盾律在概念方面的要求。

4. 实体概念、属性概念和关系概念

实体概念是指反映各种具体事物的概念,如三角形、正方形、分数等,这些都是实体概念。它们的内涵所反映的是具体事物的质的规定性。

属性概念是指反映事物或现象具有的属性的概念,如有理数加法、乘法的交换律,函数的连续,数列的收敛等概念,都是属性概念。它们的内涵反映的是具体事物的性质的质的规定性。

关系概念是指反映具体事物之间的各种关系的概念,如大于、小于、平行、垂直、整除等都是关系概念。它们的内涵反映的是事物之间所具有的关系的质的规定性。关系不同于属性，属性可以为一个或一类事物所具有，关系则存在于两个或多个事物之间。

四、概念间的关系

正确认识概念间的关系，是我们正确理解和使用概念的前提。如果我们正确地了解了概念间的关系，就可以避免在思维过程中产生逻辑错误。

概念之间有的相互有联系，有的没有。有联系的有的还可以进行比较。一般来说，在一定的范围中，能够包括在同一个外延较大的概念之中的两个概念，是可以进行比较的，如等腰三角形与等边三角形、长方形与正方形、整数与偶数等。有的概念则不可以比较，如质数与平行四边形、整除与垂直。

概念之间的关系是指可以比较的不同概念外延间的关系。概念之间的关系根据是否至少有部分外延相同而分为相容关系与不相容关系。

1. 相容关系

相容关系是指至少部分外延相同的概念之间的关系，包括同一关系、属种关系和交叉关系。

（1）同一关系

同一关系是指外延完全相同的几个概念之间的关系，但内涵不同。具有同一关系的几个概念叫作同一概念。如"平行四边形"和"对角线互相平分的四边形"，两概念的外延完全相同，所以它们是同一概念[①]。又如"等边三角形"和"三个角都等于60°的三角形"，也是同一概念。

同一概念的交替使用和彼此说明，对全面地掌握概念非常有利，能使人解题思路开阔、思维灵活。例如"被9除余数为零的整数"和"各位数字之和能被9整除的整数"作为同一概念，在解题中可相互替换使用，往往会收到事半功倍的效果。但是如果把不是同一关系的概念作为同一概念来使用，即"偷换概念"，必然导致解题错误。例如"绳子长的二分之一"和"二分之一米长的绳子"，就不是同一关系的概念，两者不能替换；"3.5小时"与"三个半小时"也许也不是同一概念，因为后者可能是指1.5小时。再举一个定积分定义中的例子：在区间 $[a,b]$ 内插入 $n-1$ 个点，$a = x_0 < x_1 < x_2 < x_3 \cdots < x_{n-1} < x_n = b$，记各小区间的长度为 $\Delta x_i = x_i - x_{i-1}(i = 1,2,\cdots,n)$，令各小区间的最大长度为 λ，即 $\lambda = \max\limits_{1 \leqslant i \leqslant n}\{\Delta x_i\}$，如果极限

---

① 有学者认为称"具有同一关系的概念"更合适，参见《玉溪师范学院学报》2000年第2期。

$\lim\limits_{\lambda \to 0}\sum\limits_{i=1}^{n}f(\xi_i)\Delta x_i$ 存在，则该极限称为函数 $f(x)$ 在区间 $[a,b]$ 上的定积分。有人用极限 $\lim\limits_{n \to \infty}\sum\limits_{i=1}^{n}f(\xi_i)\Delta x_i$ 代替极限 $\lim\limits_{\lambda \to 0}\sum\limits_{i=1}^{n}f(\xi_i)\Delta x_i$，这就犯了"偷换概念"的错误，因为前者 $n-1$ 个点在 $[a,b]$ 中可以"不均匀"分布，例如所有 $n-1$ 个点可以都分布在半个区间内，而后者的 $n-1$ 个点必须在 $[a,b]$ 中"均匀"分布，它们不是同一概念。

当然，如果我们把是同一关系的概念当作非同一关系的概念对待，那么解题时就会思路闭塞，束手束脚，很可能一事无成。

（2）属种关系

属种关系是指一个概念的部分外延与另一概念的全部外延相同的两个概念之间的关系。具有属种关系的两个概念叫作属种概念。在属种概念中，外延较大的概念叫属概念，外延较小的概念叫种概念。

例如：

① 三角形　　　　　等腰三角形

② 整数　　　　　　合数

③ 平行四边形　　　正方形

在这三组概念中，左侧是属概念，右侧是种概念。

概念间的属种关系是相对的，一个概念相对于不同的概念来说，可以是种，也可以是属。例如上述 ③ 中，"平行四边形"是属概念，而与概念"四边形"相比，它又是种概念。这表明，概念的属种关系还具有层次性，例如"四边形"和"平行四边形"都可以作为"正方形"的属概念。

一个概念的全部外延与另一个概念的部分外延相同，这两个概念之间的关系也称为真包含（或真包含于）关系。所以属种关系中属对种是真包含关系，种对属是真包含于关系。但这种关系并不是整体和部分之间的关系。例如"三角形"和"三角形的边"，后者是前者的一部分，但前者是"三角形"，后者是"边"，它们之间不具有属种关系，因而不是属种概念。

在我们的思维过程中，如果不能准确地鉴定概念的属种关系，就会陷入说不明、道不清的境地，引起思想混乱。例如"白马非马"的典故。

在战国中期，赵国的公孙龙在《白马论》中提出了一个命题："白马非马"。公孙龙认为，事物和概念都是有差别的，所以概念与概念之间也绝没有联系。在他看来，"白马"与"马"这两个概念是不同的，因此它们之间是没有联系的，从而推断出："白马"不是"马"。他认为"白马"这个概念是既名"色"又名"形"的，而"马"这个概念只是名"形"，故而"白马非马"。公孙龙为了证明"白马非马"的命题，还提出了另一个论据:"求马,黄黑马皆可致;求白马,黄黑马不可致。"相传公孙龙据此辩得守城官哑口无言,终于骑着他的(不是马的)白马进城去了,而原本依照规定马是不可以进城的。

其实"马"和"白马"之间的关系就是属种关系,白马当然是马。公孙龙看到了"马"和"白马"这两个概念在外延上有大小不同的区别,即"白马"的外延包含在"马"的外延之中,而"马"的外延却不包含在"白马"的外延之中。公孙龙故意忽略这一点,否认"白马"是"马"的一个元素,从而导致守城官实际上犯了否认种概念的外延包含于属概念的外延之中的逻辑错误。

(3) 交叉关系

交叉关系是指外延部分相同的两个概念之间的关系,因此也叫"部分重叠关系",具有交叉关系的概念叫作交叉概念。例如"6 的倍数"和"8 的倍数"就是交叉概念,交叉部分实际上是"24 的倍数"。又例如"直角三角形"和"等腰三角形"也是交叉概念,交叉部分是"等腰直角三角形"。

在实际应用中,要注意交叉关系的概念既不能与同一关系的概念相混淆,也不能把它与属种关系相混淆,例如"平方数"和"个位是 1,4,5,6,9 的自然数"本是交叉概念,不能误认为是同一概念或属种概念。同时也不能把没有交叉关系的概念误认为有交叉关系,例如"平行四边形"和"梯形"。

2. 不相容关系

当概念所反映的事物较多时,为了明确概念,或者为了在数学推理证明中区分各种不同的情形,我们常常会对概念进行划分。划分是把属概念按某一标准分成外延相互排斥的若干个种概念之和。不相容关系是指外延完全不同的概念之间的关系,包括矛盾关系、反对关系和并列关系。

(1) 矛盾关系

矛盾关系是指在同一个属概念下,外延互相排斥,但它们的外延和等于该属概念的全部外延的两个种概念之间的关系。具有矛盾关系的两个种概念叫作矛盾概念,其特点是他们的内涵互相否定,一个概念以否定另一个概念的内涵作为自身的内涵。如"负整数"和"非负整数"、"真分数"和"假分数",等等。

(2) 反对关系

反对关系是指在同一个属概念下,外延互相排斥,但它们的外延和小于该属概念的全部外延的两个种概念之间的关系。具有反对关系的两个种概念叫作反对概念。如"负整数"和"正整数"、"平行四边形"和"梯形"等都是反对概念。

由于矛盾概念和反对概念都是外延互不相同的概念,所以矛盾概念或反对概念不能同时指称同一个对象。如"方圆形",这是用"方形"与"圆形"这一对反对概念同时指称同一图形而形成的一个荒谬概念。但是,矛盾概念和反对概念可以被用来从正、反两方面去说明一个对象,或被用来进行比较。如"真分数的分子不能大于分母,否则就是假分数",这对明确概念会有一定的帮助。

(3) 并列关系

并列关系是指对一个属概念进行同一次划分(分类)后的若干个种概念之间的关系。矛盾关系和反对关系可以看作并列关系的特殊情况。具有并列关系的概念叫作并列概念。如模 7 的剩余类:$[0]_7,[1]_7,[2]_7,[3]_7,[4]_7,[5]_7,[6]_7$,是自然数被 7 除按余数进行的一种划分,其中的若干个剩余类互相之间就是并列关系。三角形按角进行分类有锐角三角形、直角三角形和钝角三角形,它们之间是并列关系。

要正确地、合乎逻辑地思维,必须学会准确地运用概念。为了准确地运用概念,必须正确认识概念间的关系,它是我们正确地理解和使用概念的前提。数学概念很好地体现了数学逻辑思维的确定性。这种确定性使我们能够明晰数学概念所反映的对象是此事物而非彼事物,从而为我们借助数学概念展开数学推理奠定了基础。

第三节 定 义

人们必须在对某些名称和术语有共同的认识时,才能进行相互交流。为此,就要对名称和术语的含义加以描述,做出明确的规定,也就是给出它们的定义。

一、什么是定义

定义是将事情呈现、描述出来,是认识主体确定一个认识对象或事物在有关事物的综合分类系统中的位置和界限的一个方法,是对一种事物的本质特征或一个概念的内涵和外延所做的确切表述。简言之,定义是揭示概念内涵的一种逻辑方法,它用言简意赅的方式,指出概念对象的特有属性,以便使人们将该概念对象与其他类似对象区别开来。例如"平行四边形是两组对边分别平行的四边形",这句话就是"平行四边形"的定义,根据这个定义揭示的"平行四边形"的内涵,我们可以将"平行四边形"与其他图形区别开来。

从逻辑结构上来看,定义一般由三部分组成:被定义项、定义项和定义联项。被定义项就是需要揭示其内涵的概念,定义项就是用来揭示被定义项内涵的概念,定义联项就是联结被定义项和定义项的概念。例如,在"平行四边形是两组对边分别平行的四边形"这个定义中,"平行四边形"是被定义项,"两组对边分别平行的四边形"是定义项,"是"是定义联项。从表达形式上来看,定义通常有以下两种形式: 一种是被定义项(用 S 表示)在前,定义项(用 P 表示)在后,其形式是: S 是 P,如"平行四边形是两组对边分别平行的四边形";另一种是定义项在前,被定义项在后,其形式是: P 是 S,如"两组对边分别平行的四边形是平行四边形"。

二、下定义的方法

下定义的方法简单地说就是邻近的属加种差。用公式表示是:

被定义概念 = 邻近的属 + 种差。

例如: <u>平行四边形</u>　　<u>是</u>　　<u>两组对边分别平行</u> 的 <u>四边形</u>

被定义项　　定义联项　　　种差　　　属概念

用这种方法给概念下定义,首先要把被定义概念放在另一个外延更大的概念里,即找出被定义概念邻近的属概念,然后把该定义概念所反映的这一子类对象同它所属类中其他子类对象做比较,概括出它们在特有属性上的差别,即种差;接着将种差和邻近的属组成定义项;最后用定义联项"是"把被定义项和定义项联结起来即完成定义。

"属加种差"的定义方法有一定的局限性。例如当定义者受知识水平的限制,面对难于用属加种差的定义方法"界定"所认识的对象时,可用"发生定义",这种定义是通过对发生过程的描述来定义概念。如椭圆的定义是"(平面上)到两定点的距离和为常数的点的轨迹"。

定义数学概念的常用方法有:

描述法: 如点、线、面、集合等;

公理法: 如米、平方米、立方米、群、环、域等;

属加种差法: 如射线、等腰三角形、平行四边形等;

发生式: 如圆、椭圆、双曲线等;

外延式: 如有理数(正整数、负整数、零、正分数、负分数);

约定式: 如 $a^0 = 1(a \neq 0)$,$0! = 1$,等等;

递归式: 如 $a^1 = a$,$a^{k+1} = a^k \cdot a$。

三、下定义的规则

要给某个概念下一个正确的定义,除了掌握下定义的方法还必须遵守下定义的规则。

1. 定义项不得直接或间接地包含被定义项

给概念下定义,就是要用已定义概念去说明被定义概念的内涵,从而达到明确概念的目的。如果定义项直接包含被定义项,即"同语反复",或定义项间接包含被定义项,即"循环定义",这两种情况都不能达到明确概念的目的。例如对"繁分数",如果定义为"很繁的分数",便是同语反复。"加法就是求和",则是循环定义,因为"和"正是被定义为"加法"的结果。"两腰相等的三角形叫作等腰三角形"也是循环定义,因为"等腰三角形相等的两条边叫作等腰三角形的腰"。

2. 定义项的外延必须和被定义项的外延相等

这条规则要求定义项与被定义项的外延要有全同关系,否则就会产生逻辑错误。如果定义项的外延大于被定义项的外延,这种错误叫"定义过宽",反之则叫"定义过窄"。如"正多边形是各边都相等的多边形"就是定义过宽,定义概念的外延真包含被定义概念的外延。例如菱形是各边相等的多边形,按定义它是正多边形,但它却不是正四边形。正多边形的正确定义是"正多边形是各边相等且各内角都相等的多边形"。1878 年,恩格斯在《反杜林论》中对"数学"做了精辟的描述:"数学是研究现实世界数量关系和空间形式的科学",很长时间以来都被作为"数学"的定义,但按今天的观点来看,此定义属于定义过窄,定义项的外延小于被定义项的外延,也就是定义概念真包含于被定义概念。因为数学除了研究数量关系和空间形式,还研究结构关系。所以丁石孙教授提出:现代数学的研究对象是"客观世界的和逻辑可能的数量关系和结构关系"。[①]

不论"定义过宽"还是"定义过窄",它们都是没有准确地揭示"种差",所以都不能达到明确概念的目的。

3. 定义项的概念认知度要高于被定义项

下定义是要用已定义的概念,定义未定义的概念。在定义中,用来定义的项(对象)必须比被定义项更为普及,即定义项的概念认知度要高于被定义项。违反这一规则,称为晦涩定义。如果在定义项中必须使用认知度较低的概念,就必须先加以定义。例如定义"由三条线段首尾相接围成的封闭图形叫作三角形",定义项中出现的"线段的首尾"概念,就属于认知度较低的概念;又如"连接圆周上任意两点的线段叫作弦",定义项中出现的"圆周"一词,至少在数学领域内是属于认知度较低的概念,必须要先给出定义,因此这两个定义都不符合要求。

---

① 丁石孙.谈谈数学的研究对象问题:人·自然·社会[M].北京:北京大学出版社,1988.

4. 定义项用语必须清楚明确

定义是要达到明确被定义概念内涵的目的,因此定义项用语必须清楚明确。如果定义项本身在语言表达上不清楚明确,或用了意义不明确的词语,就很难达到这个目的。例如"平行线是两条像铁轨一样的直线",这个定义用的是比喻。有时我们为了进行通俗生动的表述,可以用比喻来说明一个概念,但不能用来对概念下定义。比喻通常不进行抽象,难以揭示概念的内涵。又如上例"由三条线段首尾相接围成的封闭图形叫作三角形"中,"封闭图形"的用语就十分不明确,三条等长的线段叠在一起,是否算形成封闭图形,是否算构成三角形?答案自然是否定的。

5. 定义联项、定义项(除非必要)不使用否定式

定义是从正面(即用肯定的形式)揭示被定义概念内涵的逻辑方法,因此,如果定义联项使用否定式,这个定义只能表明被定义概念对象"不是什么",并没有从正面说明"是什么",从而就起不到从正面揭示被定义概念内涵的作用。例如"圆不是多边形",这个定义没有说清楚圆是什么图形。定义项是否定的,就意味着定义的概念是否定概念,否定概念只表达思维对象不具有某种属性。因此,如果定义项是否定的,这个定义就只是说被定义概念对象不具有某种属性,仍然没有说明被定义概念对象具有什么属性。

给否定概念下定义,定义项则必须是否定的。因为否定概念本身就是对思维对象具有某种属性的一种否定的反映。定义项是否定的,正好指明了被定义的否定概念是以否定具有什么属性作为内涵的。例如"不是空集的集合叫作非空集合",非空集合的内涵,用这样一个否定的定义项来说明,是十分恰当的。有时,被定义概念虽然是正概念,但不具有的某种属性恰恰是它的内涵,给这类概念下定义,定义项可用否定词。例如"平行线就是在同一平面上无限延伸而永不相交的直线";"空集是不含任何元素的集合"。

以上五条规则是任何一个用属加种差方式的定义都必须遵守的。但是,遵守上述规则只能保证一个定义在逻辑形式上的正确性,并不能解决这个定义的内容是否真实、深刻的问题。要解决这个问题,就必须对思维对象进行认真、周密的调查研究,真正把握思维对象的本质。如果一个定义的内容是真实深刻的,并且又遵守了以上五条规则,这个定义就是科学的定义。

下定义作为明确概念的一种逻辑方法,在实践中还有着十分重要的认识意义。一个定义既是对思维对象在一定认识阶段上的概括和总结,又是使认识继续深化、不断获得新知识的起点。

第四节　命　题

一、判断与命题

推理是由一个或几个相互联系的判断向一个新的判断的过渡。

判断是对某一种对象肯定或否定它具有某种属性的思维形式。数学判断是对数学概念的属性、关系的肯定或否定。例如"等腰三角形两底角相等"是肯定判断，"5 不是质数"是否定判断。判断由概念组成，在其语言形式上表现为一个句子。一个判断可以用不同的语句表达，如"平行四边形对角相等"和"没有对角不相等的平行四边形"，它们的区别仅在于语言的表现风格不一样，其实质是一样的。但并非所有的句子都表示判断，如疑问句就不表示判断，"$y = kx$ 是一次函数吗？"就不是判断。判断按其内容来说，有真假之分。若判断所做的肯定或否定符合客观实际，则为真判断；若不符合客观实际，则为假判断。

判断的语言形式称为命题。命题是判断一个事项的句子，不做判断的句子肯定不是命题。要正确认识命题这一概念，要注意两点：其一必须是一个陈述事理的语句；其二必须存在判断的关系，即"是"或"不是"，不能仅凭是否有因果关系的关联词来判断其是否是命题。如"对顶角相等"，虽然没有因果关联词，但它却是命题。

数学命题是用语言、符号或式子等表达的数学判断的语句，数学中的定义、法则、定律、公式、性质、公理、定理等都是数学命题，如"$23 \times (-4) = -92$"和"$\triangle ABC \cong \triangle DEF$"都是数学命题。

一个命题或为真命题，或为假命题，两者必居其一。例如"三角形三内角和等于 $180°$"为真命题，"1 米的 $\frac{4}{5}$ 是 60 厘米"是假命题。需要指出的是：一个数学命题的真假性还依赖于它所在的公理系统，如"三角形三内角和等于 $180°$"在非欧几何中就是假命题。

数学真命题有两种表现形式：一种是公理，它是不加证明而承认其正确性的数学命题；另一种是定理，它是根据已有的定义、公理或已知的真命题，通过逻辑证明得到确认是真实的命题。在数学推理的过程中，数学命题作为中间环节，起着十分重要的作用。

二、命题的结构

一个命题可以分为两个部分：一部分是条件，它告诉我们已知什么；另一部分是结论，它告诉我们可以知道什么或需要证明什么。要找出一个命题的题设和结论，特别是对那些题设和结论不明显的命题，需要仔细区分，题设是已知事项，结论是由已知事项推出的事项。条件通常由"若"、"如果"等字词开始，结论则由"则"、"那么"等字词开始，如在命题"若 $x^2 = 64$，则 $x = 8$"中，"$x^2 = 64$"是条件，"$x = 8$"是结论，在"如果四边形的对角线互相平分，那么它是平行四边形"中，"四边形的对角线互相平分"是条件，"它是平行四边形"是结论。不过我们也常会遇到省略"若"和"则"的命题，如"对顶角相等"和"三角形中等边对等角"等，这些命题我们都可以写成"如果 …… 那么 ……"的形式。

命题的这种结构可以简记为"若 p，则 q"，或"如果 p，那么 q"，"只要 p，就有 q"等，其中 p 叫作命题的条件，q 叫作命题的结论。根据 p、q 所含条件、结论的数目，可以将命题分为简单命题和复杂命题。

1. 简单命题

只有一个条件和一个结论的命题，称为简单命题。如"如果 a 和 b 都能被 3 整除，那么 $a + b$ 也能被 3 整除"。简单命题又可分为性质命题和关系命题。

（1）性质命题

判定某事物具有（或不具有）某种性质的命题称为性质命题。如：

① 所有三角形都有外接圆；

② 一切平行四边形都不是梯形；

③ 有些无限小数是无理数；

④ 有些一元二次方程没有实数解

都是性质命题。一般来说，性质命题由主项、谓项、量项和联项四部分组成，例如：

所有	三角形	都有	外接圆
量项	主项（S）	联项	谓项（P）

由于量项有"全称"和"特称"之分，联项有"肯定"和"否定"之分，所以性质命题可以分为以下四种形式：

① 全称肯定命题，用 A 表示，逻辑形式是"所有的 S 都是 P"，简记为 SAP；

② 全称否定命题，用 E 表示，逻辑形式是"所有的 S 都不是 P"，简记为 SEP；

③ 特称肯定命题，用 I 表示，逻辑形式是"有的 S 是 P"，简记为 SIP；

④ 特称否定命题，用 O 表示，逻辑形式是"有的 S 不是 P"，简记为 SOP。

（2）关系命题

判断事物与事物之间关系的命题称为关系命题。"关系"可存在于两个或两个以上的事物之间，因此，其对象必有两个或两个以上，即指关系命题的主项一般有两个或两个以上。

关系命题由主项、谓项和量项组成，主项又称为关系项，是指存在某种关系的对象，谓项又称为关系，是指各个对象之间的某种关系。如"$\triangle ABC \cong \triangle DEF$"和"直线 $a \subset$ 平面 π"都是关系命题。

$\triangle ABC$	$\cong$	$\triangle DEF$
直线 a	$\subset$	平面 π
主项	关系	主项

其中"$\triangle ABC$"、"直线 a"在前，称为关系前项；"$\triangle DEF$"、"平面 π"在后，称为关系后项。"$\cong$"、"$\subset$"分别是两个命题的谓项。

量项表示主项的数量。每个关系命题都是有量项的。与性质命题一样，关系命题中的量项也有全称和特称两种。如：

所有的	正数	都大于	负数	
量项	主项	关系	主项	

有几条	直线	垂直于	一个	平面 π
量项	主项	关系	量项	主项

2. 复杂命题

凡是包含若干个条件与若干个结论，或若干个条件与一个结论，或一个条件与若干个结论的命题都称为复杂命题。如：

① 能被 10 整除的数，一定能被 2 和 5 整除；

② 正三角形的内心、外心和重心是它的三条高的交点；

③ 等腰三角形底边上的中线和高就是它的对称轴和顶角的平分线；

① 包含一个条件两个结论，② 包含三个条件一个结论，③ 包含两个条件和两个结论。

当复杂命题有若干个结论时，可以把它分为若干个简单命题。如"能被 10 整除的数，一定能被 2 和 5 整除"，可分为"能被 10 整除的数，一定能被 2 整除"与"能被 10 整除的数，一定能被 5 整除"这两个简单命题。又如"菱形的对角线互相垂直且平分对角"，可分为"菱形的对角线互相垂直"与"菱形的对角线平分对角"这两个简单命题。

3. 复合命题

将两个或两个以上的简单命题由逻辑联结词结合起来而构成的命题称为复合命题。常用的逻辑联结词有非（－）、合取（∧）、析取（∨）和蕴含（如果 …… 那么 ……）四种。

（1）非（－）

非是对原命题 P 断定情况的否定，记作 $\overline{P}$，读作 P 的逻辑非，$\overline{P}$ 也叫负命题。例如 P："24 能被 6 整除"，则 $\overline{P}$："并非 24 能被 6 整除"；P："对边分别相等的四边形是平行四边形"；则 $\overline{P}$ 为"并非对边分别相等的四边形是平行四边形"。P 为真时，$\overline{P}$ 为假；P 为假时，$\overline{P}$ 为真。

尽管"并非 24 能被 6 整除"和"24 不能被 6 整除"表达了同一个意思，但它们在逻辑上的意义却不相同。前者可认为是一个负命题，而后者普遍地被认为是一个性质命题的否定命题。

负命题与性质命题的否定命题是不同的。性质命题的否定命题是否定事物具有某种属性的命题，而负命题则是对命题所做的断定情况做出否定，即是对整个命题进行否定的命题。所以性质命题的否定命题是一个简单命题，而负命题则是一个复合命题。

要正确辨析一个命题是否定命题还是负命题，首先看它是对事物情况具有的某些性质的否定，还是对事物情况存在本身的否定。前者往往是性质命题的否定命题，后者一般是负命题。一个命题的否定命题和负命题所表达的意思，有时候在逻辑特征上有差别。如：

否定命题："无限小数不都是无理数"，侧重点是"有的无限小数是无理数"；

负命题："并非无限小数都是无理数"，侧重点是"有不是无理数的无限小数"。

（2）合取（∧）

对给定两个命题 P、Q，用逻辑联结词"合取（∧）"将它们联结起来构成的复合命题，称为联言命题，记作 $P \wedge Q$，读作"P 合取 Q"或"P 而且 Q"（P、Q 的逻辑积）。联言命题是断定事物的若干种情况同时存在的命题。在现代汉语中表达联言命题逻辑联结词的通常有："…… 和 ……"、"既 …… 又 ……"、"不但 …… 而且 ……"、"一方面 …… 另一方面 ……"、"虽然 …… 但是 ……"，等等。如"等腰直角三角形既是等腰三角形，又是直角三角形"，其中 P 是"三角形是等腰三角形"，Q 是"三角形是直角三角形"。

合取的真值表见表 2－1：

表 2－1　合取真值表

P	Q	$P \wedge Q$
真	真	真
真	假	假
假	真	假
假	假	假

需要指出的是,现代汉语中用"并且"、"但是"、"还"、"尽管"等联结词联结而成的联言命题并不完全等同于用"∧"所联结而成的合取式。因为对日常生活来说,说话的顺序是不能颠倒的,如"他获得了数学竞赛一等奖,并且参加了数学竞赛",是一个在逻辑上可接受的联言命题,但对日常思维来说却是不恰当的。同样,以日常思维来看不知所云的命题"他参加了校合唱队的演出,并且雪是白的",在逻辑上却可以为真。

（3）析取（∨）

对给定两个命题 P、Q,用逻辑联结词"析取（∨）"将它们联结起来构成的复合命题,称为选言命题,记作 $P \vee Q$,读作"P 析取 Q"或"P 或者 Q"（P、Q 的逻辑和）。选言命题是对事物的几种可能情况,断定其至少有一种存在的命题。如 P 表示命题"$5 > 5$",这是一个假命题,Q 表示命题"$5 = 5$",这是一个真命题,则"$5 \geqslant 5$"是一个真命题,可表示为 $P \vee Q$。

析取的真值表见表 2－2:

表 2－2　析取真值表

P	Q	$P \vee Q$
真	真	真
真	假	真
假	真	真
假	假	假

选言命题可分为相容选言命题和不相容选言命题。

相容选言命题是断定事物的若干种可能情况可以同时存在的命题,[①]如"三角

---

① 又可分为并存的相容命题和非并存的相容命题。参见王建全的《相容选言命题的两种形式》,固原师专学报,1996 年第 4 期。

形一边的中线可能是这边上的高,也可能是这边对角的平分线"和"方程 $x^2 - 3x + 2 = 0$ 的根是 1 或是 2"都是相容选言命题。

在现代汉语中表达相容选言命题的逻辑联结词通常有"或 …… 或 ……"、"可能 …… 也可能 ……"、"也许 …… 也许 ……",等等。

不相容选言命题是断定事物的若干可能情况中有而且只有一种情况存在的命题。如"一个三角形,要么是钝角三角形,要么是锐角三角形,要么是直角三角形"和"一个实数,不是有理数就是无理数"都是不相容的选言命题。它们断定的事物的几种可能情况不能同时存在。

汉语中表达不相容选言命题的联结词通常有"或 …… 或 ……,两者不可得兼"、"要么 …… 要么 ……"、"不是 …… 就是 ……",等等。

(4) 蕴含(→)

对给定两个命题 P、Q,用逻辑联结词"蕴含(→)"将他们联结起来构成的复合命题,称为条件命题或假言命题,记作 $P \to Q$,读作"P 蕴含 Q"或"如果 P,那么 Q"。假言命题是断定事物情况之间条件关系的命题。如命题"如果 n^2 是偶数,那么 n 是偶数"就是假言命题,可记作 $P \to Q$,其中 P 是"n^2 是偶数",Q 是"n 是偶数"。

蕴含的真值表见表 2 - 3:

表 2 - 3 蕴含真值表

P	Q	$P \to Q$
真	真	真
真	假	假
假	真	假
假	假	真

在假言命题中,表示条件的命题(P)称为假言命题的前件(条件),表示依赖该条件而成立的命题(Q)称为假言命题的后件(结论)。"如果 …… 那么 ……"等词称为联结项。

三、命题的四种形式

对命题 $P \to Q$,我们可以得到与它相关的另外三个命题,为此先给出以下三个概念。

1. 互逆命题:如果一个命题的条件和结论分别是另一个命题的结论和条件,

那么这两个命题叫互逆命题。其中一个命题叫作原命题，另一个叫作原命题的逆命题。

2. 互否命题：如果一个命题的条件和结论是另一个命题的条件的否定和结论的否定，那么这两个命题叫作互否命题。其中一个命题叫作原命题，另一个叫作原命题的否命题。

3. 互为逆否命题：如果一个命题的条件和结论分别是另一个命题的结论的否定和条件的否定，那么这两个命题叫作互为逆否命题。

如果称命题 $P \to Q$ 为原命题，那么我们有：

原命题：$P \to Q$；　　　　逆命题：$Q \to P$；

否命题：$\bar{P} \to \bar{Q}$；　　　　逆否命题：$\bar{Q} \to \bar{P}$。

例如：

原命题：若一个整数的末位是 0，则这个整数可被 5 整除；（真）

逆命题：若一个整数可被 5 整除，则这个整数的末位是 0；（假）

否命题：若一个整数的末位不是 0，则这个整数不能被 5 整除；（假）

逆否命题：若一个整数不能被 5 整除，则这个整数的末位不是 0。（真）

如果一个命题的前提和结论都是简单命题，则其逆命题、否命题、逆否命题都较容易确定。如果原命题的前提和结论是复合命题，那么在制作与它相关的三种命题时，必须把前提和结论看成一个整体，利用常用的等价形式确定其具体内容。例如：

原命题：若 $x = 1$ 或 $x = 2$，则 $x^2 - 3x + 2 = 0$；（真）

逆命题：若 $x^2 - 3x + 2 = 0$，则 $x = 1$ 或 $x = 2$；（真）

否命题：若 $x \neq 1$ 且 $x \neq 2$，则 $x^2 - 3x + 2 \neq 0$；（真）

逆否命题：若 $x^2 - 3x + 2 \neq 0$，则 $x \neq 1$ 且 $x \neq 2$。（真）

其中，"$x = 1$ 或 $x = 2$"是复合命题，它的否定形式是"$x \neq 1$ 且 $x \neq 2$"。

四种命题的真假性，有而且仅有下面四种情况（见表 2-4），其中真命题的个数一定为偶数。

表 2-4　四种命题真值表

原命题	逆命题	否命题	逆否命题
真	真	真	真
真	假	假	真
假	真	真	假
假	假	假	假

四、命题的等价性

如果 A、B 是两个命题,由 A 可以推导出 B,并且由 B 可以推导出 A,那么 A 和 B 叫作等价命题。例如命题"两组对边分别平行的四边形是平行四边形"和"两组对边分别相等的四边形是平行四边形"就是等价命题。命题的等价是指在任何情况下,两个命题同真或同假,即它们互为充要条件。

在数学的推理中,等价的命题可进行替换,以利于数学的证明。因此,数学命题的等价性有着十分重要的作用。

1. 一个命题和它的逆否命题等价

假定原命题 $P \rightarrow Q$ 为真,而逆否命题 $\overline{Q} \rightarrow \overline{P}$ 为假,即 $\overline{Q}$、$\overline{P}$ 一真一假。若 $\overline{Q}$ 为真,$\overline{P}$ 为假,则 Q 为假,P 为真,与命题 $P \rightarrow Q$ 为真矛盾;若 $\overline{Q}$ 为假,$\overline{P}$ 为真,则 Q 为真,P 为假,也与命题 $P \rightarrow Q$ 为真矛盾。反之,若原命题 $P \rightarrow Q$ 为假,而逆否命题 $\overline{Q} \rightarrow \overline{P}$ 为真,亦是如此。所以原命题 $P \rightarrow Q$ 与它的逆否命题 $\overline{Q} \rightarrow \overline{P}$ 等价。

例如:命题:"$a,b \in \mathbf{N}$,若 $a+b$ 为奇数,则 a,b 之中必是一个奇数,一个偶数。"逆否命题:"$a,b \in \mathbf{N}$,若 a,b 同为奇数或偶数,则 $a+b$ 是偶数"。两命题同为真。这一等价性是反证法的依据之一。

2. 分段式命题与它的逆命题等价

如果命题 P 由 n 个命题合成,且这 n 个命题的条件和结论所含的事项是完备的(包括了所有可能的情形)和互不相容的,则称合成命题 P 为分段式命题。一个分段式命题与它的逆命题等价。

事实上,设原命题 $P_i \rightarrow Q_i (i=1,2,\cdots,n)$ 为真,考虑 $\overline{P_i}$,由于 P_i 和 Q_i 是完备的和互不相容的,所以 $\overline{P_i}$ 只能对应 $\overline{Q_i}$,即命题 $\overline{P_i} \rightarrow \overline{Q_i}$ 为真,因而其逆否命题 $Q_i \rightarrow P_i (i=1,2,\cdots,n)$ 为真,也即原命题 $P_i \rightarrow Q_i (i=1,2,\cdots,n)$ 的逆命题 $Q_i \rightarrow P_i (i=1,2,\cdots,n)$ 为真。

例如"已知圆和直线,当圆心到直线的距离大于半径时,直线和圆相离;当圆心到直线的距离等于半径时,直线和圆相切;当圆心和直线的距离小于半径时,直线和圆相交"就是一个分段式命题。其逆命题为"已知圆和直线,当直线和圆相离时,圆心到直线的距离大于半径;当直线和圆相切时,圆心到直线的距离等于半径;当直线和圆相交时,圆心到直线的距离小于半径。"它的真实性可由原命题的真实性直接推出,与原命题等价。

这是分类讨论方法可施行的理论依据之一,因其条件—结论具有充要性。

3. 符合同一法则的两个互逆命题等价

如果一个命题的条件和结论中所论及的事项均唯一存在,而且是同一概念或对象,那么这个命题与它的逆命题等价。这样的命题称为同一性命题。同一性命题与其逆命题等价。

例如,命题"等腰三角形顶角的平分线是底边的中垂线"与其逆命题"等腰三角形底边的中垂线是顶角的平分线"同真,因为"等腰三角形顶角的平分线"与"等腰三角形底边的中垂线"是同一条线段。

问题:在正方形 $ABCD$ 的内部作 $\angle EAB = \angle EBA = 15°$,求证:$\triangle DEC$ 是正三角形,见图 $2-3$。

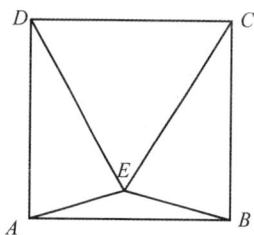

图 $2-3$　正方形 $ABCD$

我们把以上问题写成命题形式:"在正方形 $ABCD$ 中,如果 $\angle EAB = \angle EBA = 15°$,则 $\triangle DCE$ 是等边三角形",条件中点 E(两射线的交点)是唯一存在的,结论中以 DC 为一边,另一顶点在正方形内的等边三角形也唯一存在,命题确认这两点(两射线的交点和以 DC 为边的等边三角形的另一顶点)是同一个点。因此,该命题与它的逆命题"在正方形 $ABCD$ 中,点 E 是正方形内一点,且 $\triangle DCE$ 是等边三角形,则 $\angle EAB = \angle EBA = 15°$"是一个同一性命题,它们同真或同假,是等价的。读者可尝试证明,看看哪一个命题的证明更容易一些。

同一性命题与其逆命题等价的原理是"同一法"证明方法的基础。

五、反证法与命题的否定

当我们证明或判断命题"$P \rightarrow Q$"感到困难的时候,我们可以转而证明或判断与它等价的逆否命题"$\overline{Q} \rightarrow \overline{P}$"的真假,所以反证法是"间接证明法"。我们先假定 Q 不真,那么 $\overline{Q}$ 为真,以 $\overline{Q}$ 为条件,若能推导出 $\overline{P}$ 为真,即命题"$\overline{Q} \rightarrow \overline{P}$"为真,从而与之等价的命题"$P \rightarrow Q$"亦为真,这就是反证法。当推导出 $\overline{P}$ 为真时,即 P 为假,便与命题"$P \rightarrow Q$"的条件相矛盾,或推导出与已知的定理、定义不符的矛盾,所以反证法就是靠推导出矛盾来否定 $\overline{Q}$ 不真的。例如第一章第六节中证明 $\sqrt{2}$ 是无理数的方法。

反证法可分为归谬法和穷举法。当命题结论的反面只有一种情况,将这种情况推翻,就达到了证明的目的,这种比较单纯的方法叫作归谬法。如果命题的结论反面不止一种情况,必须列举出来,并一一加以推翻,才能确定结论的正确性,这种由推翻反面所有情况来确定原命题成立的反证法叫作穷举法。

例:在同一平面内,一条直线与平行线中的一条相交,必定与另一条也相交。

分析:结论的反面是"平行",只有一种情况,因而可用归谬法证明。

例：求证：直角三角形斜边上的中线等于斜边长的一半。

分析：等于的反面为不等于，即大于或小于，这时反面出现两种情况，需要一一驳倒，因而需要用穷举法证明。

反证法解题的步骤为：

第一步：反设。假设命题结论不成立，即假设原结论的反面 $\overline{Q}$ 为真。

第二步：归谬。由反设和已知条件出发，经过一系列正确的逻辑推理，得出矛盾结果。矛盾结果是指推出的结果与已知公理、定义、定理、公式矛盾，或与已知条件矛盾，或与临时假设矛盾，以及自相矛盾等各种情形。

第三步：存真。由矛盾结果，断定反设不真，从而肯定原结论成立。

反证法的三个步骤是互相联系的。反设是前提，归谬是关键，存真是目的。只有正确地做出反设，合乎逻辑地进行推导，才能间接地证出原题。

表 2-5 列举了一些常用的结论否定形式：

表 2-5　常用否定形式表

结论原词	反设词
是	不是
都是	不都是
大于	不大于(小于或等于)
小于	不小于(大于或等于)
都大于	至少有一个不大于
都小于	至少有一个不小于
对所有 x,成立	存在某个 x,不成立
至少有一个	一个也没有
至多有一个	至少有两个
至少有 n 个	至多有 $n-1$ 个
至多有 n 个	至少有 $n+1$ 个
对任何 x,不成立	存在某个 x,成立
或	且
且	或
都	不都
一定是	不一定是或一定不是①

---

① 　对象是单个时,用"一定不是";对象是多个时,用"不一定是"。

如："至少有一个白球"的否定是"一个白球也没有"；

"对所有 $n(n \in N)$，有 $a_n > 1$"的否定是"至少有一个 $n(n \in N)$，有 $a_n \leqslant 1$"；

"$x = 1$ 或 $x = 2$"的否定是"$x \neq 1$ 且 $x \neq 2$"；

"$\sqrt{2}$ 一定是无理数"的否定是"$\sqrt{2}$ 一定不是无理数"；

"四边相等的四边形一定是正方形"的否定是"四边相等的四边形不一定是正方形"。

第五节　推　　理

一、什么是推理

人们对于客观事物的认识，除了形成概念和运用概念做出判断外，还需要根据已知的判断推导出新的判断，以加深认识程度或扩大认识范围。要实现由已知到未知的推演，就要借助于推理这种思维形式。

推理是从一个或 n 个判断推出另一个判断的思维过程。例如，"如果一个多位数的各位数字之和能被 9 整除（p），那么这个多位数能被 9 整除（q），5274243 的各位数字之和能被 9 整除（p），所以 5274243 能被 9 整除（q）"，就是从两个判断推出另一个判断的推理。这个推理可形式地表示为

$$p \to q$$
$$\underline{p}$$
$$\therefore \quad q$$

推理由判断构成，是命题的组合与联结，但并非是命题的任意组合，而是具有推导关系或逻辑联系的命题的组合，不具有推论关系的判断，不能构成推理。上述例中的"所以"就表示这一种推论关系。推理由两部分判断构成，前提部分由一个或若干个已知判断组成，是推理的依据和已知条件。上例中的两个判断"$p \to q$"和"p"就是前提。结论部分是推出的另一判断，是推理的结果和目的，上例中的判断"q"就是结论。推理的前提和结论具有推出关系。

判断间的推论关系，是人们在长期反复的社会实践中，对客观事物的规律性联系或关系的正确反映，将这些反映固定下来，就是各种逻辑形式的推理。

二、推理的分类

根据不同的标准，可以将推理分为不同的种类。

常见的是按思维进程的不同方向,把推理分为演绎推理、归纳推理和类比推理。演绎推理是由一般推出特殊的推理,即从一般性较大的知识推出一般性较小的知识的推理。演绎推理由于前提蕴涵着结论,因而是必然性推理。归纳推理是从特殊到一般的推理,即从一般性较小的知识推出一般性较大的知识的推理。归纳推理(除完全归纳推理外)的前提一般并不蕴涵结论,因而推理具有或然性。类比推理是由特殊到特殊的推理,类比推理也是或然性推理。

在演绎推理中,又可分为简单判断推理和复合判断推理。简单判断推理又分为性质判断推理和关系判断推理,其中的性质判断推理又可分为直接推理和间接推理(三段论推理)。复合判断推理又分为联言判断推理、选言判断推理和假言判断推理。归纳推理可分为完全归纳推理和不完全归纳推理。上述分类如图2-4所示。

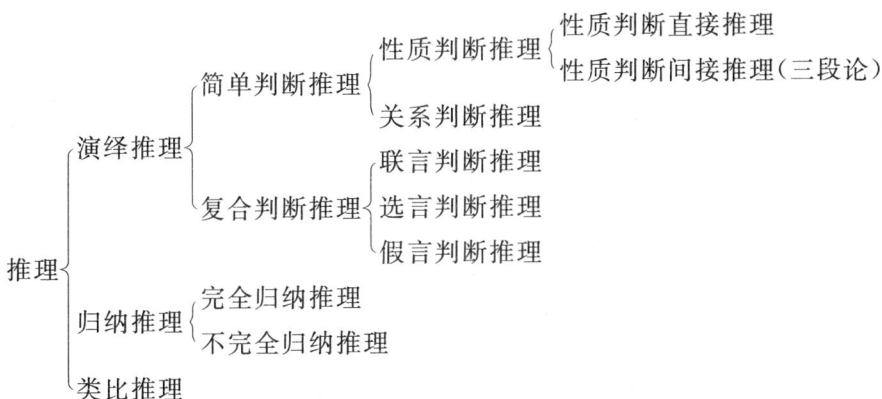

图2-4 推理的分类

三、性质判断推理

在性质判断的演绎推理中,根据前提数量的不同,又可以分为性质判断直接推理和性质判断间接推理。

1. 性质判断直接推理

性质判断直接推理是以一个已知的性质判断(命题)或负性质判断(负命题)为前提,依据性质判断的逻辑性质,推出一个新的性质判断或负性质判断为结论的推理,也叫作直言判断直接推理。例如:

有理数都不是无限不循环小数,

所以,无限不循环小数都不是有理数

性质判断直接推理按其推理的依据不同,可分为两种:一种是对当关系推理;

另一种是变形推理。

(1) 性质判断对当关系推理是以一个性质判断或负性质判断为前提,根据同素材的全称肯定判断(A)、全称否定判断(E)、特称肯定判断(I)、特称否定判断(O)四种性质判断之间的对当关系,推出一个新的性质判断或负性质判断为结论的推理。如:

① 所有无理数都是无限不循环小数,

　　所以,并非所有无理数都不是无限不循环小数。

② 有的偶数是质数,

　　所以,并非所有的偶数不是质数。

③ 所有的平行四边形都是对角线互相平分的四边形,

　　所以,有的平行四边形是对角线互相平分的四边形。

(2) 性质判断变形推理是通过改变性质判断联项的性质(换质)或主、谓项的位置(换位),从一个已知的性质判断推出一个新的性质判断为结论的直接推理。这种推理主要有三种形式:换质法、换位法、换质和换位连用法。

换质推理也称换质法,是以一个性质判断为前提,通过改变作为前提的性质判断的联项的性质,并将其谓项换成它的矛盾关系概念,从而推出一个新的性质判断为结论的推理。如:

① 所有的多边形外角和都等于360°,

　　所以,所有的多边形外角和都不会不等于360°。

换位推理也叫换位法,是以一个性质判断为前提,通过互换主、谓项的位置,从而推出一个新的性质判断为结论的推理。如:

② 所有的正方形都是菱形,

　　所有的菱形都是正方形。　　　　　　　　　　　　　　　　　(假命题)

③ 有些菱形是矩形,

　　有些矩形是菱形。

换质和换位连用法推理是既使用换质法又使用换位法的推理。如:

三角形是面积等于2的图形,

换质:三角形不是面积不等于2的图形,

换位:面积不等于2的图形不是三角形。

2. 性质判断间接推理

性质判断间接推理又称三段论。三段论是以两个包含着一个共同项的性质判断为前提,依据性质判断的逻辑性质,推出一个新的性质判断为结论的演绎推理。

例如：

> 无理数不能写成两个整数的比，
>
> π 是无理数，
> _____
>
> 所以 π 不能写成两个整数的比。

就是一个由两个性质判断推出一个性质判断的三段论推理，"无理数"是它们的共同项。任何一个三段论都包含着三个项（概念）：大项、小项和中项。

"小项"是结论中的主项，如上述推理中的"π"。小项用"S"表示。"中项"是在两个前提中都出现，而在结论中不出现的项，如上述推理中的"无理数"，中项用"M"表示。"大项"是结论中的谓项，如上述推理中的"写成两个整数的比"，大项用"P"表示。

任何一个三段论都包含着三个性质判断。其中，两个包含着共同项的判断是前提。包含着大项的判断是"大前提"，如上述推理中的"无理数不能写成两个整数的比"。包含着小项的判断是"小前提"，如上述推理中的"π 是无理数"。由两个前提推出的新判断叫作结论，如上述推理中的"π 不能写成两个整数的比"。其基本推理形式为

> 大前提：所有的 M 都是 P，
>
> 小前提：S 是 M，
>
> 结论：S 是 P。

或

> 大前提：所有的 M 不是 P，
>
> 小前提：S 是 M，
>
> 结论：S 不是 P。

可简记为

$$M\text{——}P,$$
$$S\text{——}M,$$
$$\text{则 } S\text{——}P。$$

在三段论的推理中，只要前提真实正确，推理的规则正确，那么推得的结论就一定真实正确。三段论的推理规则一般有：

（1）在三段论推理中，有且只能有三个不同的项。三段论的实质就是以一个共同项即中项为媒介，使大小项发生逻辑关系，从而推导出结论的。否则将无法推出结论。如：

> 三角形是有三个角的图形，
>
> 四边形是有四个角的图形，
> _____
>
> 所以，？

这两个判断有四个项,三角形、四边形、有三个角的图形和有四个角的图形,由于缺少共同的中项而彼此没有联系,因此无法推出结论,犯了"四概念错误"。再如:

两个整数的比是有理数。

有理数是稠密的,

所以,两个整数的比是稠密的。

这是一个错误的推理。因为这个三段论表面上看来有一个共同的中项"有理数",实际上它所表达的是两个不同的概念,一个是有理数,另一个是有理数集合。这个推理也犯了"四概念错误"。

(2)中项在前提中至少周延一次,否则要犯"中项不周延"的错误。所谓中项周延就是中项在前提中至少一次被断定过它的全部外延。如果中项一次也不周延,就导致大项和小项都只和中项的一部分外延发生关系,使中项起不到联结大、小项的作用。大项和小项不能通过中项发生联系,三段论推理就不能得到必然性结论。例如:

A 是平行四边形,

B 是平行四边形,

所以,B 是 A。

这是一个错误的推理,因为"平行四边形"在两个前提中都没有周延[①]。反之,如果中项有一个是周延的,那么,有一个中项的全部外延同大项或小项会发生联系。只有这样,中项才能起到联系大、小项的中介作用,三段论才能得出必然的结论,例如:

A 不是平行四边形,

B 是平行四边形,

所以,B 不是 A。

(3)在前提中不周延的项在结论中不得周延,否则就要犯"大项不当周延"(大项扩大)的错误或"小项不当周延"(小项扩大)的错误。

由于结论是从前提推出来的,若前提只涉及大、小项的一部分外延,结论也就只能涉及这一部分外延,否则推理的结论不具有必然性。例如:

无理数都是实数,

$\frac{1}{3}$ 不是无理数,

所以,$\frac{1}{3}$ 不是实数。

---

① 联项肯定则谓项不周延,联项否定则谓项周延。

在这个三段论的推理中,大项"实数"在前提中不周延,而在结论中周延,犯了"大项不当周延"的错误。对小项也有类似的错误,例如:

> 无理数是无限不循环小数,
>
> 无理数是实数,
>
> 所以,实数是无限不循环小数。

（4）两个否定的前提不能推出结论。如果两个前提都是否定的,那么中项同大、小项发生排斥。这样,中项就无法起到联结大小前提的作用,小项同大项的关系也就无法确定,因而推不出结论或推出错误的结论。例如:

> 数学不是文科,
>
> 文科不是理科,
>
> 所以,数学不是理科。

（5）前提有一个是否定的,其结论必是否定的。两个前提中,如果一个肯定,一个否定,那么中项在否定判断中必然与大项或小项相排斥,而在肯定判断中与小项或大项相联系,这就必然造成大项和小项相排斥,因而结论必然是否定的。反之,若结论是否定的,则前提必有一个是否定的。

（6）两个特称前提推不出结论。如:

> 有的四边形是菱形,
>
> 有的四边形是梯形,
>
> 所以,有的梯形是菱形。

当两个前提都是特称时,其组合形式有四种:即 II（两个都是特称肯定）、OO（两个都是特称否定）、IO（一个是特称肯定,一个是特称否定）、OI（一个是特称否定,一个是特称肯定）。

第一种情况即 II 式,两个前提中的主谓项均是不周延的,不论中项位于两个前提的主项还是谓项,都不可能周延,违反规则（2）。

第二种情况即 OO 式,违反规则（4）。

第三种情况即 IO 式,违反规则（3）。因为大项无论是 I 判断的主项还是谓项,都不可能是周延的,而据规则（5）,结论应是否定的,这样结论的大项是周延的,从而就违反了规则（3）。

第四种情况即 OI 式,它或者违反规则（2）,或者违反规则（3）。若中项是大前提 O 判断的主项,同时小前提中的中项或是其主项或是谓项,则两个中项在大小前提中都不周延,这违反规则（2）;若大项 P 是大前提 O 判断的主项,而据规则（5）结论必定是否定的,这样大项 P 在大前提中不周延而在结论中周延,这就必然违反了规则(3)。

所以,大小前提若都是特称的,则推理一定是无效的。

(7) 前提中有一个是特称的,结论必须也是特称的。

根据规则(6),两个特称前提推不出结论,所以,一个正确的三段论,前提若有一个是特称,则另一个前提就必然是全称的。因为特称判断有两种,即 I 判断和 O 判断,全称判断有两种,即 A 判断和 E 判断,所以其大小前提的组合有以下四组八种形式:

① AI——IA ,

② AO——OA ,

③ EI——IE ,

④ EO——OE 。

上述四组中的"EO-OE",因两个前提都是否定的,违反规则(4),所以该组可以直接排除。

对 ①,不管它们谁是大小前提,它们的周延项只有 A 判断的主项,为了遵守规则(2),中项必须位于 A 判断的主项,这样大、小项就位于 A 判断的谓项和 I 判断的主谓项,并且都是不周延的。在此情况下,若结论的小项周延,必违反规则(3),所以其结论的小项只能是特称的。

对 ②,不管它们谁是大小前提,它们的周延项有 A 判断的主项和 O 判断的谓项。根据规则(5),其结论是否定判断,因此大项在结论中周延。为了遵守规则(3),大项只能在 A 判断主项或 O 判断的谓项的位置上,为了遵守规则(2),中项也只能在 A 判断主项或 O 判断的谓项的位置上,这样,小项只能在不周延的项即 A 判断的谓项或 O 判断的主项的位置上,若结论中小项是全称的,就必然违反规则(3),所以结论的小项只能是特称的。

对 ③,如果大小前提依次是 IE,由规则(5),其结论是否定的,即大项在结论中是周延的,由于大前提 I 主、谓项都不周延,所以不论大项在 I 判断主项或谓项的位置上,都违反规则(3),因此 IE 为前提的三段论推理不能成立;若大小前提依次是 EI,其周延项有 E 判断主项和谓项,为了不违反规则(2),保证中项周延一次,为了不违反规则(3),保证大项在结论中不扩大,小项只能位于 I 判断主项或谓项,这样,若结论的小项是周延的就会违反规则(3)。所以以 EI 为前提的三段论推理,其结论只能是特称判断。

例如:

所有每一个内角都等于 $90°$ 的多边形是矩形，

有的多边形每一个内角都等于 $90°$，
_____

所以，有的多边形是矩形。　　　　　　　（AI 型）

所有每一个内角都等于 $90°$ 的多边形是矩形，

有的多边形的内角不都等于 $90°$，
_____

所以，有的多边形不是矩形。　　　　　　（AO 型）

所有内角不都等于 $90°$ 的多边形不是矩形，

有的多边形的内角不都等于 $90°$，
_____

所以，有的多边形不是矩形。　　　　　　（EI 型）

四、关系判断推理

关系判断推理是指以关系判断作前提和结论，并按其"关系"的逻辑特性进行的推理。

关系推理根据前提是否含有性质判断，可分为纯关系推理和混合关系推理。纯关系推理是前提和结论都是关系判断的推理。混合关系推理中以一个关系判断和一个性质判断为前提，结论为关系判断的推理。

1. 纯关系推理

纯关系推理是前提和结论都是关系判断的推理。这里介绍的纯关系推理只限于含有两个关系项的判断。纯关系推理可以按不同标准分为不同种类。按照推理所依据的关系不同，纯关系推理可以分为对称性关系推理和传递性关系推理。

（1）对称性关系推理

对称性关系推理是根据对称性关系的逻辑特性进行的推理，包括对称关系推理和反对称关系推理。

对称关系推理是根据对称关系进行的推理。例如：

直线 a 垂直于直线 b，
_____

所以，直线 b 垂直于直线 a。

对称关系推理的形式可表示为（R 表示某种关系）

所有 a 与所有 b 有 R 关系，
_____

所以，所有 b 与所有 a 有 R 关系。

反对称关系推理是根据反对称关系进行的推理。例如：

a 大于 b，
_____

所以，b 不大于 a。

反对称关系推理的形式可表示为(R 表示某种关系)

所有 a 与所有 b 有 R 关系
_____

所以,所有 b 与所有 a 没有 R 关系。

(2) 传递性关系推理

传递性关系推理是根据传递性关系的逻辑特性进行的推理,包括传递关系推理和反传递关系推理。

传递关系推理是根据传递关系进行的推理。例如:同一平面内的直线 a,b,c,

a 平行于 b,

b 平行于 c,
_____

所以,a 平行于 c。

传递关系推理的形式可表示为(R 表示某种关系)

所有 a 与所有 b 有 R 关系,

所有 b 与所有 c 有 R 关系,
_____

所以,所有 a 与所有 c 有 R 关系。

反传递关系推理是根据反传递关系进行的推理。例如:同一平面内的直线 a,b,c,

a 垂直于 b,

b 垂直于 c,
_____

所以,a 不垂直于 c。

反传递关系推理的模式可表示为(R 表示某种关系)

所有 a 与所有 b 有 R 关系,

所有 b 与所有 c 有 R 关系,
_____

所以,所有 a 与所有 c 没有 R 关系。

更多关系见第三章第三节。

2. 混合关系推理

混合关系推理是以一个关系判断和一个直言判断为前提,推出一个关系判断为结论的推理,其推理形式通常有两种。

形式 ①:

所有 a 与所有 b 有 R 关系,

所有 c 是 a,
_____

所以,所有 c 与所有 b 有 R 关系。

例如：

> 所有正数比所有负数大，
> 所有区间[1,2]内的数都是正数，
> ───────────────────────
> 所以，所有区间[1,2]内的数都比所有负数大。

形式②：

> 所有 a 与所有 b 有 R 关系，
> 所有 c 是 b，
> ───────────────────────
> 所以，所有 a 与所有 c 有 R 关系。

例如：

> 所有正数比所有负数大，
> 所有区间[－2，－1]内的数都是负数，
> ───────────────────────
> 所以，所有正数都比区间[－2，－1]内的数大。

上述推理中大前提和结论是两项关系判断，小前提是直言判断，所以称为混合关系推理。其中，有一个关系项在两个前提中都出现，这个关系项的作用相当于直言三段论中起媒介作用的中项。混合关系推理的形式与三段论相似，所以又可以称作关系三段论。

混合关系推理有以下几条规则：

（1）前提中的直言判断必须是肯定判断；

（2）作为中项的关系项至少要周延一次；

（3）前提中不周延的项，在结论中也不能周延；

（4）如果前提中关系判断是肯定的，则结论中的关系判断也应该是肯定的；反之，如果前提中的关系判断是否定的，则结论中的关系判断也应该是否定的；

（5）如果关系 R 是不对称的，则前提中作关系项的前项（或后项），在结论中也应该相应地作关系项的前项（或后项）。

一个混合关系推理，若是违反了以上五条规则中的任何一条，该推理就是不正确的。例如：

> 所有正数比所有负数大，
> 所有区间[1,2]内的数都不是负数，
> ───────────────────────
> 所以，所有区间[1,2]内的数都不比所有负数大。

这个推理由于违反了规则（1）和（4），所以整个推理就没有必然性，结论是不可靠的。

五、复合判断推理

复合判断的演绎推理包括联言推理、选言推理、假言推理等。

1. 联言推理

联言推理是指以联言判断为前提或结论，并依据联言判断（命题）的逻辑性质所进行的推理。联言推理有两种形式：分解式和合成式。

分解式的推理形式为

$$\frac{P \wedge Q}{所以，P（或 Q）。}$$

例如：

$$\frac{正方形既是菱形又是矩形，}{所以，正方形是菱形（或矩形）。}$$

合成式的推理形式为

$$P；$$
$$\frac{Q；}{所以，P \wedge Q。}$$

例如：

$$a \text{ 是 3 的倍数；}$$
$$\frac{a \text{ 是 4 的倍数；}}{所以，a \text{ 是 12 的倍数（既是 3 的倍数，又是 4 的倍数）。}}$$

2. 选言推理

选言推理是指以选言判断（命题）为前提，并依据其逻辑性质而进行的推理。选言推理有两种形式：相容选言推理和不相容选言推理。

相容选言推理是以相容选言判断为前提，并依据其逻辑特性进行的推理。例如"方程 $x^2 - 3x + 2 = 0$ 的根是 $x = 1$ 或 $x = 2$"是相容选言判断（命题），因此以下推理属于相容选言推理。

$$x^2 - 3x + 2 = 0 \text{ 时 } x = 1 \text{ 或 } x = 2，$$
$$\frac{x \neq 1，}{所以，x^2 - 3x + 2 = 0 \text{ 时 } x = 2。}$$

其推理形式为

$$P \text{ 或 } Q$$
$$\frac{非 P（或非 Q）}{所以，Q（或 P）。}$$

不相容选言推理是以不相容选言判断(命题)为前提,并依据其逻辑特性进行的推理。不相容选言推理有两种形式:肯定否定式和否定肯定式。

肯定否定式的推理形式为

$$P \text{ 要么 } Q,$$
$$\underline{P(\text{或 } Q),}$$
$$\text{所以,非 } Q(\text{或非 } P)。$$

例如:

$$\text{平面上不重合的两条直线 } a,b \text{ 要么平行,要么相交,}$$
$$\underline{a,b \text{ 相交,}}$$
$$\text{所以 } a,b \text{ 不平行。}$$

否定肯定式的推理形式为

$$P \text{ 要么 } Q,$$
$$\underline{\text{非 } P(\text{或非 } Q),}$$
$$\text{所以,} Q(\text{或 } P)。$$

例如:

$$\text{平面上不重合的两条直线 } a,b \text{ 要么平行,要么相交,}$$
$$\underline{a,b \text{ 不相交,}}$$
$$\text{所以 } a,b \text{ 平行。}$$

3. 假言推理

假言推理是指以假言判断(命题)为一般性前提,并根据假言命题前件与后件之间的逻辑关系而进行的一种推理方法。这种推理的一个前提为假言判断,另一前提和结论为性质判断。

假言推理包括充分条件假言推理、必要条件假言推理、充分必要条件假言推理。

(1) 充分条件假言推理

如果一个假言判断(命题)的前件(条件)是后件(结论)的充分条件,即由前件可以推出后件,就称这个假言判断为充分条件假言判断。充分条件假言判断的后件则是前件的必要条件。根据这一逻辑特性,充分条件假言推理可以有两种正确的形式(前提与结论有必然联系的形式),即肯定前件式和否定后件式。

肯定前件式是指推理形式中一个前提肯定假言前提的前件,结论肯定假言前提的后件。其推理形式为

$$P \rightarrow Q,$$
$$\underline{P,}$$
所以,Q。

或

如果 P,那么 Q,
$$\underline{P,}$$
所以,Q。

例如:

如果两个三角形全等,那么它们的面积相等,$(P \rightarrow Q)$
$$\underline{\triangle ABC \cong \triangle DEF,(P)}$$
所以,$\triangle ABC$ 与 $\triangle DEF$ 的面积相等。(Q)

其中判断(命题)"如果两个三角形全等,那么它们的面积相等"是一个充分条件假言判断,所以这是一个充分条件假言推理。

否定后件式是指推理形式中一个前提否定假言前提的后件,结论则否定假言前提的前件。其推理形式为

$$P \rightarrow Q,$$
$$\underline{非\ Q,}$$
所以,非 P。

或

如果 P,那么 Q,
$$\underline{非\ Q,}$$
所以,非 P。

例如:

如果两个三角形全等,那么它们的面积相等,$(P \rightarrow Q)$
$$\underline{\triangle ABC\ 与\ \triangle DEF\ 面积不相等,(非\ Q)}$$
所以,$\triangle ABC$ 与 $\triangle DEF$ 不全等。$(非\ P)$

(2) 必要条件假言推理

如果一个假言判断(命题)的前件(条件)是后件(结论)的必要条件,即由后件可以推出前件,就称这个假言判断为必要条件假言判断。必要条件假言判断的后件是前件的充分条件。根据这一逻辑特性,必要条件假言推理可有两种正确形式,即否定前件式与肯定后件式。

否定前件式是指推理形式中一个前提否定假言前提的前件,结论则否定假言前提的后件。其推理形式为("←"称为逆蕴含)

$$P \leftarrow Q,$$
$$\underline{非\ P,}$$
所以,非 Q。

或

只有 P,才 Q,
$$\underline{非\ P,}$$
所以,非 Q。

例如:

只有 $a^2 = b^2$,才 $a = b$,$(P \leftarrow Q)$
$$\underline{a^2 \neq b^2,(非\ P)}$$
所以,$a \neq b$。$(非\ Q)$

其中判断(命题)"只有 $a^2 = b^2$,才 $a = b$"是一个必要条件假言判断。

肯定后件式是指推理形式中一个前提肯定假言判断的后件,结论则肯定假言前提的前件。其推理形式为

$$P \leftarrow Q,$$
$$Q,$$
所以,P。

或

只有 P,才 Q,
$$Q,$$
所以,P。

例如:

只有 $a^2 = b^2$,才 $a = b$,$(P \leftarrow Q)$
$$a = b,(Q)$$
所以,$a^2 = b^2$。(P)

(3) 充分必要条件假言推理

如果一个假言判断(命题)的前件(条件)与后件(结论)互为既充分又必要的条件,则称这个假言判断为充分必要条件假言判断。根据这一逻辑特性,充分必要条件假言推理可以有四种正确的形式,即肯定前件式、肯定后件式、否定前件式、否定后件式。其推理形式为

$$P \leftrightarrow Q,$$
$$P,(Q,非\ P,非\ Q)$$
所以,$Q(P,非\ Q,非\ P)$。

例如:

二次函数的判别式 $\Delta > 0$,它的图像与 x 轴有两个交点,$(P \leftrightarrow Q)$
$$y = x^2 - 3x + 1 \text{ 的判别式 } \Delta = 5 > 0,(P)$$
所以,$y = x^2 - 3x + 1$ 的图像与 x 轴有两个交点。(Q)

其中判断(命题)"二次函数的判别式 $\Delta > 0$,它的图像与 x 轴有两个交点"是一个充分必要条件假言判断,所以这是一个充分必要条件假言推理(肯定前件式)。

六、归纳推理

归纳推理是由已知的若干个别性、特殊性或一般性程度较低的知识或事实为前提,推出一般性的新知识或一般性程度较高的知识作为结论的推理。它的前提与结论之间的联系具有或然性。在归纳推理中,前提必须真实可靠,它是结论的必要条件。根据推理前提中是否考察了一类事物的全部对象,归纳推理可分为完全归纳推理和不完全归纳推理。

1. 完全归纳推理

完全归纳推理是从某类事物的每个对象都具有（或不具有）某种属性，推出这类事物的全体具有（或不具有）某种属性的归纳推理。其推理形式为

S_1 具有（或不具有）P，

S_2 具有（或不具有）P，

……

S_n 具有（或不具有）P，

$S_1, S_2, \cdots, S_n$ 是 S 类全部对象，

所以，S 具有（或不具有）P。

在这种情况下，归纳推理的过程就是归纳证明，前提与结论具有必然性。

例如：　　　　当 $x = 0$ 时，$x^2 + x + 11 = 11$　　　　是质数；

当 $x = 1$ 时，$x^2 + x + 11 = 13$　　　　是质数；

当 $x = 2$ 时，$x^2 + x + 11 = 17$　　　　是质数；

当 $x = 3$ 时，$x^2 + x + 11 = 23$　　　　是质数；

当 $x = 4$ 时，$x^2 + x + 11 = 31$　　　　是质数；

当 $x = 5$ 时，$x^2 + x + 11 = 41$　　　　是质数；

当 $x = 6$ 时，$x^2 + x + 11 = 53$　　　　是质数；

当 $x = 7$ 时，$x^2 + x + 11 = 67$　　　　是质数；

当 $x = 8$ 时，$x^2 + x + 11 = 83$　　　　是质数；

当 $x = 9$ 时，$x^2 + x + 11 = 101$　　　是质数；

所以，当 x 是一位数时，$x^2 + x + 11$ 总是质数。

完全归纳推理应注意以下几点：

第一，完全归纳推理的每一个个别前提都必须真实可靠，否则结论就会不真实；

第二，完全归纳推理的前提必须是对一类对象的全体进行无一遗漏的考察，否则结论也会不可靠；

第三，完全归纳推理的考察对象的数量应当是有限的，而且用已有的手段可以逐一地进行考察，例如"四色定理"的证明。这个定理 1852 年由英国人格色里（Francis Guthrie）提出：在地图上，一些邻接的有限区域，可以用四种颜色来给这些区域染色，使得每两个邻接区域染的颜色都不一样。要证明这一定理，需要研究 2000 多个组合构形，进行多达 200 亿次的判断。由于当时研究手段的限制，进行这种完全归纳式的证明是不可能的。计算机发明以后，1976 年，美国数学家阿佩尔和哈肯用高速计算机运算 1200 个小时，终于证明了这一定理（1976 年 9 月《美国数学

会通报》第 82 卷第 3 期报道)。

2. 不完全归纳推理

不完全归纳推理是根据某类事物的部分对象具有(或不具有)某种属性,进而概括出该类事物的全体对象具有(或不具有)这种属性的一般性结论的归纳推理。其推理形式为

$$S_1 \text{ 具有(或不具有)} P,$$
$$S_2 \text{ 具有(或不具有)} P,$$
$$\cdots\cdots$$
$$S_n \text{ 具有(或不具有)} P,$$
$$S_1, S_2, \cdots, S_n \text{ 是 } S \text{ 类的部分对象,}$$
$$\text{在枚举中没有遇到相反情况,}$$
$$\text{所以,} S \text{ 具有(或不具有)} P。$$

不完全归纳推理又称经验归纳法,其结论不具有必然性,而是或然性的。例如:德国数学家莱布尼兹是微积分的创始人之一,他证明了对所有的正整数 n,数 n^3-n 都能被 3 整除,数 n^5-n 都能被 5 整除,数 n^7-n 都能被 7 整除,他推测,对所有的奇数 k,数 n^k-n 都能被 k 整除。这就是不完全归纳推理。没过多久,莱布尼兹发现 $2^9-2=510$,不能被 9 整除,说明他的这个猜想不对。

又例如,我们根据以下两个公式:

$$1+2+\cdots+n = \frac{n(n+1)}{2},$$
$$1^2+2^2+3^2+\cdots+n^2 = \frac{1}{6}n(n+1)(2n+1),$$

作一个不完全归纳推理,第一个公式右边 n 的最高次幂是 2,第二个公式右边 n 的最高次幂是 3,我们猜想

$$1^3+2^3+3^3+\cdots+n^3 = an^4+bn^3+cn^2+dn+e$$

其中 a,b,c,d,e 是待定常数,右边 n 的最高次幂是 4。为了确定 a,b,c,d,e,我们可以令 $n=1,2,3,4,5$,得到五元线性方程组:

$$\begin{cases} a+b+c+d+e = 1 \\ 16a+8b+4c+2d+e = 9 \\ 81a+27b+9c+3d+e = 36 \\ 256a+64b+16c+4d+e = 100 \\ 625a+125b+25c+5d+e = 225 \end{cases},$$

可以求得常数 $a=c=\dfrac{1}{4},b=\dfrac{1}{2},d=e=0$。于是,我们猜想的公式便为

$$1^3+2^3+3^3+\cdots+n^3=\frac{1}{4}n^4+\frac{1}{2}n^3+\frac{1}{4}n^2=\Big[\frac{n(n+1)}{2}\Big]^2.$$

由于不完全归纳推理具有或然性,所以我们还得用其他的方法来证明这个公式的正确性,这个方法就是数学归纳法。通常当"所有对象"的个数为无限时,我们无法对"所有对象"做逐一检查,这时我们可以用数学归纳法通过"有限"来解决"无限"的问题。

数学归纳法的原理如下:

假定对一切自然数 n,有一个命题 $P(n)$,如果

ⅰ. $P(1)$ 是正确的,

ⅱ. 对任意的 k,$P(k)$ 真蕴含 $P(k+1)$ 真,

则命题 $P(n)$ 对一切自然数为真。

现在我们用数学归纳法来确定上述公式的真实性。

这里 $P(n)$ 为　　$1^3+2^3+3^3+\cdots+n^3=\Big[\dfrac{n(n+1)}{2}\Big]^2$,

① 当 $n=1$ 时,左边 $=1$,右边 $=1$,所以 $P(1)$ 是正确的;

② 假设 $n=k$ 时,$P(k)$ 是正确的,即

$$1^3+2^3+3^3+\cdots+k^3=\Big[\frac{k(k+1)}{2}\Big]^2;$$

③ 当 $n=k+1$ 时,

$$1^3+2^3+3^3+\cdots+k^3+(k+1)^3=\Big[\frac{k(k+1)}{2}\Big]^2+(k+1)^3$$

$$=(k+1)^2(\frac{1}{4}k^2+k+1)=(k+1)^2\frac{(k+2)^2}{4}$$

$$=\Big[\frac{(k+1)(k+2)}{2}\Big]^2,$$

所以 $P(k+1)$ 是正确的。

根据数学归纳法原理,$P(n)$ 对一切 n 都正确,即对任意自然数 n,公式 $1^3+2^3+3^3+\cdots+n^3=\Big[\dfrac{n(n+1)}{2}\Big]^2$ 成立。

数学归纳法是完全归纳推理还是不完全归纳推理?有人从所考察的对象入手,认为是完全归纳推理;有人认为它更像演绎推理。实际上,数学归纳法本身并不是推理,它只是在获得结论且结论与自然数 n 有关的前提下,对结论进行论证的工具和手段。

七、类比推理

类比推理是根据两个或两类对象在一些属性上相同,推论出它们在另外的属性(这一属性已知为两种对象中的一种所具有)上也相同的推理。其推理形式为

对象 A 有属性 a,b,c,d

对象 B 有属性 a,b,c

所以对象 B 也具有属性 d

类比推理是一种从个别到个别的推理,是从个别性前提推出个别性结论的过程,依据的仅是两个或两类对象在某些属性上的相似或相同,因而其结论具有或然性。尽管如此,类比推理仍不失为提出新问题和获得新发现的一条重要途径。为什么我们可以根据两种不同对象在某些属性上的相同,推知在另外一些属性上也相同呢?因为类比推理的客观基础是事物所具有的属性间的相互联系和相互制约。所以,康德说:"每当理智缺乏可靠论证的思路时,相似思考往往能指引我们前进。"波利亚说得更直白:"类比是一个伟大的引路人。"

类比近似比较,但比较不是类比。我们在认识事物时经常进行比较。比较是根据一定的标准,把彼此有某种联系的事物加以对照,从而确定它们的相同点和相异点的思维过程或思维方法。比较并不引出新的结论,而类比则是在比较的基础上由已知推出未知的过程,这是两者的重要区别所在。

类比推理与演绎推理也不同,它是一种或然性推理。原因在于事物的各种属性之间的联系,有的具有必然性,有的不具有必然性。类比推理的前提只是指明了事物各种属性的共存,并没有确证这些属性之间有必然联系。因此,前提与结论的联系只能是或然的,结论不必然真实可靠。

例如:线段、三角形、四面体分别是一维空间、二维空间和三维空间中最简单的线形、多边形和多面体,它们之间是否会有一些类似的性质呢?见图 2-5。

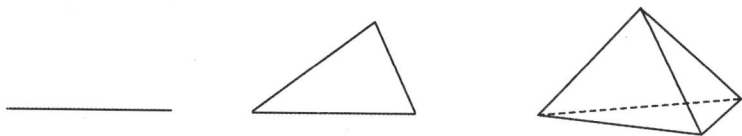

图 2-5

我们知道,三角形的三条中线相交于一点,叫作三角形的重心。为什么叫作重心呢?因为一维空间中最简单的图形是线段,它是两点围成的封闭图形。一条均匀线段的重心是线段的中点。如果我们将三角形看成是由平行于三角形某一边的许

多线段构成,那么每一线段的重心均在这些线段的中点上,而这些中点都在直线 AM 上,因此三角形的重心必在 AM 上,这也反映了三角形三条中线一定会相交于一点,所以把这一点就叫作三角形的重心,见图 2-6。

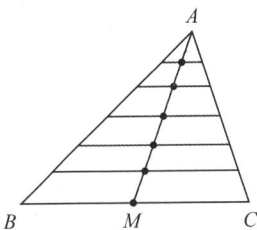

图 2-6

类比到四面体,四面体是否有"中线"相交于一点呢?我们注意到三角形的中线是三角形的顶点到对边重心的连线,因此,我们类比规定四面体的"中线"为:连接四面体的顶点与其对面重心的线段。由类比推理,我们猜测四面体的四条"中线"相交于一点。事实上,这个猜测是正确的,其正确性由空间解析几何的知识可以获得证明。

类比推理是一种创造性的联想过程,这种联想是通过对两种对象的异同比较进行的。因此,类比推理不需要像演绎推理那样,强调以已知的一般原理为出发点,也不需要像归纳推理那样,要求尽量多的具体事实的积累,类比推理能够在旧理论解释不了,而事实又不充分的情况下,发挥思维的能动性,通过把未知的东西和已知的东西相比较,把陌生的对象与熟悉的对象相比较,形成待证的猜想。

由基本不等式 $x^2 + y^2 \geqslant 2xy$,通过类比推理,我们得到以下两个不等式:

①$x^3 + y^3 + z^3 \geqslant 3xyz$,② $x^2 + y^2 + z^2 \geqslant 3xyz$。

这两个不等式都是不成立的,我们通过构造反例即可对此进行论证,对①,设 $x = 0, y = z = -1$,就会得到 $-2 \geqslant 0$,这是矛盾的;对②,设 $x = y = z = 2$,就会得到 $12 \geqslant 24$,也是矛盾的。所以,这两个不等式都不成立。

数学上有许多通过类比推理获得正确猜想的事实。例如:

$$\frac{1}{1^2} + \frac{1}{2^2} + \frac{1}{3^2} + \cdots \frac{1}{n^2} + \cdots = \frac{\pi^2}{6}$$

是欧拉(L. Euler,1707—1783)通过代数方程和三角方程之间的类比获得的猜想公式,是雅各布·伯努力(Jacob. Bernoulli,1654—1705)没能解决的级数的和。当时引起了许多非议,认为没有证明的推导难以置信。在获得此公式的 10 年后,欧拉用虽不明显但十分巧妙的手法证明了这个公式。

图 2-7、图 2-8 是类比推理的又一个例子。

正方形(二维)的一条边(一维)伸缩(伸缩率为 $\frac{b}{a}$)后,成为长方形,其面积之间的关系为 $S_长 = S_正 \times \frac{b}{a} = a^2 \times \frac{b}{a} = ab$。

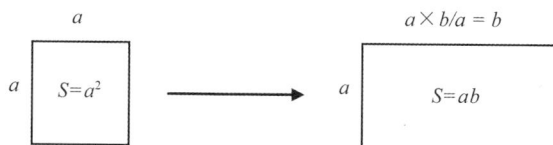

图 2 - 7

将此规律类比到圆和椭圆。椭圆可以看成圆的一条直径（一维）进行伸缩（伸缩率为 $\frac{b}{a}$）后得到的图形，因此猜想椭圆的面积是 $S_{椭圆} = S_{圆} \times \frac{b}{a} = \pi a^2 \times \frac{b}{a} = \pi ab$。

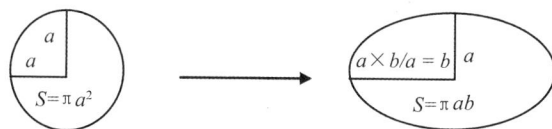

图 2 - 8

由此得到的椭圆面积公式后被微积分证明是正确的。

第三章　代数关系

　　代数除了可处理实数、复数这样的数集以外，还可以处理别的物集，例如向量、矩阵、变换等，尽管这些物集有它们各自的演算定律，但数学家将个别的演算定律通过抽象，把它们共有的内容升华出来并形式化，因而达到了更高的层次，于是就产生了研究各种抽象的公理化代数系统的数学学科 —— 抽象代数。至 20 世纪初，集合论已成为数学的基础，抽象代数体系也逐渐形成，数学家们开始循着数学的发展轨迹，致力于用公理化的方法重新认识和构造整个现代数学。其中法国的布尔巴基学派认为，数学不应进行分析、几何、代数、数论等的经典划分，应以同构的观点对数学内部各基本学科进行分类。1935 年年底，布尔巴基的成员们一致同意以数学结构作为数学分类理论的基本原则，他们认为全部数学基于三种母结构：代数结构、序结构和拓扑结构。所谓结构就是"表示各种各样的概念的共同特征仅在于他们可以应用到各种元素的集合上。而这些元素的性质并没有专门指定，定义一个结构就是给出这些元素之间的一个或几个关系，人们从给定的关系所满足的条件（即结构的公理）建立起某种给定结构的公理理论，也就是只从结构的公理出发来推演这些公理的逻辑推论"。

　　"数学结构"的观点是布尔巴基学派的一大重要发明，这一思想的来源是公理化方法。在这种观点下，一个数学学科可能由几种结构混合而成，同时每一类型结构中又有着不同的层次。比如实数集就具有三种结构：一种是由算术运算定义的代数结构；一种是顺序结构；最后一种就是根据极限概念定义的拓扑结构，三种结构有机地结合在一起。因此，数学的分类和研究是依据它们的结构是否相同来考虑，例如线性代数和初等几何，如果它们研究的内容具有同种结构，也就说它们是"同构"的，就可以一起处理，所得结论对两者都成立。在布尔巴基学派的眼里，"数学是数学结构的仓库"。

　　布尔巴基学派的观点，对人们理解数学和对数学的发展都产生了深远的影响，不亚于法国数学家韦达的贡献。韦达是第一个有意识和系统地使用代数符号的人，并对丢番图的缩写代数进行了改造，建立了"类"的概念，用一般的"类"，取代特殊的"数"。按照韦达的说法，就是用"类的筹算术"取代"数的筹算术"，或者说把求解

方程 $x^2+10x=39$,演变成求解方程 $x^2+ax=b$,这样一来,就与单纯研究数的算术区别开来了,初等代数(研究一般类型的形式和方程)就形成了。所以美国数学家斯特洛克说:"新的合适的数学符号带着自己的生命出现,并且它又创造出新生命来。"

第一节　集　　合

集合论中的概念与方法是全部现代数学的基础,集合论的语言是现代数学语言的重要组成部分。

一、集合的概念

在朴素集合论即用日常语言表述的集合论中,集合是一个原始概念,不能定义,只能描述。关于集合,有各种不同的描述。例如,集合论的创始人康托尔的描述是:一组确定的、人们在直觉或思维上的不同对象,作为一个整体来想象,就称为一个集合。

在测度论基础上建立概率论公理化体系的科尔莫戈洛夫(Kolmogorov,1903—1987)的描述是:一个东西 M 与某些别的东西 $a,b,\cdots$ 等以一种固有的不下定义的方式相互决定着,这种关系我们表示为:集合 M 由 $a,b,\cdots$ 等东西所组成,而 $a,b,\cdots$ 等称为集合 M 的元素。

范·德·瓦尔登(B. L. Vanderwaerden,1903—1996)的描述是:每个单个元素具有或不具有的性质就定义一个集合,这个集合的元素就是全体具有这种性质的对象。

还有其他一些提法,如由某性质所确定的对象的总体称为一个集合;或一组无重复的东西所做成的总体称为一个集合。

一个集合简单地说就是一些对象的整体。如果一个集合的元素是有限的也不太多,我们可以用列出其中所有元素的方法来表示它,例如等式 $A=\{1,2,3,4\}$,就表示集合 A 有四个元素 $1,2,3$ 和 4;如果一个集合的元素很多或者是无限的,我们可以由列出其元素具有的必要的性质来表示它,例如等式 $B=\{x\mid x$ 是正偶数$\}$,就表示集合 B 是由所有正偶数组成,即 B 是由 $2,4,6,\cdots$ 组成,短线 $\mid$ 后表示的是元素 x 具有的性质。

集合的重要的特征是要能明确判断任何一个事物是不是该集合的元素,例如"高个子的人"、"不平坦的路"等都不是集合,其次集合的元素还具有不重复性及无序性。例如,如果用 C 表示多项式 $f(x) = (x-1)^2(x-3)$ 的根做成的集合,则 $C = \{x \mid f(x) = 0\} = \{1, 3\}$,其中 1 是 $f(x) = 0$ 的二重根,在 C 中它只能出现一次,即在 C 中只有 1 与 3 两个元素,并且 1 与 3 只是同时作为 $f(x) = 0$ 的根在 C 中出现,作为 C 的元素,它们之间并不具有先后或大小次序。

集合论的语言,最基本的一个词就是"属于",用符号"$\in$"表示。如果 a 是集合 A 的元素,就说 $a \in A$;如果 a 不是 A 的元素,就说 $a \notin A$ 或 $a \overline{\in} A$。

如果 M 和 N 是两个集合,只要有 $a \in M$ 就有 $a \in N$,就说 M 包含于 N,或者说 N 包含 M,记为 $M \subset N$,这时称 M 为 N 的子集。

例如 $C = \{1, 3\}$,$A = \{1, 2, 3, 4\}$,C 就是 A 的一个子集。

如果至少存在一个 $b \in N$,但 $b \overline{\in} M$,这时称 M 为 N 的真子集;如果 $M \subset N$ 同时又有 $N \subset M$,就说 $M = N$。

特别地,如果一个集合不含任何元素,就是空集,记为 $\varnothing$。一般认为,空集 $\varnothing$ 是任一集合的子集。

二、幂集

集合 M 的所有子集的集合(不管是否是真子集)称为 M 的幂集,记为 $P(M)$,即

$$P(M) = \{A \mid A \subset M\}。$$

如设 $M = \{a, b, c\}$,则 $P(M)$ 的成员是

$$\varnothing, \{a\}, \{b\}, \{c\}, \{a, b\}, \{a, c\}, \{b, c\}, \{a, b, c\},$$

共有 $2^3 = 8$ 个,除 $\{a, b, c\}$ 外,其他都是 M 的真子集。

一般地,当 M 的元素个数为 n 时,它的幂集 $P(M)$ 的元素个数为 2^n。事实上,不含元素的子集 $\varnothing$ 的个数为 $C^0 = 1$;含一个元素的不同子集个数为 $C_n^1 = n$;一般地,含 $k(k \leqslant n)$ 个不同元素的不同子集的个数为 C_n^k。因此,M 的所有不同子集的个数为

$$C_n^0 + C_n^1 + \cdots + C_n^n = 2^n,$$

即 M 的幂集的元素个数为 2^n。也可以这样考虑,集合 $\{a_1, a_2, \cdots, a_n\}$ 的子集可由 n 步来构造:选择 a_1 或者不选 a_1,选择 a_2 或者不选 a_2,$\cdots$,选择 a_n 或者不选 a_n,故子集的数目为 $\underbrace{2 \times 2 \times \cdots \times 2}_{n\text{个}} = 2^n$。

康托尔定理:可数集(基数通常用 $\aleph_0$ 表示)幂集的基数是 $2^{\aleph_0}$。

例:(第 14 届国际数学奥林匹克试题)一个集合含有 10 个互不相同的两位数。

试证：这个集合必有两个无公共元素的子集，这两个子集中各数之和相等。

证明：设 $M = \{a_1, a_2, \cdots, a_{10}\}$，根据幂集的性质，除一个空集外，$M$ 的不同的非空子集的个数共有 $2^n - 1 = 1023$ 个，而由于 M 中的每一个元素 $a_i (i = 1, 2, \cdots, 10)$ 为两位数，即 $10 \leqslant a_i < 100 (i = 1, 2, \cdots, 10)$，因此 $\sum\limits_{i=1}^{10} a_i < 10 \times 100 = 1000$，于是可看成有 1023 只"鸽子"要放入不足 1000 只"笼子"里，所以必然出现双鸽同笼的情况，即至少有两个不同的子集，其元素的数字和相等。划去它们中的公共元素，这样的两个子集即为所求。

三、集合的运算

给定集合 M 和 N，有各种方法可以把 M 和 N 联合成一个新的集合。

1. 并集

并集由属于 M 或 N（可都属于）的所有元素组成，记为 $M \bigcup N$，即

$$M \bigcup N = \{x \mid x \in M \text{ 或 } x \in N\}。$$

2. 交集

交集由同时属于 M 和 N 的所有元素组成，记为 $M \bigcap N$，即

$$M \bigcap N = \{x \mid x \in M \text{ 且 } x \in N\}。$$

如果 $M \bigcap N = \varnothing$，就说 M, N 是不相交的。如果集合 S 中的不同集合 M, N 都是不相交的，就说 S 是两两不相交的。

3. 差集

差集是由属于 M 但不属于 N 的元素组成，记为 $M - N$，即

$$M - N = \{x \mid x \in M \text{ 且 } x \notin N\}。$$

例如 $M = \{1, 3, 5\}, N = \{4, 5, 6\}$，则

$$M \bigcup N = \{1, 3, 4, 5, 6\},$$
$$M \bigcap N = \{5\},$$
$$M - N = \{1, 3\}。$$

集合 $\{1, 4, 5\}$ 和 $\{2, 6\}$ 是不相交的。集合的集合 $S = \{\{1, 4, 5\}, \{2, 6\}, \{3\}, \{7, 8\}\}$ 是两两不相交的。

有时我们要讨论一些集合，它们全都是某集合 U 的子集，这时称 U 为全集。全集 U 应在叙述中明确地给出或推断出来。给定一个全集 U 和 U 的一个子集 X，集合 $U - X$ 称为 X 的补集，记为 $\overline{X}$。

令 $A = \{1,3,5\}$，如果全集 $U = \{1,2,3,4,5\}$，则 $\overline{A} = \{2,4\}$。

以上的集合运算满足如下的运算律：

(1) 结合律：$(A \cup B) \cup C = A \cup (B \cup C)$，$(A \cap B) \cap C = A \cap (B \cap C)$

所以，$(A \cup B) \cup C$ 可简记为 $A \cup B \cup C$，$(A \cap B) \cap C$ 可简记为 $A \cap B \cap C$。所以对于 n 个集合的并集和交集，有如下记法：

$$A_1 \cup A_2 \cup \cdots \cup A_n = \bigcup_{i=1}^{n} A_i, \qquad A_1 \cap A_2 \cap \cdots \cap A_n = \bigcap_{i=1}^{n} A_i。$$

(2) 交换律：$A \cup B = B \cup A$，$\qquad A \cap B = B \cap A$。

(3) 分配律：$A \cap (B \cup C) = (A \cap B) \cup (A \cap C)$，
$$A \cup (B \cap C) = (A \cup B) \cap (A \cup C)。$$

(4) 幂等律：$A \cup A = A$，$\qquad A \cap A = A$。

(5) 吸收律：$A \cup (A \cap B) = A$，$\qquad A \cap (A \cup B) = A$。

(6) 对合律：$\overline{(\overline{A})} = A$。

(7) 德·摩根律：$\overline{A \cup B} = \overline{A} \cap \overline{B}$，$\qquad \overline{A \cap B} = \overline{A} \cup \overline{B}$。

现对德·摩根律公式 $\overline{A \cup B} = \overline{A} \cap \overline{B}$ 给出证明。

证明：设 $x \in \overline{A \cup B}$，则 $x \notin A \cup B$，即 $x \notin A$ 且 $x \notin B$，所以 $x \in \overline{A}$ 且 $x \in \overline{B}$，即 $x \in \overline{A} \cap \overline{B}$，于是 $\overline{A \cup B} \subset \overline{A} \cap \overline{B}$。反之，设 $x \in \overline{A} \cap \overline{B}$，则 $x \in \overline{A}$ 且 $x \in \overline{B}$，所以 $x \notin A$ 且 $x \notin B$，即 $x \notin A \cup B$，所以 $x \in \overline{A \cup B}$，于是 $\overline{A} \cap \overline{B} \subset \overline{A \cup B}$。综上所述，得 $\overline{A \cup B} = \overline{A} \cap \overline{B}$。

四、集合的划分

集合 M 的一个划分是指把 M 分为互不相交的子集。例如整数集合常被划分为奇数和偶数两类，三角形集合常被划分为锐角三角形、直角三角形和钝角三角形。一般地，一个由集合 M 的非空子集 $S_i (i = 1,2,\cdots,n)$ 的整体组成的 S，如果 M 的每个元素都属于且只属于 S 的某一个元素，就称此为 M 的一个划分。注意如果 S 是 M 的一个划分，则 S 是两两不相交的且 $\bigcup_{i=1}^{n} S_i = M$。

如集合 $M = \{1,2,3,4,5,6,7,8\}$ 中的每一个元素都只属于下面 S 中的一个元素，
$$S = \{\{1,4,5\}, \{2,6\}, \{3\}, \{7,8\}\},$$
所以 S 是 M 的一个划分。

其实，当我们说"集合"这个概念时，划分的思想已经存在了。当我们说给定一个集合时，也就给定了该集合的补集。一个集合与它的补集就已经构成了一个划分。

当 $\bigcup\limits_{i=1}^{n} S_i = M$ 但 $S_i(i=1,2,\cdots,n)$ 并不是两两相交,则称 S 是 M 的一个覆盖。

例：将集合 $S = \{1,2,3,\cdots,100\}$ 划分成 7 个子集。求证：至少有一个子集,其中含有四个数 a,b,c,d,满足 $a+b=c+d$,或者含有三个数 e,f,g,满足 $e+f=2g$。

证明：因为 $100 = 14 \times 7 + 2$,

所以,至少有一个子集 A 的元素个数大于等于 15,设 $A = \{a_1,a_2,\cdots,a_k\}(k \geqslant 15)$ 且 $1 \leqslant a_1 \leqslant \cdots \leqslant a_{15} \leqslant \cdots \leqslant a_k$。若前 15 个数的两两之差（大的减小的）都不相等,则这种差共有 $C_{15}^2 = 105$ 个,而集合 $S = \{1,2,3,\cdots,100\}$ 中任两数的差只有 $1,2,3,\cdots,99$ 这 99 个,所以必有 $a_j - a_k = a_i - a_l (j < i)$。

若 $j = l$,则 $2a_j = a_i + a_k$；若 $j \neq l$,则 $a_j + a_l = a_i + a_k$。

五、笛卡尔积

我们知道,一个集合是一些非有序的元素的整体,也就是说,一个集合由其元素确定,而与元素的排列次序无关。然而,有时我们需要注意次序。例如,平面上的点可以用坐标来表示,如点 (a,b) 的横坐标为 a,纵坐标为 b,并且 $(a,b) \neq (b,a)$,除非 $a = b$。这种由给定次序的两个个体组成的序列,称为序偶。显然序偶中至关重要的是 a,b 出现的顺序。因此,序偶 (a,b) 与由两个元素 a,b 组成的集合 $\{a,b\}$ 有本质的区别,而且 $(a,b) = (c,d)$ 当且仅当 $a = c, b = d$ 时成立。

集合 A,B 的笛卡尔积是指由全体序偶 (a,b) 组成的集合,记作 $A \times B$,其中 $a \in A, b \in B$。即
$$A \times B = \{(a,b) \mid a \in A, b \in B\}。$$
例如 $A = \{1,2,3\}, B = \{a,b\}$,则
$$A \times B = \{(1,a),(1,b),(2,a),(2,b),(3,a),(3,b)\}；$$
$$B \times A = \{(a,1),(a,2),(a,3),(b,1),(b,2),(b,3)\}。$$

有序数组有时并不限于两个元素,一个 n 元有序数组 $(a_1,a_2,\cdots,a_n)$ 计入了元素的次序,$(a_1,a_2,\cdots,a_n) = (b_1,b_2,\cdots,b_n)$ 当且仅当 $a_1 = b_1, a_2 = b_2, \cdots, a_n = b_n$ 时成立。

集合 $A_1,A_2,\cdots,A_n$ 的笛卡尔积是指全体有序数组 $(a_1,a_2,\cdots,a_n)$ 组成的集合,记作 $A_1 \times A_2 \times \cdots \times A_n$,其中 $a_i \in A_i (i = 1,2,\cdots,n)$。

笛卡尔积不满足交换律,有下面的性质：

(1) $A \times (B \bigcup C) = (A \times B) \bigcup (A \times C)$；

(2) $A \times (B \bigcap C) = (A \times B) \bigcap (A \times C)$；

(3) $A \times \varnothing = \varnothing$。

六、集合论悖论及公理集合论

我们通常用 $N = \{x \mid p(x), x \in M\}$ 表示 M 中具有性质 p 的元素 x 做成的集合 N,这种方法在通常情形下是可行的,但它却隐藏着矛盾,如果不加以限制,就会出现悖论。例如"由一切集合做成的集合 M"就是一句自相矛盾的话。历史上就曾出现过康托尔悖论和罗素悖论。

根据康托尔的集合理论,任何性质都可以决定一个集合,因此所有的集合又可以组成一个集合,即"所有集合的集合"(大全集)。显然,此集合应该是最大的集合了,因此其基数也应是最大的,然而其子集的集合即其幂集的基数按"康托尔定理"必然更大。那么,"所有集合的集合"就不成其为"所有集合的集合",这就是"康托尔悖论"。对这一悖论,康托尔并没有感到害怕,因为通过反证法恰恰证明没有"所有集合的集合"或者说"最大的集合",当然也没有"最大的基数"。

康托尔悖论的出现这时并没有引起多大的震动,人们觉得这似乎仅仅牵涉了集合理论的一些技术问题,只要作适当的修正,集合论仍然会成为数学大厦的基础,康托尔只是利用悖论进行反证,而并没有细究悖论的来源及意义,他没有意识到这种反证之所以可能,是因为他的理论中所使用的基本概念"集合"、"属于"、"元素"是包含着矛盾的。1901 年(1903 年发表)英国数学家伯特兰·罗素(B. A. Russell,1872—1970)发现的"罗素悖论"则"剥掉了数学技术性的细节",使其中的矛盾赤裸裸地暴露出来了。

罗素把集合分成两种,第一种集合:集合本身不是它的元素,即 $A \notin A$;第二种集合:集合本身是它的一个元素,即 $A \in A$,例如一切集合所组成的集合就属第二种集合。由此可知任何一个集合 N,它不是第一种集合就是第二种集合。

假设第一种集合的全体构成的集合记为 M,现在问:M 属于第一种集合还是属于第二种集合?如果 M 属于第一种集合,那么 M 应该是 M 的一个元素,即 $M \in M$,但是满足 $M \in M$ 关系的集合应属于第二种集合,出现矛盾。如果 M 属于第二种集合,那么 M 应该是满足 $M \in M$ 的关系,这样从 M 集合的定义可知 M 集合里没有 M,所以 M 是属于第一种集合的,也出现矛盾。

以上推理所形成的悖论叫罗素悖论。罗素悖论有一种通俗的表达叫作理发师悖论。

某村有一位理发师技艺十分高超,他宣称他只给村里所有不给自己刮脸的人刮脸。有一天,这位理发师从镜子里看见自己的胡子长了,他本能地抓起了剃刀 …… 你们看他能不能给他自己刮脸呢?如果他不给自己刮脸,他就属于"不给自己刮脸的人",他就要给自己刮脸;而如果他给自己刮脸呢?他又属于"给自己刮脸的人",他就不该给自己刮脸。于是产生矛盾。

大家知道,自1874年德国数学家康托尔创立集合论以来,集合论很快渗透到大部分数学分支,数学家们发现,从自然数与康托尔集合论出发可建立起整个数学大厦。"一切数学成果可建立在集合论基础上"这一发现使数学家们为之陶醉。1900年,在国际数学家大会上,法国著名数学家庞加莱就曾兴高采烈地宣称:"…… 借助集合论概念,我们可以建造整个数学大厦 …… 今天,我们可以说绝对的严格性已经达到了 ……"情形确实如此,到19世纪末,全部数学几乎都建立在集合论的基础之上了。例如极限理论,正是由于严格的极限理论的建立,数学史上的第一次、第二次数学危机才获得完满解决,但极限理论是以实数理论为基础的,而实数理论又是以集合论为基础的,现在集合论出现了罗素悖论,悖论简单、明确和通俗,于是,数学的基础动摇了。罗素悖论一提出就在当时的数学界与逻辑学界内引起了极大震动。德国的著名逻辑学家哥特洛伯·弗里兹在他的关于集合的基础理论完稿付印时,收到了罗素关于这一悖论的信。他立刻发现,自己忙了很久得出的一系列结果却被这条悖论搅得一团糟。他只能在自己著作的末尾写道:"一个科学家所碰到的最倒霉的事,莫过于是在他的工作即将完成时却发现所干的工作的基础崩溃了。"

这就是数学史上的第三次"数学危机"。

从此,数学家们就开始为这场危机寻找解决的办法,以回避悖论,首先进行这个工作的是德国数学家策梅罗(E.F.F.Zermelo,1871—1953)。策梅罗实行的计划是把集合论变成一个完全抽象的公理化理论,在这样一个公理化理论中,集合这个概念一直不加定义,而只讲从数学上怎样来处理它们,它的性质完全从公理反映出来。他引进了七条公理:决定性公理(外延公理)、初等集合公理(空集公理、单元素公理、配对公理)、分离公理、幂集公理、并集公理、选择公理和无穷公理。策梅罗的公理系统称为 Z 系统,该系统没有把集合简单看成一些集团或集体,它只是满足七条公理的条件的"对象"。七条公理把集合限制得使之不要太泛大,用以回避比如说所有"对象"、所有序数等,从而排除了某些不适当的"集合",消除了罗素悖论产生的条件。

策梅罗首次提出的集合论公理系统,意义是非常重大的。但是,其中有许多缺点和毛病。一些公理的确定性质的含义并不清楚,公理没有涉及逻辑基础,选择公理有许多争议,等等。后来经过许多人的处理和补充,才成为严格的公理系统,即ZF 或 ZFS 系统。其中 Z 代表策梅罗,F 代表弗兰克尔,S 代表斯科兰姆,这场数学危机到此才缓和下来。在 ZF 公理系统中，虽然排除了康托尔悖论和罗素悖论，但其作用就像将羊用栏杆围起来，把已知的狼隔在外面，至于围栏中是否有披着羊皮的狼，目前并不知道。

ZF 公理：

（1）外延公理。若一集合 M 的元素都是集合 N 的元素，且集合 N 的元素都是集合 M 的元素，则 $M = N$；

（2）空集公理。存在一个集合，不含任何元素，记为 $\varnothing$；

（3）单元素公理。若 a 是任何对象，则存在集合 $\{a\}$，它含且只含元素 a；

（4）配对公理。若 a 和 b 是两个对象，则存在一个集合 $\{a, b\}$，含且只含元素 a 和 b；

（5）幂集公理。每个集合 M 都可对应一个集合 T，T 中包含且仅含 M 的一切子集作为其元素；

（6）并集公理。对每个集合 M 和另一个集合 N，都对应一个集合 T，它包含 M 的元素和 N 的元素作为其元素。T 可记为 $M \bigcup N$；

（7）无穷公理。至少存在一个集合 W 有如下性质：① $\varnothing \in W$；② 如果 $x \in M$，则 $\{x\} \in M$。有了这条公理，可以做一集合 W_0，含有元素空集 $\varnothing$，含有以空集为唯一元素的集 $\{\varnothing\}$，以 $\{\varnothing\}$ 为唯一元素的集 $\{\{\varnothing\}\}$。如此继续，会出现无穷集合；

（8）正则公理。每一非空集合 S 包含一个元素 t（也是集合），使 S 和 t 没有公共元素；

（9）分离公理，也称子集公理。若一个命题函数量 $E(x)$ 对集合 M 的所有元素都有定义，则 M 有一个子集 M_0，其中含且只含 M 中使 $E(x)$ 为真的那些元素 x；

（10）替换公理。设有任意给定的命题函数 $A(x, y)$，并对任何 $x \in M$，总存在唯一的 y，使 $A(x, y)$ 为真，则所有 y 的全体也做成一个集合。

以上十条公理即为 ZF 公理系统，另外还有一个选择公理：设有一族集合 M_a，$\alpha \in I$，则存在一个集合 S，使 $S \bigcap M_a$ 含且只含一个元素。ZF 公理加上选择公理，称为 ZFC 公理系统。

第三次数学危机使集合论得到了较快的发展，公理化集合论是集合论发展的第二个阶段，它使原本直观的集合概念（被称为朴素集合论）被建立在严格的公理基础之上，并保留了朴素集合论的有价值的成果并消除了其可能存在的悖论。

第二节　映　　射

映射是数学中最基本的概念之一。

一、映射的概念

映射又叫作函数,它建立了从一个集合到另一个集合的一种对应关系。设 X 与 Y 是两个非空集合,如果我们有一个对应关系 f,能够使 X 中的每一个元素 x,都对应于 Y 中唯一确定的元素 y,那么这个对应关系 f 就称为从 X 到 Y 的映射或叫作从 X 到 Y 的函数。x 所对应的 Y 内的元素 y 称为 x 在 f 之下的像,元素 x 称为 y 的一个原像,记作 $f(x) = y$。这种函数关系我们可以表示成 $f: X \to Y$;或写成 $X \xrightarrow{f} Y$。

考察图 $3-1$ 所表示的映射,映射 f 建立了从 X 到 Y 的一种关系,这种关系可表达如下:

$f = \{(x_1, y_1),\ (x_2, y_3),\ (x_3, y_3),\ (x_4, y_5),\ (x_5, y_3)\}$。

从图中我们可以看出:

(1) X 的每一个元素 x_i 都对应 Y 的一个元素 y_j,也就是说,映射 f 的元素 (x_i, y_j) 对所有的 x_i $(i = 1, 2, 3, 4, 5)$ 均出现。

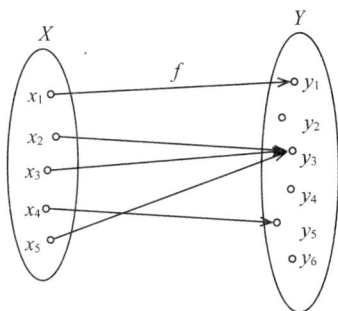

图 $3-1$　映射示意图

(2) X 的每一个元素 x_i 均仅对应 Y 的一个元素 y_j,也就是说,映射 f 的元素 (x_i, y_j) 对每个 $x_i (i = 1, 2, 3, 4, 5)$ 均只能出现一次。

(3) 反之,Y 中的元素不一定都需要有一个 X 中的元素与之相对应,如图中 y_2, y_4, y_6 就没有一个 x_i 与之对应。同样 Y 中的某些元素可以允许有多个 x_i 与之对应,如图中的 y_3 即有三个 X 中的元素与之对应,它们是 x_2, x_3, x_5。

我们把 X 中所有元素在 f 之下的像所作成的集合记作 $f(X)$,即 $f(X) = \{f(x) \mid x \in X\}$ 称为 f 的像。显然 $f(X) \subset Y$,即 Y 中任一元素 y 在 X 中不一定有原象。

例:设 $X = Y = $ 所有实数做成的集合,令

$$f: a \to a, \quad (\text{如果 } a \neq 1)$$
$$1 \to b, \quad (\text{这里 } b^2 = 1)$$

则 f 不是一个 X 到 Y 的映射。因为 f 虽然对每一个不等于 1 的 a 规定了一个唯一的像,但通过这个 f,我们不能确定 b 是 1 还是 -1,这就是说,f 没有替 1 规定一个唯一的像,所以它与映射的定义不符。

上述映射的概念,实际上只涉及一元函数,对应于多元函数,我们有以下更一般的映射概念:

设 $A_1, A_2, \cdots, A_n, Y$ 为非空集合,假如通过一个对应关系 f,对任何一个 $A_1 \times A_2 \times \cdots \times A_n$(笛卡尔积)的元 $(a_1, a_2, \cdots, a_n)(a_i \in A_i, i = 1, 2, \cdots, n)$,都有一个唯一的 Y 的元 y 与之对应,那么这个对应关系 f 就叫作集合 $A_1 \times A_2 \times \cdots \times A_n$ 到集合 Y 的映射或函数。元 y 叫作元 $(a_1, a_2, \cdots, a_n)$ 在映射 f 之下的像;元 $(a_1, a_2, \cdots, a_n)$ 叫作元 y 在映射 f 之下的一个原像,记作

$$y = f(a_1, a_2, \cdots, a_n)。$$

例:设 $A_1 = A_2 = \cdots = A_n = Y =$ 所有实数做成的集合,令

$$f: (a_1, a_2, \cdots, a_n) \rightarrow a_1^2 + a_2^2 + \cdots + a_n^2 = f(a_1, a_2, \cdots, a_n)$$

就是一个 $A_1 \times A_2 \times \cdots \times A_n$ 到 Y 的映射。

给了非空集合 $A_1, A_2, \cdots, A_n, Y$,一般来说,有各种不同的法则可以替每一个元 $(a_1, a_2, \cdots, a_n)$ 规定一个像。有时两个法则虽然不同,但它们替每一个元所规定的像却永远相同。因此我们规定:$A_1 \times A_2 \times \cdots \times A_n$ 到 Y 的两个映射 f_1 和 f_2 是相同的,假如对于任何一个元 $(a_1, a_2, \cdots, a_n)$ 来说,总有

$$f_1(a_1, a_2, \cdots, a_n) = f_2(a_1, a_2, \cdots, a_n)。$$

例:设 $X = Y =$ 所有正整数集合,令

$$f_1: a \rightarrow 1 = f_1(a),$$
$$f_2: a \rightarrow a^0 = f_2(a),$$

这里映射 f_1 和 f_2 的形式不同,但它们替每一个 a 规定的像是一样的,按照规定,它们是相同的。

二、几种特殊的映射

1. 满射

如果 f 是 X 到 Y 的映射,并且 $f(X) = Y$,即对于每一个 $y \in Y$,都存在 $x \in X$ 使 $f(x) = y$,这时我们称 f 是 X 到 Y 的满射,也称 f 是 X 到 Y 上的映射,否则就称 f 是 X 到 Y 内的映射。

例如图 $3-2$ 所表示的映射 g 和图 $3-3$ 所表示的映射 h 都是满射。

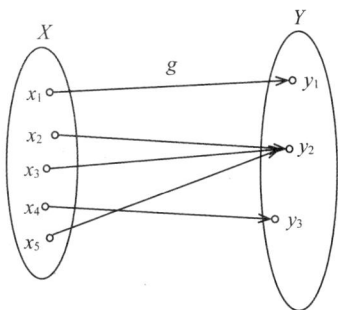

图 3-2　映射示意图　　　图 3-3　映射示意图

2. 单射

如果 f 是 X 到 Y 的映射，并且对于任意的不同的 $x_1, x_2 \in X$，都有 $f(x_1) \neq f(x_2)$，就称 f 为 X 到 Y 的单射，其特点是每一个像都只有一个原像。单射 f 也称为一对一的映射，不是单射的映射则称为一对多的映射。

例如图 3-2 所表示的映射 g 是一对多的映射，图 3-3 所表示的映射 h 是一对一的映射，即单射。注意单射可以不是满射。

3. 一一映射和逆映射

如果 X 到 Y 的映射 f 既是满射又是单射，就称 f 为 X 到 Y 的一一映射，或双射或一一对应的映射。这时不仅对于 X 中的任意元素 x 在 Y 中只有唯一的像 $f(x) = y$，而且对于 Y 中任意元素 y 在 X 中也只有唯一的原像 x，使 $f(x) = y$，图 3-3 所示的映射 h 就是一个一一映射。

对一一映射 f，我们可以定义一个新的映射 f^{-1}，使对任意的 $y \in Y$，由于有唯一的 $x \in X$ 存在，使 $y = f(x)$，所以规定 $f^{-1}(y) = x$。可以证明，f^{-1} 是 Y 到 X 的一一映射。这时 f^{-1} 称为 f 的逆映射，也就是说，一一映射可以有逆映射。

4. 复合映射

我们还可以定义复合映射：如果 f 是 X 到 Y 的映射，g 是 Y 到 Z 的映射，这时对于任意的 $x \in X$，有 $f(x) = y \in Y$，同样有 $g(y) = z \in Z$，因此我们就有一个从 X 到 Z 的映射 h，对任意的 $x \in X$，有 $h(x) = g[f(x)] = g(y) = z \in Z$，我们把映射 h 叫作是由映射 f 和 g 复合而成的复合映射，记作 $h = g \odot f$。图 3-4 就是一个复合映射的例子。

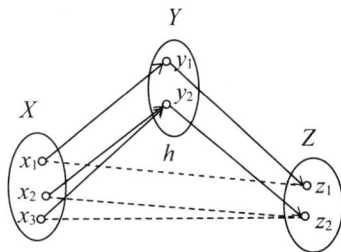

映射的复合运算满足结合律，即

图 3-4　复合映射示意图

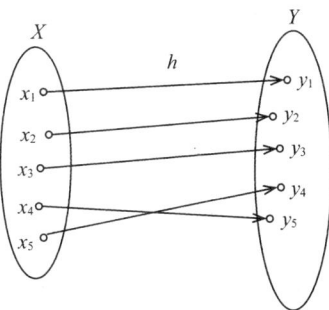

$$h \odot (g \odot f) = (h \odot g) \odot f = h \odot g \odot f.$$

第三节　关　系

世界上存在着各种各样的关系,例如人与人之间有"父子"关系,两个数之间有"大于"、"小于"或"等于"关系,两个变量之间有一定的函数关系。数学上把数学元素间的各种可能关系的共同点和共有性质抽象出来,在高观点上进行统一处理,有利于揭示数学的本质结构。

一、关系及其定义

为了讨论关系,我们先从一个简单的例子着手。

例:设一旅馆有 n 个房间,每个房间可住两人,所以一共可住 $2n$ 人。在旅馆内,客人与房间有一定关系,现讨论关系:"某人住在某房间。"我们用 R 表示这种关系。为了方便起见,假定 $n = 3$,即旅馆有三个房间,分别记以 $1,2,3$,有六个客人,分别记以 a,b,c,d,e,f。客人与房间的关系见图 $3-5$。

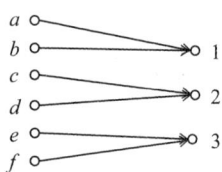

图 $3-5$　客人与房间分配图

从图中我们知道,a 与 1 之间存在关系 R,我们记为 $aR1$;同样我们可以看出 a 与 2 之间不存在关系 R,我们记为 $a\bar{R}2$。因此,所有满足 R 的关系如下所列:

$$aR1, bR1, cR2, dR2, eR3, fR3。$$

由此我们可以看出:

(1)满足 R 的关系 pRq 可看成是一个有序偶:(p,q),如上面的 $aR1$ 可以写成有序偶:$(a,1)$。

(2)满足 R 的所有关系可看成是一个有序偶的集合,这个集合即可叫作 R,上例中 R 即为

$$R = \{(a,1),(b,1),(c,2),(d,2),(e,3),(f,3)\}。$$

上面这种关系我们叫作二元关系,因为它仅涉及两个客体间的关系。当然,还可以有三元关系等多元关系存在,二元关系是最基本的关系。这里主要讨论二元关系,二元关系搞清楚了,多元关系也就清楚了。

这样我们可以用有序偶的集合定义一个关系。

在上面的例子中,若我们记 $A = \{a,b,c,d,e,f\}$,$B = \{1,2,3\}$,则例中每一个元素均属于 $A \times B$,亦即 R 是 $A \times B$ 的子集,或可写为 $R \subseteq A \times B$,我们称关系 R 为

从 A 到 B 的关系 R。

因此,我们对从 A 到 B 的关系 R 有如下的定义:从集合 A 到集合 B 的一个关系 R 是笛卡尔积 $A \times B$ 的一个子集。A 中所允许选取的对象的全体叫作关系 R 的定义域,记为 $D(R)$,B 中所允许选取的对象的全体叫作关系 R 的值域,记为 $C(R)$。

从关系的定义我们不难知道,映射是一种特殊的关系。

在特殊情况下,当 $D(R) = C(R)$ 时,记 $X = D(R) = C(R)$,则 X 是一集合,这时称 R 为集合 X 上的一个关系。

例:有理数集 Q 上的关系"$>$"可定义如下:

$$> = \{(x, y) \mid x \in Q, y \in Q \text{ 且 } x > y\},$$

所以 $(34, 23) \in >$,但 $(23, 34) \notin >$。此关系"$>$"称为集合 Q 上的关系。

与集合论中的情况类似,如果从 X 到 Y 不存在某种关系 R,则称此种关系为空关系;如果 X 的每个元素到 Y 的每个元素间均具有某种关系 R,则称此关系 R 为全关系。从 X 到 Y 的全关系即为 $X \times Y$。

二、关系的某种性质

关系的一些特殊性质主要是指关系的自反性、关系的对称性以及关系的传递性。

1. 自反性

集合 X 上的关系 R,如果对任意的 $x \in X$,有 $(x, x) \in R$,则称 R 是自反的。

2. 反自反性

集合 X 上的关系 R,如果对任意的 $x \in X$,有 $(x, x) \notin R$,则称 R 是反自反的。

例:在整数集 Z 上的关系"$\leqslant$"是自反的,不是反自反的。

例:在整数集 Z 上的关系"$<$"是反自反的,不是自反的。

例:在集合 $X = \{1, 2, 3, 4\}$ 上的关系 R:

$$R = \{(1, 1), (1, 2), (2, 2), (3, 4), (4, 2)\}。$$

这里关系 R 既不是自反的也不是反自反的。由此可见,一个关系的自反性与反自反性可以都不存在。

3. 对称性

集合 X 上的关系 R,如果有 $(x, y) \in R$,必有 $(y, x) \in R$,则称 R 是对称的。

4. 反对称性

集合 X 上的关系 R,如果有 $(x, y) \in R$ 且 $x \neq y$,必有 $(y, x) \notin R$,则称 R 是反对称的。

例：在一些人的集合中"同学"关系是对称的，"父子"关系是反对称的。

例：在整数集 Z 上的关系"$\leqslant$"及"$<$"均是反对称的。

例：在集合 $X=\{1,2,3,4\}$ 上的关系 R：
$$R=\{(1,1),(2,1),(3,4),(4,2)\}。$$
这里关系 R 既不是对称的也不是反对称的。

5. 传递性

集合 X 上的关系 R，如果有 $(x,y)\in R$ 且 $(y,z)\in R$，则必有 $(x,z)\in R$，则称 R 是传递的。

例：在一些人的集合中"同学"关系是传递的，但"父子"关系并不是传递的。

例：在整数集 Z 上的关系"$\leqslant$"及"$<$"均是传递的。

一集合 X 上的关系可能具有上述五个性质中的若干性质。

例：在整数集 Z 上的"$<$"关系是反自反、反对称的，但是是传递的。

例：实数集上的"$=$"关系，整数集上的"关于模 n 同余"关系，三角形的"全等"、"相似"关系都是自反的、对称的和传递的。

用这里所述的关系的概念审视第二章第四节的命题，我们可以把具有两个关系项的关系命题用公式 aRb 表示，a,b 为关系项，R 表示"关系"。例如关系命题：

有几条　直线　垂直于　一个　平面 π。

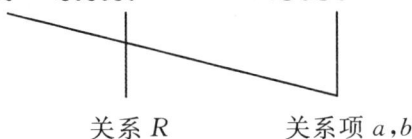

关系 R　　　关系项 a,b

如果命题为真，就是说 a,b 有关系 R。

三、等价关系

等价关系是一种常见的重要关系。

一个在 X 上的关系 R 如果它是自反的、对称的、传递的，则称它为等价关系。

如集合 A 上的相等关系"$=$"是等价关系，所有三角形集合上的"相似"关系也是等价关系。

例：设整数集合 Z 上的关系 R 为
$$R=\{(x,y)\mid x-y \text{可被} m \text{整除}\},$$
则 R 是等价关系。因为我们有

（1）对每一个 $a\in Z$，$a-a$ 可被 m 整除，所以 R 是自反的；

（2）对 $a,b\in Z$，如果 $a-b$ 可被 m 整除，则 $b-a$ 也可被 m 整除，所以 R 是对

称的；

（3）对 $a,b,c \in Z$，如果 $a-b,b-c$ 均可被 m 整除，则 $a-c=(a-b)+(b-c)$ 也可被 m 整除，所以 R 是传递的。

集合上的等价关系的一个重要性质是可以构造集合的一个划分。

设 R 是集合 X 上的等价关系，对任何 $x \in X$，令

$$[x]_R = \{y \mid y \in X \text{ 且 } xRy\},$$

则 $[x]_R$ 是 X 的一个子集，是集合 X 内所有与 x 有等价关系的元素组成，称为 x 对于 R 的等价类，简称类。它有以下的性质：

（1）$x \in [x]_R$。因为 R 是等价关系因而是自反的，所以有 xRx，由此 $x \in [x]_R$。

（2）如果 $y \in [x]_R$，则必有 $[y]_R=[x]_R$。设有 $z \in [x]_R$，故有 xRz，而由 $y \in [x]_R$ 可得 xRy，又由 R 的传递性得 yRz，这说明 $z \in [y]_R$，所以 $[y]_R \supseteq [x]_R$。同理可得 $[x]_R \supseteq [y]_R$，所以 $[y]_R=[x]_R$。

（3）若 $y \in [y]_R$ 但 $y \notin [x]_R$，则必有 $[x]_R$ 与 $[y]_R$ 是分离的，亦即 $[x]_R \cap [y]_R = \varnothing$。因为若存在一个 z 有 $z \in [x]_R$，且 $z \in [y]_R$，则有 xRz 且 yRz，所以有 xRy，这与假设矛盾。

从这三个性质我们可以知道，集合 X 上的等价关系 R 所构成的等价类（显然非空），它们两两互不相交且覆盖住整个集合 X，故它们构成 X 的一个划分。这个划分叫作 X 关于 R 的商集，记为 X/R。X/R 是由 R 做成的 X 的等价类的全体。

例：设整数集合 Z 上的关系 R 为

$$R = \{(x,y) \mid x-y \text{ 可被 3 整除}\},$$

则 Z 关于 R 构成的类分别为

$$[0]_R = \{\cdots,-6,-3,0,3,6,\cdots\},$$
$$[1]_R = \{\cdots,-5,-2,1,4,7,\cdots\},$$
$$[2]_R = \{\cdots,-4,-1,2,5,8,\cdots\},$$

这三个类被称为模 3 的剩余类，通常分别记为 $[0]_3,[1]_3,[2]_3$，所以商集为 $Z/R = \{[0]_R,[1]_R,[2]_R\} = \{[0]_3,[1]_3,[2]_3\}$。

同样，我们可以有模 m 的剩余类：$[0]_m,[1]_m,[2]_m,\cdots,[m-1]_m$，其中，

$$[0]_m = \{\cdots,-2m,-m,0,m,2m,\cdots\},$$
$$[1]_m = \{\cdots,-2m+1,-m+1,1,m+1,2m+1,\cdots\},$$
$$[2]_m = \{\cdots,-2m+2,-m+2,2,m+2,2m+2,\cdots\},$$

······

$$[m-1]_m = \{\cdots, -m-1, -1, m-1, 2m-1, 3m-1, \cdots\}。$$

反之,任何一个集合的划分可以产生一个等价关系。

设 $S = \{S_1, S_2, \cdots, S_m\}$ 是 X 的一个划分,$S_i (i = 1, 2, \cdots, m)$ 是两两不相交的且 $\bigcup_{i=1}^{m} S_i = X$。由 S 我们可以建立一个关系 $R = (S_1 \times S_1) \bigcup (S_2 \times S_2) \bigcup \cdots \bigcup (S_m \times S_m)$。容易证明,这个关系是一个等价关系。

例:设集合 $X = \{1,2,3,4,5,6,7,8\}$,$S = \{\{1,4,5\}, \{2,6\}, \{3\}, \{7,8\}\}$,则 S 是 X 的一个划分。记 $S_1 = \{1,4,5\}$,$S_2 = \{2,6\}$,$S_3 = \{3\}$,$S_4 = \{7,8\}$,其笛卡尔积:

$S_1 \times S_1 = \{\{1,1\}, \{4,4\}, \{5,5\}, \{1,4\}, \{4,1\}, \{1,5\}, \{5,1\}, \{4,5\}, \{5,4\}\}$,

$S_2 \times S_2 = \{\{2,2\}, \{2,6\}, \{6,2\}, \{6,6\}\}$,

$S_3 \times S_3 = \{\{3,3\}\}$,

$S_4 \times S_4 = \{\{7,7\}, \{8,8\}, \{7,8\}, \{8,7\}\}$。

令关系 $R = \{\{1,1\}, \{4,4\}, \{5,5\}, \{1,4\}, \{4,1\}, \{1,5\}, \{5,1\}, \{4,5\}, \{5,4\}, \{2,2\}, \{6,6\}, \{2,6\}, \{6,2\}, \{3,3\}, \{7,7\}, \{8,8\}, \{7,8\}, \{8,7\}\}$,则 R 显然是一个等价关系。

四、次序关系

有些关系具有某些性质,因而这些关系也比较重要。

1. 偏序关系

集合 X 上的关系 $\prec$ 如果满足:

(1) 自反性:若 $x \in X$,则 $x \prec x$;

(2) 反对称性:若 $x, y \in X$,$x \prec y$ 且 $y \prec x$,则 $x = y$;

(3) 传递性:若 $x, y \in X$,$x \prec y$ 且 $y \prec z$,则 $x \prec z$;

则称 $\prec$ 在 X 上是偏序的或称 $\prec$ 是集合 X 上的偏序关系或半序关系。以上三条性质,被称为偏序公理(半序公理),有时我们也用符号 "$\leqslant$" 表示偏序(这时它并不表示小于或等于)。

例:由集合 A 的所有子集组成的集合即 A 的幂集 $P(A)$ 上的关系 "$\subseteq$" 是自反的、反对称的和传递的,所以它是偏序的。

例:整数集 Z 上的关系 "$\leqslant$"(不是偏序符号)是偏序关系。

例:集合 $X = \{2,3,6,8\}$ 上的"整除"关系 $R = \{(2,2), (3,3), (6,6), (8,8), (2,6), (2,8), (3,6)\}$($(a,b)$ 是 a 整除 b 的关系)是偏序的。

2. 拟序关系

集合 X 上的关系 $<$ 如果是反自反的,但是是传递的,则称 $<$ 在 X 上是拟序的或称 $<$ 是集合 X 上的拟序关系。有时我们也用符号"<"表示拟序关系(这时它并不表示小于)。

例: 由集合 A 的所有子集组成的集合即 A 的幂集 $P(A)$ 上的关系"⊂"是反自反的、传递的,所以它是拟序的。

例: 整数集 Z 上的关系"<"(不是偏序符号)是拟序关系。

集合 X 上的拟序关系一定是反对称的。这是因为拟序关系 $<$ 如果不是反对称的,则至少存在两个元素 $x \in X, y \in X$,使 $x < y$ 且 $y < x$,由于它是传递的,故有 $x < x$,这与它是反自反的相矛盾。所以拟序关系实际上是满足反自反、反对称、传递的关系。

仔细分析以上有关偏序关系的例子我们发现有两种不同的偏序关系:一种是,如整数集 Z 上的偏序关系"$\leqslant$"("$\leqslant$"表示大小),可以用关系"$\leqslant$"对 Z 中的数进行比较,并按一定的次序排成一个序列;另一种是,如集合 $X = \{2,3,6,8\}$ 上的"整除"关系,X 中的元素不能按"整除"关系进行比较,2 与 3 不能进行比较,3 与 8 不能进行比较,从而 2,3,5,8 四个元素就不能按传递关系排成一个序列。对上述两种情况的偏序关系做进一步的分析,我们有以下的全序关系。

3. 全序关系

如果 $<$ 是集合 X 上的偏序关系,即 $<$ 满足(1)自反性,(2)反对称性,(3)传递性,又满足(4)可比性:对每个 $x, y \in X$,且 $x \neq y$,必有 $x < y$ 或 $y < x$,则称 $<$ 是 X 上的全序关系或称 $<$ 是集合 X 上的线性次序关系。

以上四条性质,被称为全序公理。不难证明,上述的自反性、反对称性与可比性和下面的性质等价。

(5) 若 $x, y \in X$,则 $x < y$ 但 $x \neq y$,$x = y$,$y < x$ 但 $x \neq y$,三者中有且只有一种成立。

因此(3)与(5)也构成全序公理。

例: 集合 $X = \{a,b,c\}$ 上的关系 $<= \{(a,b),(b,c),(a,c),(a,a),(b,b),(c,c)\}$ 是全序关系。

例: 集合 $X = \{a,b\}$ 的幂集 $P(X) = \{\varnothing, \{a\}, \{b\}, \{a,b\}\}$ 上的"$\subseteq$"关系不是全序关系。

应用全序概念,我们有以下常用的字典次序概念。

设 $\sum$ 是一个已建立全序关系"$\leqslant$",由有限抽象字母组成的集合,由 $\sum$ 内的字母所组成的字母串叫作 $\sum$ 上的字,所有这些字(包括空字 Λ)组成的集合记为 $\sum^*$。$\sum^*$ 上的一个字典次序 $<$ 可建立如下:

令 $x = x_1 x_2 \cdots x_n$,$y = y_1 y_2 \cdots y_m$,其中 $x, y \in \sum^*$,$x_1, x_2, \cdots, x_n, y_1, y_2, \cdots, y_m \in \sum$:

（1）$x_1 \neq y_1$ 且如果 $x_1 \leqslant y_1$,我们规定 $x < y$;如果 $y_1 \leqslant x_1$,我们规定 $y < x$;

（2）如果存在一个最大的 k 且 $k < \min(n, m)$,使得 $x_1 = y_1$,$x_2 = y_2$,$\cdots$,$x_k = y_k$,而 $x_{k+1} \neq y_{k+1}$,如果 $x_{k+1} \leqslant y_{k+1}$,我们规定 $x < y$;如果 $y_{k+1} \leqslant x_{k+1}$,我们规定 $y < x$;

（3）如果存在一个最大的 $k = \min(n, m)$,使得 $x_1 = y_1$,$x_2 = y_2$,$\cdots$,$x_k = y_k$,此时如果 $n \leqslant m$,我们规定 $x < y$;如果 $m \leqslant n$,我们规定 $y < x$。

由此定义我们不难看出字典次序 $<$ 是一个全序次序。目前的英文字典一般都是按此字典次序排列。英文字母集 $\sum = \{a, b, c, \cdots, x, y, z\}$ 是一个按字母顺序 a,$b, c, \cdots, x, y, z$ 排列的全序集,在 $\sum$ 上的任意两个字均能区别其先后次序,如 arc 在 and 之后,do 在 dog 之前。

正整数的大小关系可认为是建立在字母集合 $\sum = \{0, 1, 2, \cdots, 8, 9\}$ 上的且有"$\leqslant$"关系的字典次序。同样,二进制数的大小可认为是建立在字母集合 $\sum = \{0, 1\}$ 上的且有"$\leqslant$"关系的字典次序。

一个有趣的事实是任何两个复数不能比较大小,但复数集却是一个全序集。为了说明这一点,我们先把平面上的点排成全序 $<$。设任给两点 (x_1, y_1) 和 (x_2, y_2),我们规定当 $x_1 < x_2$ 或者 $x_1 = x_2$ 但 $y_1 \leqslant y_2$ 时,有 $(x_1, y_1) < (x_2, y_2)$,即平面上的点的次序可以先比较第一坐标,第一坐标较小者在先,当第一坐标相等时再比较第二坐标,这时第二坐标较小者在先。这样规定的关系 $<$ 可以证明满足全序公理:

$(x, y) < (x, y)$ 是显然的,即 $<$ 满足自反性;

若 $(x_1, y_1) < (x_2, y_2)$,同时 $(x_2, y_2) < (x_1, y_1)$,由定义只能是 $x_1 = x_2$,$y_1 = y_2$,即 $<$ 满足反对称性;

若 $(x_1, y_1) < (x_2, y_2)$,$(x_2, y_2) < (x_3, y_3)$,则 $x_1 < x_2$ 或 $x_1 = x_2$ 但 $y_1 \leqslant y_2$,同时 $x_2 < x_3$ 或 $x_2 = x_3$ 但 $y_2 \leqslant y_3$,于是可以推得 $x_1 < x_3$ 或 $x_1 = x_3$ 但 $y_1 \leqslant y_3$,也就是 $(x_1, y_1) < (x_3, y_3)$,即 $<$ 满足传递性;

任给 $(x_1, y_1) \neq (x_2, y_2)$,则必有 $x_1 \neq x_2$ 或 $x_1 = x_2$ 但 $y_1 \neq y_2$。若 $x_1 < x_2$,则 $(x_1, y_1) < (x_2, y_2)$;若 $x_1 > x_2$,则 $(x_2, y_2) < (x_1, y_1)$;若 $x_1 = x_2$,但 $y_1 < y_2$,

则 $(x_1, y_1) < (x_2, y_2)$；若 $x_1 = x_2$，但 $y_1 > y_2$，则 $(x_2, y_2) < (x_1, y_1)$，这说明 $<$ 满足可比性。

这样一来，平面上的所有点已经排成了全序，由于平面上的点与复数一一对应，于是复数也排成了全序，这个次序是两个复数先比较实部，实部小的复数在先，或者说实部小的复数"小"，若实部相等再比较它们的虚部，虚部系数小的复数也"小"。

复数虽然能够排成全序却仍然不能比较大小。次序不同于大小，次序只有在和四则运算有协调关系时才能称为大小，即在满足下面两条性质时，次序才能称为大小：

(1) 加法保序性：若 $a \geqslant b$，对任何的 c，有 $a + c \geqslant b + c$；

(2) 乘正数保序性：若 $a \geqslant b$，对任何的 $c \geqslant 0$，有 $ac \geqslant bc$。

根据以上的复数排序规定，加法保序性是满足的。因为若 $(x_1, y_1) < (x_2, y_2)$，对任何的 (a, b)，则不论 $x_1 + a < x_2 + a$，或者 $x_1 + a = x_2 + a$ 但 $y_1 + b \leqslant y_2 + b$，都有 $(x_1, y_1) + (a, b) = (x_1 + a, y_1 + b) < (x_2 + a, y_2 + b) = (x_2, y_2) + (a, b)$。但是乘一切正数的保序性不满足。因为根据复数排序的规定，正数 (a, b) 可理解为排序在 $(0, 0)$ 后的数即 $(0, 0) < (a, b)$，于是 $a > 0$ 或 $a = 0$ 但 $b > 0$，照这种说法，凡实部大于 0 的复数或实部为 0 但虚部系数大于 0 的复数都是"正"数，其中 i 就是"正"数，即 $0 < i$，但两边乘以"正复数 i"，则有 $-1 = i \cdot i < 0$，也就是说，复数排成全序不能满足乘正数保序性，因此复数是不能比较大小的。

复数排成全序的方法不止上述这一种，先看"模"再看"幅角主值"也能把复数排成全序。

五、函数关系

函数关系是数学中最基本的关系之一，它几乎渗透到每一个数学分支。

函数概念可以追溯到罗马时代对不定方程的研究，那时，数学家丢番图 (Diophantus，约 246—330) 对不定方程的研究已到了相当深的程度。在公元 16 世纪之前，虽然数学家在研究物体的数量、大小及位置关系时，会意识到后来被称为函数关系的那种从属关系，但由于当时占统治地位的是常量数学，用孤立、静止的观点去研究事物，并没有一般的函数概念。真正的函数概念迅速发展则是在 16 世纪以后，特别是由于微积分的建立，伴随这一学科的产生、发展和完善，函数关系的概念也日趋完善。

1673 年，莱布尼兹在一篇手稿中把函数 (function) 一词用作数学术语，他用函数一词表示任何一个随着曲线上的点变动而变动的量,并指出:"像曲线上点的横坐标、纵坐标、切线的长度、垂线的长度等所有与曲线上的点有关的量称为函数。"不过,他指的曲线是变数 x 的幂 $x^2, x^3, \cdots$,后来才逐步扩展到多项式函数、有理函数、幂函数、指数函数、对数函数、三角函数和反三角函数以及由它们的四则运算及各种复合所形成的初等函数。这些函数都有解析表达式,并且和曲线紧密联系在一起,还没有形成函数的一般定义。1755 年,欧拉提出"如果某些量以如下的方式依赖于另一些量,即当后者变化时,前者本身也发生变化,则称前一些量是后一些量的函数"。这个提法后来演变为函数定义的"变量说":

"设 x 与 y 是两个变量,如果当变量 x 在实数的某个范围中变化时,变量 y 按照一定的规律随 x 的变化而变化,我们称 x 为自变量,y 为因变量,变量 y 称为变量 x 的函数,记作 $y = f(x)$。"

记号 $y = f(x)$ 是 1734 年欧拉首先使用的,其中的"f"取自"function"的第一个字母。这种说法自然、形象、直观,易于理解。但是它强调的是变量和变域 —— 自变量与因变量、定义域与值域,而对其对应规律却轻描淡写。那么,函数究竟是指 f,还是 $f(x)$,还是 $y = f(x)$ 呢?应该说,只有 f,即对应规律才是函数,而 $f(x)$ 是指函数 f 在 x 处的值,是一个数或是一个元素,$y = f(x)$ 是借以确定函数 f 的一个式子,因此 $y = f(x)$ 不应读作 y 是 f 的函数,而应读作 y 是将 f 作用于 x 的结果。应该看到,直至今日还有人常把对数函数写作 $\log x$ 而不写作 $\log$,认为 $\log$ 只是一个没有意义的符号,这是不恰当的。

另一方面,尽管当时已认识到函数不必受到解析式的约束,如无穷级数也可以规定函数,但还是认为函数关系是可以用多个解析式来表示的。突破这一限制的是杰出数学家狄利克雷(P. G. L. Dirichlet,1805—1859),他给出函数的定义是:"若对 x 的每一个值,有完全确定的 y 值与之对应,不管建立起的这种对应方式如何,都称 y 是 x 的函数。"

由这个定义不难看出,狄利克雷是用对应的观点给出函数定义的,至于变量之间的联结方式如何,即 y 是按照一种或多种规律依赖于 x,或者 y 依赖于 x 是否可用数学运算表示,这是无关紧要的。而且他还构造了一个以他自己名字命名的著名的狄利克雷函数:

$$f(x) = \begin{cases} a, & x \text{ 为有理数} \\ b, & x \text{ 为无理数} \end{cases} \quad (a, b \text{ 为不同的常数})。$$

现在越来越多的教科书采用了下面的定义,即"对应说"或"映射说":

"设 A 与 B 是两个集合,如果按照一个确定的对应法则,对于 A 中每一个元素

x,总有 B 中唯一确定的元素 y 与之对应,那么这个对应法则就称为一个映射,当 A,B 为数集时,称为函数。"

"对应说"或"映射说"比"变量说"要抽象一些,但它抓住了函数的本质特征,突出了两个集合间元素的对应关系就是函数。如果不限定集合 A,B 必须是数集,那么"对应说"或"映射说"比"变量说"要普遍得多。这样,函数的概念可以适应更多的研究对象,例如几何空间中的变换、函数空间中的算子等都可以纳入函数的范畴。

"对应说"或"映射说"在处理复合函数与反函数时,也比"变量说"方便而且自然,这正是使用集合论语言的优越性。并且,"对应说"或"映射说"明确是一种单值对应,排除了多值函数的概念。这是因为多值函数不存在逆(反函数),也不能进行四则运算,研究上有许多不便之处。

上述研究函数的对应思想表明数学已开始由过去研究的"算"转到了研究"观念"的性质和结构,这种转变具有重要的理论意义。

20 世纪初,逻辑悖论的出现迫使数学家开始用公理化的观点审视以往的数学概念是否严密合理。按公理体系原则,在一个数学分支中,不加定义的"初始概念"被认为越少越好。20 世纪以前的函数概念中的"变量"的含义是不清楚的,而所谓的"自变量"又依赖于时间,相当于是时间的函数,因而不是独立的初始概念。这样以前使用的一些函数概念并不符合公理化的要求。为了消除这些"瑕疵",人们引入了集合、关系、序、序偶等概念来重新定义函数,逐渐形成了函数定义的"关系说":

"设 R 是一个二元关系,如果还满足 $(x_1, y_1) \in R$,$(x_1, y_2) \in R$,则必有 $y_1 = y_2$,则称 R 为函数关系。"

所以,函数就是两集合间的某种关系。但两集合间的关系不一定是函数,其区别在于:① 函数的定义域要求是某个集合的全体而不是这个集合的真子集,而关系则不然;② 在函数的定义中,对于任给的 $x \in X$,要求存在唯一的 $y \in Y$ 与之对应,而在关系的定义中,对于任给的 $x \in X$,可以有多于一个的元素与之对应,因此函数是一种特殊的关系。

"对应说"或"映射说"虽然突出了对应法则,但什么是对应法则 f 却是没有明确交代的,显得含糊。"关系说"虽然比较抽象、过于形式化,但它通过把函数关系作一外延式的数学描述,并对关系附加一个条件,把"变量说"中含糊不清的、"对应说"或"映射说"中避开交代其内容的"对应法则 f"完全明确了,它无非是一张表,借此对于 x 的值,可以知道相应的 y 的值。

数学分支门类繁多,对函数概念的要求也不尽相同。函数概念的三种说法各有优缺点,只要一个数学分支具有相容性且自成体系,用什么定义函数、怎样定义函数,都有一定的灵活性。

第四节　　代数运算和运算律

数学离不开运算,抽象代数主要研究带有运算的集合。运算究其本质来说是一种映射。

现在我们利用映射的概念来定义代数运算。

一、代数运算

设有集合 A,B 和 D,一个 $A \times B$ 到 D 的映射叫作一个 $A \times B$ 到 D 的代数运算。

按照这个定义,一个代数运算只是一种特殊的映射。因为在一般映射里,可能会涉及 n 个集合 $A_1,A_2,\cdots,A_n$ 和另一个集合 D,这里 n 可以是任何正整数。现在我们说的是一个特殊的映射,它只有两个集合 A 和 B,与另一个集合 D 发生关系,这种情况把它叫作是一个代数运算。让我们看一看,为什么把这样的一个特殊映射叫作代数运算?假定我们有一个 $A \times B$ 到 D 的代数运算,按照定义,给了一个 A 的任意元 a 和一个 B 的任意元 b,就可以通过这个代数运算得到一个 D 的元 d。我们也可以说,所给代数运算能够对 a 和 b 进行运算,而得到一个结果 d。这正是普通的计算法的特征,例如普通加法就是把任意两个数加起来,而得到另一个数的运算。

代数运算既是一种特殊的映射,描写它的符号,也可以特殊一点。一个代数运算我们用符号。来表示(映射是用 f 表示),参用以前的方法,就可以写成

$$\circ : (a,b) \to d = \circ (a,b)。$$

这里。(a,b) 完全是一个符号,现在为方便起见,d 不写成。(a,b),而写成 $a \circ b$。这样,我们描写代数运算的符号就变成了

$$\circ : (a,b) \to d = a \circ b。$$

例 1:设 A 为整数集 Z,$B = \{$所有不等于零的整数$\}$,$D = $ 有理数集 Q,令

$$\circ : (a,b) \to \frac{a}{b} = a \circ b。$$

则。是一个 $A \times B$ 到 D 的代数运算,这个运算也就是普通的除法。

例 2:设 A 是一个实数域上的二维向量空间,D 是实数集,那么向量的数量积(内积)就是一个 $A \times A$ 到 D 的代数运算。

例 3:设 $A = \{1\}$,$B = \{2\}$,$D = \{$奇,偶$\}$,令

$$\circ : (1,2) \to 奇 = 1 \circ 2。$$

则。是一个 $A \times B$ 到 D 的代数运算。

例 4： 设 $A = \{1,2\}, B = \{1,2\}, D = \{奇,偶\}$，令

$$\circ:(1,1) \rightarrow 奇,(2,2) \rightarrow 奇,(1,2) \rightarrow 奇,(2,1) \rightarrow 偶。$$

则。是一个 $A \times B$ 到 D 的代数运算。

当 $A = B$ 时，代数运算与普通映射一样，A,B 的次序对于一个 $A \times B$ 到 D 的代数运算来说没有什么关系，一个 $A \times B$ 到 D 的代数运算也是一个 $B \times A$ 到 D 的代数运算。但要注意 A 和 B 的次序可以交换并不是说，对于 A 的任意元 a，B 的任意元 b，都有 $a \circ b = b \circ a$，因为 A 和 B 的次序可以交换只是说 $a \circ b$ 和 $b \circ a$ 都有意义，并不是说 $a \circ b = b \circ a$。例如，上例 A,B 是相等的集合，但

$$1 \circ 2 = 奇,2 \circ 1 = 偶。$$

在 A 和 B 都是有限集合的时候，一个 $A \times B$ 到 D 的代数运算，我们可以用一个表，叫作运算表来说明。假定 A 有 n 个元 $a_1,a_2,\cdots,a_n$，B 有 m 个元 $b_1,b_2,\cdots,b_m$，

$$\circ:(a_i,b_j) \rightarrow d_{ij} \quad (i = 1,2,\cdots,n,j = 1,2,\cdots,m)$$

是所给的代数运算，就可以用下表简洁地表示：

$\circ$	b_1	b_2	$\cdots$	b_m
a_1	d_{11}	d_{12}	$\cdots$	d_{1m}
a_2	d_{21}	d_{22}	$\cdots$	d_{2m}
$\vdots$	$\cdots$	$\cdots$	$\cdots$	$\cdots$
a_n	d_{n1}	d_{n2}	$\cdots$	d_{nm}

其中 d_{ij} 处在 a_i 所在的行与 b_j 所在的交点上，是 $a_i \circ b_j$ 的运算结果。

例如，例 4 的代数运算表是

$\circ$	1	2
1	奇	奇
2	偶	奇

用运算表表示一个代数运算，往往比用箭头或者用等式表示简洁和明了。

一般的 $A \times B$ 到 D 的代数运算并不常用，我们遇到较多的是 $A \times A$ 到 A 的代数运算。$A \times A$ 到 A 的代数运算可以对 A 的任意两个元素进行运算，而且运算的结果仍是 A 的元素。这时我们有：

如果。是一个 $A \times A$ 到 A 的代数运算，则称集合 A 对于代数运算。是封闭的，也称。是 A 的二元运算。如果在集合 A 上定义了一个或多个代数运算，也称集合 A 为代数系统。

例如,有理数集 Q 是具有两种独立的代数运算——加法与乘法的代数系统。显然,自然数集 N、整数集 Z、实数集 R 与复数集 C 也是具有两种独立的代数运算——加法与乘法的代数系统。

对于只有一种代数运算的代数系统来说,它的代数运算一般称为"乘法",符号上也使用普通的数的乘法的运算符号"·"。对于有两种代数运算的代数系统来说,它的代数运算一种往往称为"加法",另一种则称为"乘法",也采用普通的数的加法和乘法的运算符号"+"和"·"。

当然,这些称为"加法"和"乘法"的代数运算不一定是普通的数的加法和乘法。

例 5:设 A 是整数集,如果在 A 上定义了以 m 为模的同余关系,就可对 A 作等价分类。如果令 $[a] = \{x \mid x \equiv a \pmod{m}, x \in A\}$,则 $A = \{[0],[1],\cdots,[m-1]\}$,在 A 上可定义加法和乘法:$[a]+[b]=[a+b]$,$[a]\cdot[b]=[ab]$。这样,A 作为以 m 为模的剩余类的集合,对于上述定义的加法和乘法,做成具有两种代数运算的代数系统。

二、结合律

从代数运算的定义我们知道,一个代数运算是可以相当随意地规定的,但一个随意规定的代数运算并不见得会有多大的意义。假如我们任意取几个集合,随意给它们规定几个代数运算,我们很难希望,由此可以计算推导出什么有价值的结论来。所以,以下我们将要研究的代数运算都适合某些从实际运算中抽象出来的规律。常见的这种规律的其中一个就是结合律。

设。是一个 $A \times A$ 到 A 的代数运算,a,b,c 是 A 的任意三个元素,假如我们写下符号 $a \circ b \circ c$,那么这个符号是没有意义的,因为代数运算。只规定了两个元之间的运算,并没有对三个元之间的运算做出任何规定。然而,我们却可以先对两个元做出运算,例如可以先对 a 和 b 进行运算,得到 $a \circ b$。因为。是 $A \times A$ 到 A 的代数运算,$a \circ b \in A$,所以我们又可以把这个元同 c 进行运算,从而得到一个计算结果。这样得来的结果,可以通过用加括号的方法表示出来,写出来就是 $(a \circ b) \circ c$。

同时,我们还可以有另外的计算步骤,即另外加括号的方法,写出来就是 $a \circ (b \circ c)$。在一般情况下,由这两个步骤计算所得的结果未必相同,以下例子就说明了这一点。

例 6:设 A 是所有整数的集合,$a,b,c \in A$,代数运算。是普通减法,那么我们知道

$(a-b)-c \neq a-(b-c)$，除非 $c=0$。

如果对任意的 $a,b,c \in A$，都有 $(a \circ b) \circ c = a \circ (b \circ c)$，我们就称集合 A 的代数运算。满足结合律（其中 a,b,c 可以是相同的元）。

现在我们来看一下，结合律有什么作用。

我们在集合 A 里任意取出 n 个元 $a_1,a_2,\cdots,a_n$，假如我们写下符号

$$a_1 \circ a_2 \circ \cdots \circ a_n,$$

当然这个符号是没有意义的，但当我们用一个加括号的方法依次计算它，就会得到一个结果。由于加括号的方法显然不止一种，例如 $n=3$，加括号的方法就有两种，$(a \circ b) \circ c$ 和 $a \circ (b \circ c)$，考虑到 n 是一个有限整数，这种加括号的方法总数一定是一个有限整数，设它为 N。我们把依这 N 种方法计算所得的结果分别用

$$\pi_1(a_1 \circ a_2 \circ \cdots \circ a_n), \pi_2(a_1 \circ a_2 \circ \cdots \circ a_n), \cdots, \pi_N(a_1 \circ a_2 \circ \cdots \circ a_n)$$

表示，比如，对 $n=3$ 时 $N=2$，我们就有

$$\pi_1(a \circ b \circ c) = (a \circ b) \circ c, \pi_2(a \circ b \circ c) = a \circ (b \circ c)。$$

这样得到的 N 个结果当然未必相等，但是它们也可能都相等。我们规定：

对集合 A 的 n（$n > 2$）个固定的元 $a_1,a_2,\cdots,a_n$ 来说，如果所有的 $\pi_i(i=1,2,\cdots,N)$ 都相等，即由这些用不同的加括号的方法计算而得到的结果都相等，这唯一的结果就用 $a_1 \circ a_2 \circ \cdots \circ a_n$ 来表示。

现在我们证明：当集合 A 的代数运算。满足结合律时，其任意 n（$n > 2$）个元 $a_1,a_2,\cdots,a_n$ 的所有 $\pi_i(a_1 \circ a_2 \circ \cdots \circ a_n)(i=1,2,\cdots,N)$ 都相等，也即代数运算。满足结合律时，符号 $a_1 \circ a_2 \circ \cdots \circ a_n$ 总有意义。

证明：对元素的个数用数学归纳法。

（1）若只有三个元，结论显然是对的；

（2）假定结论对元素个数小于或等于 $n-1$ 时成立；

（3）对 n 个元 $a_1,a_2,\cdots,a_n$，我们将证明

$$\pi_i(a_1 \circ a_2 \circ \cdots \circ a_n) = a_1 \circ (a_2 \circ \cdots \circ a_n)(i=1,2,\cdots,N) \qquad (*)$$

如果这一步能够证明，那么就有

$$\pi_i(a_1 \circ a_2 \circ \cdots \circ a_n) = a_1 \circ (a_2 \circ \cdots \circ a_n) = a_1 \circ [a_2 \circ (a_3 \circ \cdots \circ a_n)],$$

依次类推，我们的结论也就证明了。

因为 $\pi_i(a_1 \circ a_2 \circ \cdots \circ a_n)$ 是经过某种加括号的方法运算而得的结果，这个方法的最后一步总是对两个元进行运算，设这最后一步是

$$\pi_i(a_1 \circ a_2 \circ \cdots \circ a_n) = b_1 \circ b_2,$$

根据归纳假定，可设 b_1 是前面的 j 个元 $a_1, a_2, \cdots, a_j$ 的运算结果 $a_1 \circ a_2 \circ \cdots \circ a_j$，$b_2$ 是后面的 $n-j$ 个元 $a_{j+1}, a_{j+2}, \cdots, a_n$ 的运算结果 $a_{j+1} \circ a_{j+2} \circ \cdots \circ a_n$，因此

$$\pi_i(a_1 \circ a_2 \cdots \circ a_n) = (a_1 \circ a_2 \circ \cdots \circ a_j) \circ (a_{j+1} \circ a_{j+2} \circ \cdots \circ a_n)。$$

如果 $j=1$，那么上式就是（＊）式，如果 $j>1$，那么

$$\begin{aligned}
\pi_i(a \circ a_2 \cdots \circ a_n) &= [a_1 \circ (a_2 \circ \cdots \circ a_j)] \circ (a_{j+1} \circ a_{j+2} \circ \cdots \circ a_n) \\
&= a_1 \circ [(a_2 \circ \cdots \circ a_j) \circ (a_{j+1} \circ a_{j+2} \circ \cdots \circ a_n)] \\
&= a_1 \circ (a_2 \circ \cdots \circ a_n)
\end{aligned}$$

即（＊）式也成立，所以由数学归纳法知结论成立。

因此，当集合 A 的代数运算 $\circ$ 的结合律成立时，我们就随时可以用 $a_1 \circ a_2 \circ \cdots \circ a_n$ 这个符号表示多元运算的结果，这就给我们带来了极大的方便，由此我们也看到了运算的结合律的重要性。

三、交换律

一个代数运算还常满足于另一个运算规律，这就是交换律。

一个 $A \times A$ 到 D 的代数运算 $\circ$，$a \circ b$ 与 $b \circ a$ 未必相等。如例1中的普通除法 $a \circ b = \dfrac{a}{b}$，在一般情况下，$a \circ b \neq b \circ a$。当然，有很多代数运算，上述两者是相等的，因此我们有：

一个 $A \times A$ 到 D 的代数运算 $\circ$，如果对任何 $a, b \in A$，都有

$$a \circ b = b \circ a$$

成立，我们就称这个代数运算 $\circ$ 满足交换律，否则就称代数运算 $\circ$ 不满足交换律。

虽然我们所熟悉的有些运算并不满足交换律，如例6中的普通减法，不满足交换律，高等数学中向量的叉积（矢量积）、矩阵的乘法这些运算也不满足交换律，但满足交换律的运算还是有很多。一个满足交换律的运算会有哪些重要性质，这是我们所关心的。我们有如下的结论：

如果一个集合 A 的代数运算 $\circ$ 同时适合结合律与交换律，那么在 $a_1 \circ a_2 \circ \cdots \circ a_n (n \geq 2)$ 中，元 $a_i (i = 1, 2, \cdots, n)$ 的次序可以任意交换而运算的结果不变。

证明：对元素的个数用数学归纳法。

（1）若只有两个元，结论显然是对的；

（2）假定结论对元素个数等于 $n-1$ 时成立；

（3）对 n 个元 $a_1, a_2, \cdots, a_n$，若 $a_{i_1} \circ a_{i_2} \circ \cdots \circ a_{i_n}$ 是将 $a_1 \circ a_2 \circ \cdots \circ a_n$ 中元 a_i（$i = 1, 2, \cdots, n$）的次序任意交换后所得的，其中 $i_1, i_2, \cdots, i_n$ 是 $1, 2, \cdots, n$ 的一个排列（即数相同而次序不同），$i_1, i_2, \cdots, i_n$ 中有一个是 n，我们设 $i_k = n$，于是由归纳法假定、结合律及交换律，有

$$
\begin{aligned}
a_{i_1} \circ a_{i_2} \circ \cdots \circ a_{i_n} &= (a_{i_1} \circ \cdots \circ a_{i_{k-1}}) \circ [a_n \circ (a_{i_{k+1}} \circ \cdots \circ a_{i_n})] \\
&= (a_{i_1} \circ a_{i_2} \circ \cdots \circ a_{i_{k-1}}) \circ [(a_{i_{k+1}} \circ \cdots \circ a_{i_n}) \circ a_n] \\
&= [(a_{i_1} \circ a_{i_2} \circ \cdots \circ a_{i_{k-1}}) \circ (a_{i_{k+1}}) \circ \cdots \circ a_{i_n}] \circ a_n \\
&= (a_{i_1} \circ a_{i_2} \circ \cdots \circ a_{i_{k-1}} \circ a_{i_{k+1}} \cdots \circ a_{i_n}) \circ a_n \\
&= a_1 \circ a_2 \circ \cdots \circ a_n.
\end{aligned}
$$

这就证明了我们的结论对任意的 n 都成立。

我们所熟知的许多重要的代数运算，都是满足交换律的，这给我们的运算带来一定的灵活性和简洁性，如计算 $125 \times 0.78 \times 16$。而当我们碰到一些不满足交换律的代数运算，计算时就不能灵活从而感觉到不方便，所以交换律也是一个极重要的运算规律。

四、分配律

以上说的运算规律——结合律和交换律都只同一种代数运算相联系，有些集合上的代数运算可能不止一个。那么，不同的代数运算之间有何相联系的运算规律？其中一种常见的规律就是分配律。现在假定有两种代数运算 $\odot$ 和 $\oplus$。

1. 左分配律（第一分配律）

设 $\odot$ 是一个 $B \times A$ 到 A 的代数运算，$\oplus$ 是一个 A 的代数运算，对 $b \in B, a_1, a_2 \in A$，代数运算 $b \odot (a_1 \oplus a_2)$ 和 $(b \odot a_1) \oplus (b \odot a_2)$ 都有意义，计算结果都是 A 的元，但未必相等。如果两者始终相等，即

对于任意的 $b \in B$ 和 $a_1, a_2 \in A$，都有

$$
b \odot (a_1 \oplus a_2) = (b \odot a_1) \oplus (b \odot a_2),
$$

我们就说代数运算 $\odot$ 和 $\oplus$ 满足 $\odot$ 对 $\oplus$ 的左分配律或第一分配律。

例如，设 B 和 A 是全体实数的集合，$\odot$ 和 $\oplus$ 就是普通的乘法和加法，那么上式就是

$$
b(a_1 + a_2) = (ba_1) + (ba_2),
$$

这是我们所熟知的，所以分配律并不是什么奇怪的规则。

因为有些代数运算不具有交换律，所以我们还有右分配律。

2. 右分配律(第二分配律)

设 $\odot$ 是一个 $A \times B$ 到 A 的代数运算, $\oplus$ 是一个 A 的代数运算,如果对于任意的 $a_1, a_2 \in A$ 和 $b \in B$,都有

$$(a_1 \oplus a_2) \odot b = (a_1 \odot b) \oplus (a_2 \odot b),$$

我们就说代数运算 $\odot$ 和 $\oplus$ 满足 $\odot$ 对 $\oplus$ 的右分配律或第二分配律。

例如,由于矩阵的乘法不满足交换律,所以矩阵的乘法对加法的分配律就要分左分配律和右分配律。

对分配律我们有以下结论:

如果代数运算 $\oplus$ 满足结合律,而且代数运算 $\odot$ 和 $\oplus$ 满足 $\odot$ 对 $\oplus$ 的左分配律,那么对于 B 的任何元 b 和 A 的任何元 $a_1, a_2, \cdots, a_n$,都有

$$b \odot (a_1 \oplus a_2 \oplus \cdots \oplus a_n) = (b \odot a_1) \oplus (b \odot a_2) \oplus \cdots \oplus (b \odot a_n).$$

证明:对 n 用数学归纳法。

(1) 当 $n = 2$ 时,结论显然成立;

(2) 假定 $n-1$ 时结论成立;

(3) 当有 n 个元 $a_1, a_2, \cdots, a_n$ 时,由 $\oplus$ 满足结合律和归纳法假定,我们有

$$\begin{aligned}
b \odot (a_1 \oplus a_2 \oplus \cdots \oplus a_n) &= b \odot [(a_1 \oplus \cdots \oplus a_{n-1}) \oplus a_n] \\
&= [b \odot (a_1 \oplus \cdots \oplus a_{n-1})] \oplus (b \odot a_n) \\
&= [(b \odot a_1) \oplus \cdots \oplus (b \odot a_{n-1})] \oplus (b \odot a_n) \\
&= (b \odot a_1) \oplus (b \odot a_2) \oplus \cdots \oplus (b \odot a_n).
\end{aligned}$$

所以由数学归纳法知,结论对任何 n 成立。

对右分配律我们也有同样的结论。

如果代数运算 $\oplus$ 满足结合律,而且代数运算 $\odot$ 和 $\oplus$ 满足 $\odot$ 对 $\oplus$ 的右分配律,那么对于 B 的任何元 b 和 A 的任何元 $a_1, a_2, \cdots, a_n$,都有

$$(a_1 \oplus a_2 \oplus \cdots \oplus a_n) \odot b = (a_1 \odot b) \oplus (a_2 \odot b) \oplus \cdots \oplus (a_n \odot b)$$

分配律的重要性在于它们揭示了两种代数运算之间的一种联系。

第五节　　同态和同构

要比较两个集合的某种性质,仅用以前所说的集合间的映射还不够,因为我们以后很少单纯地考察集合,更多的是要看有代数运算的集合。因此,在这一节里我们要讨论与代数运算发生联系的映射。

一、同态

设有两个集合 A 和 $\overline{A}$，A 有代数运算 $\circ$，$\overline{A}$ 有代数运算 $\overline{\circ}$，并且有一个 A 到 $\overline{A}$ 的映射 f，那么对任意的 $a,b \in A$，$f(a \circ b)$ 和 $f(a) \overline{\circ} f(b)$ 都有意义，都是 $\overline{A}$ 的元，但是两者未必就相等。如果两者不相等，这样的映射 f 对研究 A 和 $\overline{A}$ 共性意义不大，但是如果对任意的 $a,b \in A$，始终有 $f(a \circ b) = f(a) \overline{\circ} f(b)$ 成立，那么情形就会不一样。当 A 和 $\overline{A}$ 之间存在这样的映射，A 和 $\overline{A}$ 就会有某些相同的性质。我们先给出以下的定义。

同态映射：设 A 有代数运算 $\circ$，$\overline{A}$ 有代数运算 $\overline{\circ}$，如果 A 到 $\overline{A}$ 的映射 f 满足

$$f(a \circ b) = f(a) \overline{\circ} f(b), \qquad (a,b \in A)$$

则称 f 为 A 到 $\overline{A}$ 的同态映射。

对 A 到 $\overline{A}$ 的同态映射 f，如果记 $f(a) = \overline{a} = f(b) = \overline{b}$，那么就有

$$f: a \circ b \to \overline{a} \; \overline{\circ} \; \overline{b}$$

例 1：设 A 是整数集合，A 的代数运算为普通加法，$\overline{A} = \{1, -1\}$，$\overline{A}$ 的代数运算为普通乘法，则对任意 $a \in A$，映射

$$f_1: a \to 1$$

是一个 A 到 $\overline{A}$ 的同态映射。

因为显然 f_1 是一个 A 到 $\overline{A}$ 的映射，且对任意的 $a,b \in A$，有 $f_1(a) = 1, f_1(b) = 1, f_1(a+b) = 1$，所以满足 $a+b \to 1 = 1 \times 1$，即 $f_1(a+b) = f_1(a) \times f_1(b)$。

例 2：设 A 是整数集合，A 的代数运算为普通加法，$\overline{A} = \{1, -1\}$，$\overline{A}$ 的代数运算为普通乘法，则对任意 $a \in A$，映射

$$f_2: a \to 1 \quad \text{若 } a \text{ 为偶数}$$
$$a \to -1 \quad \text{若 } a \text{ 为奇数}$$

是一个 A 到 $\overline{A}$ 的满射的同态映射。

因为 f_2 是一个 A 到 $\overline{A}$ 的满射，且对任意的 $a,b \in A$，如果 a,b 都是偶数，那么

$$a \to 1, b \to 1, \text{所以 } a+b \to 1;$$

如果 a,b 都是奇数，那么

$$a \to -1, b \to -1, \text{所以 } a+b \to 1 = (-1) \cdot (-1);$$

如果 a 是偶数、b 是奇数，那么

$$a \to -1, b \to 1, \text{所以 } a+b \to -1 = 1 \cdot (-1);$$

如果 a 是奇数、b 是偶数，情形同上。

例 3：设 A 是整数集合，A 的代数运算为普通加法，$\bar{A}=\{1,-1\}$，$\bar{A}$ 的代数运算为普通乘法，则对任意 $a\in A$，映射

$$f_3: a \rightarrow -1,$$

不是一个 A 到 $\bar{A}$ 的同态映射。

因为虽然 f_3 是一个 A 到 $\bar{A}$ 的映射，对任意的 $a,b\in A$，有 $f_3(a)=-1$，$f_3(b)=-1$，$f_3(a+b)=-1$，因此 $a+b\rightarrow -1\neq 1=(-1)\cdot(-1)$，即 $f_3(a+b)\neq f_3(a)\times f_3(b)$。

一个 A 到 $\bar{A}$ 的满射的同态映射在研究集合的性质时更有作用，因此我们提出以下概念。

同态满射（同态）：如果对于代数运算 $\circ$ 和 $\bar{\circ}$，存在一个 A 到 $\bar{A}$ 的满射的同态映射，我们就说，这个映射是一个同态满射，并说对于代数运算 $\circ$ 和 $\bar{\circ}$ 而言，A 与 $\bar{A}$ 同态。

同态满射的最大作用在于可以用它对两个集合（代数系统）进行比较。现在我们通过证明以下两个结论，来了解同态满射在比较两个集合时的作用。

1. 如果对代数运算 $\circ$ 和 $\bar{\circ}$ 来说，A 与 $\bar{A}$ 同态。那么，(1) 若 $\circ$ 满足结合律，则 $\bar{\circ}$ 也满足结合律；(2) 若 $\circ$ 满足交换律，则 $\bar{\circ}$ 也满足交换律。

证明：我们用 f 表示 A 到 $\bar{A}$ 的同态满射。

(1) 设 $\bar{a},\bar{b},\bar{c}$ 是 $\bar{A}$ 的任意三个元，那么，我们在 A 里至少可以找到三个元 a,b,c，使得在 f 之下，有

$$a\rightarrow \bar{a}, b\rightarrow\bar{b}, c\rightarrow\bar{c},$$

因为 f 是同态满射，所以

$$a\circ(b\circ c)\rightarrow \bar{a}\,\bar{\circ}\,(\overline{b\circ c})=\bar{a}\,\bar{\circ}\,(\bar{b}\,\bar{\circ}\,\bar{c}),$$
$$(a\circ b)\circ c\rightarrow (\overline{a\circ b})\,\bar{\circ}\,\bar{c}=(\bar{a}\,\bar{\circ}\,\bar{c})\,\bar{\circ}\,\bar{c}。$$

由题设 $a\circ(b\circ c)=(a\circ b)\circ c$，可得 $\bar{a}\,\bar{\circ}\,(\bar{b}\,\bar{\circ}\,\bar{c})=(\bar{a}\,\bar{\circ}\,\bar{b})\,\bar{\circ}\,\bar{c}$，即代数运算 $\bar{\circ}$ 也满足结合律。

(2) 设 $\bar{a},\bar{b}$ 是 $\bar{A}$ 的任意两个元，并假定在 f 之下，有

$$a\rightarrow \bar{a}, b\rightarrow \bar{b}, \qquad (a,b\in A)$$

因为 f 是同态满射，所以

$$a\circ b\rightarrow \bar{a}\,\bar{\circ}\,\bar{b}, \quad b\circ a\rightarrow \bar{b}\,\bar{\circ}\,\bar{a}。$$

由题设 $a\circ b=b\circ a$ 得 $\bar{a}\,\bar{\circ}\,\bar{b}=\bar{b}\,\bar{\circ}\,\bar{a}$，即代数运算 $\bar{\circ}$ 也满足交换律。

2. 如果 $\odot$，$\oplus$ 是集合 A 的代数运算，$\bar{\odot}$，$\bar{\oplus}$ 是集合 $\bar{A}$ 的代数运算，并且存在一

个 A 到 $\overline{A}$ 的满射 f，使得 A 与 $\overline{A}$ 对于代数运算 $\odot,\overline{\odot}$ 来说同态，对于代数运算 $\oplus,\overline{\oplus}$ 来说也同态。那么，(1) 若 $\odot,\oplus$ 满足 $\odot$ 对 $\oplus$ 的左分配律，则 $\overline{\odot},\overline{\oplus}$ 也满足 $\overline{\odot}$ 对 $\overline{\oplus}$ 的左分配律；(2) 若 $\odot,\oplus$ 满足 $\odot$ 对 $\oplus$ 的右分配律，则 $\overline{\odot},\overline{\oplus}$ 也满足 $\overline{\odot}$ 对 $\overline{\oplus}$ 的右分配律。

证明：这里只证明(1)，(2) 可以完全类似地证明。

设 $\overline{a},\overline{b},\overline{c}$ 是 $\overline{A}$ 的任意三个元，并且假定

$$a \to \overline{a}, b \to \overline{a}, c \to \overline{c}, (a,b,c \in A)$$

那么　　$a \odot (b \oplus c) \to \overline{a \odot (b \oplus c)} = \overline{a} \overline{\odot} (\overline{b} \overline{\oplus} \overline{c})$,

$\quad\quad (a \odot b) \oplus (a \odot c) \to \overline{(a \odot b)} \overline{\oplus} \overline{(a \odot c)} = (\overline{a} \overline{\odot} \overline{b}) \overline{\oplus} (\overline{a} \overline{\odot} \overline{c})$,

但 $a \odot (b \oplus c) = (a \odot b) \oplus (a \odot c)$，所以 $\overline{a} \overline{\odot} (\overline{b} \overline{\oplus} \overline{c}) = (\overline{a} \overline{\odot} \overline{b}) \overline{\oplus} (\overline{a} \overline{\odot} \overline{c})$。结论成立。

现在我们回过头来再看上一节的例 5，我们有一个模 m 的剩余类组成的集合 $A = \{[0],[1],\cdots,[m-1]\}$，并在 A 上定义了加法和乘法：$[a]+[b]=[a+b]$，$[a] \cdot [b] = [ab]$。如果我们作一个整数集 Z 到 A 的映射 $f: a \to [a] (a \in Z)$，易知 f 是一个满射，而且对整数集的普通加法和乘法及 A 的如上定义的加法和乘法是一个同态满射。这样，由以上结论我们知道，A 的加法和乘法与 Z 的加法和乘法一样，满足结合律、交换律和乘法对加法的分配律。

二、同构

一个同态满射一般不是一个一一映射，如果一个同态满射同时是一个一一映射，这种加强的同态映射在比较集合时将会更有效，因此也更重要，这就是同构：设 A 有代数运算 $\circ$，$\overline{A}$ 有代数运算 $\overline{\circ}$，如果 A 到 $\overline{A}$ 的一一映射 f 满足

$$f(a \circ b) = f(a) \overline{\circ} f(b), (a,b \in A)$$

则称 f 为 A 到 $\overline{A}$ 的同构映射，简称同构。如果记 $f(a) = \overline{a}, f(b) = \overline{b}$，那么就有

$$f: a \circ b \to \overline{a} \overline{\circ} \overline{b}.$$

当在 A 与 $\overline{A}$ 之间，对于代数运算 $\circ$ 与 $\overline{\circ}$ 来说，存在一个同构映射，我们就说，对于代数运算 $\circ$ 与 $\overline{\circ}$，A 与 $\overline{A}$ 同构，或者说代数系统 A 与 $\overline{A}$ 同构，并且用符号 $A \cong \overline{A}$ 表示。

例 4：设 $A = \{1,2,3\}, \overline{A} = \{4,5,6\}$，

$\circ$	1	2	3
1	3	3	3
2	3	3	3
3	3	3	3

$\overline{\circ}$	4	5	6
4	6	6	6
5	6	6	6
6	6	6	6

各是 A 与 $\overline{A}$ 的代数运算。与 $\overline{\circ}$ 的表。那么

$$1 \to 4, 2 \to 5, 3 \to 6$$

是一个 A 与 $\overline{A}$ 间的同构映射,因为:$a \circ b = 3 \to 6 = \overline{a} \,\overline{\circ}\, \overline{b}$。

当 f 为 A 到 $\overline{A}$ 的同构映射时,那么 f 的逆映射 f^{-1} 也是一一映射,且为 $\overline{A}$ 到 A 的同构映射,因为在 f^{-1} 之下,只要 $\overline{a} \to a, \overline{b} \to b$,就有 $\overline{a} \,\overline{\circ}\, \overline{b} \to a \circ b$。所以同构映射与 A 和 $\overline{A}$ 的次序没有多大关系。

为了说明同构映射在比较两个代数系统时的作用,我们先研究一下例 4。在这个例题里,A 有三个元是 $1,2,3$,$\overline{A}$ 也有三个元是 $4,5,6$。我们问,A 和 $\overline{A}$ 有没有什么区别?粗略一看,A 和 $\overline{A}$ 当然有区别,因为 $1,2,3$ 和 $4,5,6$ 是不相同的东西。我们之所以说 $1,2,3$ 和 $4,5,6$ 不同,是因为我们知道,它们都是普通整数,整数 $1,2,3$ 和整数 $4,5,6$ 当然有区别。现在让我们来看一看 A 的代数运算 $\circ$,应用这个运算。于 1 和 1,1 和 2,3 和 2,3 和 3 等,我们都得到 3。我们见过普通整数 $1,2,3$ 适合过这种运算规律吗?从来没有,这就说明,对于 A 的代数运算 $\circ$ 来说,A 的元 $1,2,3$ 早已失去了普通整数 $1,2,3$ 的意义。同样,对于 $\overline{A}$ 的代数运算 $\overline{\circ}$ 来说,$\overline{A}$ 的元 $4,5,6$ 也早已失去了普通整数 $4,5,6$ 的意义。刚才,我们是把已经失去了整数意义的东西仍看作是整数,才由此断定这些东西是有区别的。

现在我们不把 A 的 $1,2,3$ 和 $\overline{A}$ 的 $4,5,6$ 看成是普通整数,再做一次比较。于是 A 有三个元,第一个叫作 1,第二个叫作 2,第三个叫作 3,A 有一个代数运算,叫作 $\circ$,应用这个运算于 A 的任意两个元所得结果总是第三个元。$\overline{A}$ 也有三个元,第一个叫作 4,第二个叫作 5,第三个叫作 6,$\overline{A}$ 也有一个代数运算,叫作 $\overline{\circ}$,应用这个运算于 $\overline{A}$ 的任意两个元所得结果也总是第三个元。这样看起来,A 同 $\overline{A}$ 实在没有什么本质上的区别,唯一的区别只是命名的不同而已。

现在我们看两个任意的,对于代数运算 $\circ$ 和 $\overline{\circ}$ 来说是同构的集合 A 与 $\overline{A}$,我们假定

$$A = \{a, b, c, \cdots\}, \overline{A} = \{\overline{a}, \overline{b}, \overline{c}, \cdots\},$$

并且在 A 与 $\overline{A}$ 间的同构映射 f 之下,

$$a \leftrightarrow \overline{a}, b \leftrightarrow \overline{b}, c \leftrightarrow \overline{c}, \cdots$$

由于同构映射的性质,我们知道,

$$x \circ y = z \rightleftharpoons \overline{x} \,\overline{\circ}\, \overline{y} = \overline{z}, (x, y, z \in A, \overline{x}, \overline{y}, \overline{z} \in \overline{A})$$

这就是说,代数运算 $\circ$ 在 A 里规定的运算规则同代数运算 $\overline{\circ}$ 在 $\overline{A}$ 里规定的运算规则

完全类似,唯一不同的就在一方有小横线而另一方没有。因此,A 如果有一个性质,而这个性质完全由代数运算。确定,那么 $\overline{A}$ 就有一个完全类似的性质。反过来,$\overline{A}$ 的一个只同代数运算 $\overline{\circ}$ 有关的性质也决定一个完全类似的 A 的性质。这就是说,若是仅就代数运算。对 A、代数运算 $\overline{\circ}$ 对 $\overline{A}$ 所发生的影响来看,A 与 $\overline{A}$ 只有形式上的不同,而没有本质上的区别。当然 A 与 $\overline{A}$ 的元一般是不相同的东西,但正如我们对例 4 所讨论的情形一样,这种不同是受外来的影响而产生的。

综上所述我们得到结论:

如果对于代数运算。和 $\overline{\circ}$ 来说,A 与 $\overline{A}$ 同构,那么对代数运算。和 $\overline{\circ}$ 而言,A 与 $\overline{A}$ 这两个集合,抽象地看,除了命名外没有什么区别,即一个集合有一个只与这个集合的代数运算有关的性质,那么另一个集合也有一个完全类似的性质,或者说,这两个集合除了元素的表示形式不同之外,它们的代数构造完全相同。

这样,要研究一个集合(代数系统)的性质,我们只要研究与之同构的、我们又熟悉的集合的性质就可以,因为以此我们就能知道那些与之同构的抽象集合的性质。

同构除了有以上所说的"替代"作用以外,它还与集合的代数扩张相联系。

如果代数系统 X 的一个子集 Y,对 X 的代数运算来说仍然构成代数系统,则称 Y 为 X 的一个子系统或子代数。

如果代数系统 A 与代数系统 B 的一个子系统同构,则称 B 是 A 的一个扩张。

例如,有理数集 Q 和实数集 R 对普通加法和乘法都做成一个代数系统,由于 Q 本身就是 R 的子集,所以 Q 与 R 的一个子集同构。因此,实数集是有理数集的一个扩张。

第六节　　群、环、域简介

群、环、域是常见的代数系统,是对具有共同特征的一类代数系统的抽象后,用公理化方法建立的数学对象,对数学的研究和发展有十分重要的意义。

一、群

群是有一种代数运算的代数系统。在群中用什么符号来表示这个代数运算,是由我们自由决定的,有时可以用。,有时可以用 $\overline{\circ}$。为了便利起见,群的运算符号既不用。也不用 $\overline{\circ}$ 来表示,而用普通乘法的符号来表示,就是 a 和 b 的运算我们不写成 $a \circ b$,而写成 ab 或 $a \cdot b$,并把群的这个代数运算叫作乘法。当然,一个群的乘法一般不是普通的乘法。下面我们先介绍半群的概念。

1. 半群

设 G 是一个非空集合,"·"是 G 上的一个二元运算,如果这个运算满足结合律,则称这个代数系统为半群,记为 $(G, \cdot)$。

我们所熟知的整数集 Z,对普通的加法"+"和乘法"×"都构成半群,可分别记为 $(Z, +)$ 和 $(Z, \times)$,但 $(Z, -)$ 不构成半群,因为整数的减法不满足结合律。

例 1:设 N 是自然数集,N 上的运算"·"规定为 $a \cdot b = a + b + ab$,其中,等式右边是普通的加法和乘法。显然,"·"是 N 上的二元运算,且有

$(a \cdot b) \cdot c = (a + b + ab) \cdot c = (a + b + ab) + c + (a + b + ab)c = a + b + c + ab + bc + ac + abc$,

$a \cdot (b \cdot c) = a \cdot (b + c + bc) = a + (b + c + bc) + a(b + c + bc) = a + b + c + ab + bc + ac + abc$,

所以 $(a \cdot b) \cdot c = a \cdot (b \cdot c)$,即运算"·"满足结合律,因此 $(N, \cdot)$ 是半群。

例 2:设 S 是一个非空集合,规定 S 上的"·"运算如下:

$$a \cdot b = b,$$

其中,a, b 是 S 中的任意元素,证明:$(S, \cdot)$ 是半群。

证明:显然运算"·"是 S 上的二元运算,且对 S 中的任意三个元素 a, b, c,有

$$(a \cdot b) \cdot c = b \cdot c = c,$$
$$a \cdot (b \cdot c) = a \cdot c = c,$$

所以 $(a \cdot b) \cdot c = a \cdot (b \cdot c)$,即运算"·"满足结合律,因此 $(S, \cdot)$ 是半群。

例 3:设 $(A, \cdot)$ 是半群,且当 $a \neq b$ 时,$a \cdot b \neq b \cdot a$,证明:

(1) $a \cdot a = a$,　　(2) $a \cdot b \cdot a = a$,　　(3) $a \cdot b \cdot c = a \cdot c$。

证明:(1) 因为 $(A, \cdot)$ 是半群,所以 $(a \cdot a) \cdot a = a \cdot (a \cdot a)$,若 $a \cdot a = b$,则有

$$b \cdot a = a \cdot b,$$

这与已知矛盾,所以 $a \cdot a = a$。

(2) 因为 $(a \cdot b \cdot a) \cdot a = (a \cdot b) \cdot (a \cdot a) = a \cdot b \cdot a$,

$a \cdot (a \cdot b \cdot a) = (a \cdot a) \cdot (b \cdot a) = a \cdot b \cdot a$,

所以 $(a \cdot b \cdot a) \cdot a = a \cdot (a \cdot b \cdot a)$,

按已知条件有 $a \cdot b \cdot a = a$。

(3) 因为 $(a \cdot b \cdot c) \cdot (a \cdot c) = (a \cdot b) \cdot (c \cdot a \cdot c) = a \cdot b \cdot c$,

$(a \cdot c) \cdot (a \cdot b \cdot c) = (a \cdot c \cdot a) \cdot (b \cdot c) = a \cdot b \cdot c$,

所以 $(a \cdot b \cdot c) \cdot (a \cdot c) = (a \cdot c) \cdot (a \cdot b \cdot c)$,

按已知条件有 $a \cdot b \cdot c = a \cdot c$。

2. 群

如果 $(G, \cdot)$ 是一个半群,且满足以下两点:

(1) G 中有单位元 e,即对 G 中的任意元 a,有 $e \cdot a = a \cdot e = a$;

(2) G 中的每一个元 a 在 G 中都有逆元 a',即对 G 中的任意元 a,有 $a \cdot a' = a' \cdot a = e$;

这时我们称 $(G, \cdot)$ 为群,简记为 G。

例如,$(Z, +)$ 是一个群,它的单位元是 0,每一个元素 a 的逆元是 $-a$。但全体有理数对普通乘法构成的代数系统 $(Q, \times)$ 并不是一个群,它虽有单位元 1,但 0 没有逆元。全体非零有理数对普通乘法构成的代数系统是一个群,这个群可记为 $(Q - 0, \times)$。

例 4:设 G 只包含一个元 g,乘法是 $g \cdot g = g$。G 对于这个乘法来说作成一个群。因为

(1) 运算"$\cdot$"对 G 来说是封闭的;

(2) 运算"$\cdot$"满足结合律,即 $(g \cdot g) \cdot g = g \cdot (g \cdot g)$;

(3) G 有单位元,就是 g;

(4) g 有逆元,就是 g。

例 5:设 $A = \{[0], [1], \cdots, [m-1]\}$ 为模 m 的剩余类集合,规定其乘法为 $[a] \cdot [b] = [a+b]$,则 $(A, \cdot)$ 是一个群。这是因为

(1) 运算"$\cdot$"对 A 来说是封闭的;

(2) 运算"$\cdot$"满足结合律,即 $([a] \cdot [b]) \cdot [c] = [a] \cdot ([b] \cdot [c]) = [a+b+c]$;

(3) A 有单位元,就是 $[0]$;

(4) A 的每一个元 $[a]$ 都有逆元,就是 $[m-a]$。

这个群称为剩余加群。下面介绍从一个群构造出另一个群的例子。

例 6:已知 $(G, \cdot)$ 是一个群,u 是 G 中的一个特定的元素,定义 G 上的一个新运算 $*$ 如下:

$$a * b = a \cdot u^{-1} \cdot b,$$

则 $(G, *)$ 是一个群。

证明:显然 $*$ 是 G 的二元运算,且满足结合律,

$$(a * b) * c = (a \cdot u^{-1} \cdot b) \cdot u^{-1} \cdot c = a \cdot u^{-1} \cdot (b \cdot u^{-1} \cdot c) = a * (b * c),$$

所以 $(G, *)$ 是一个半群,且 $(G, *)$ 有单位元 u,因为对任何 $a \in G$,有

$$a * u = a \cdot u^{-1} \cdot u = a \cdot e = a,$$
$$u * a = u \cdot u^{-1} \cdot a = e \cdot a = a,$$

即
$$a * u = u * a = a,$$

又对任何 $a \in G, a$ 在 $(G, *)$ 有逆元 $u \cdot a^{-1} \cdot u$, 其中, a^{-1} 是 a 在 $(G, \cdot)$ 中的逆元。这是因为

$$a * (u \cdot a^{-1} \cdot u) = a \cdot u^{-1} \cdot (u \cdot a^{-1} \cdot u) = u,$$
$$(u \cdot a^{-1} \cdot u) * a = (u \cdot a^{-1} \cdot u) \cdot u^{-1} \cdot a = u,$$

而 u 是 $(G, *)$ 中的单位元, 所以结论成立。

3. 群的性质

根据群 G 的定义, 我们首先有

(1) 一个群的单位元是唯一的;

(2) 群 G 的每一个元素的逆元素是唯一的。

证明: (1) 若 G 有两个单位元 e 和 e', 那么 $e = ee' = e'$, 所以结论(1)成立。

(2) 若 G 中的元素 a 有两个逆元 a' 和 a'', 那么

$$a' = a'e = a'(aa'') = (a'a)a'' = ea'' = a'',$$

所以结论(2)成立。以后元素 a 的唯一的逆元我们就记为 a^{-1}。

有趣的是, 群的定义可以弱化, 所以我们有以下的弱化了的群的定义:

如果 $(G, \cdot)$ 是一个半群, 且满足以下两点:

(1) G 里至少存在一个左单位元 e, 即对 G 中的任意元 a, 有 $e \cdot a = a$ 成立;

(2) 对 G 里的每一个元 a, 在 G 中至少存在一个左逆元 a', 即对 G 中的任意元 a, 有 $a' \cdot a = e$ 成立。

为了确定这个弱化的定义与群的定义是等价的, 我们只需证明: a 的左逆元 a' 同时也是 a 的右逆元, 即有 $a \cdot a' = e$ 成立; G 的左单位元 e 也是 G 的右单位元, 即对 G 的任意元 a, 有 $a \cdot e = a$ 成立。

证明: 设 a' 是 a 的左逆元, 即 $a'a = e$, 我们考虑 a' 的左逆元, 设为 a'', 因此 $a''a' = e$,

因为
$$(a'' \cdot a') \cdot (a \cdot a') = e \cdot (a \cdot a') = a \cdot a',$$

另一方面
$$(a'' \cdot a') \cdot (a \cdot a') = a'' \cdot (a' \cdot a) \cdot a' = a'' \cdot a' = e,$$

所以 $aa' = e$, 即 a 的左逆元也是 a 的右逆元。如前所述我们知道 a 的逆元是唯一的, 并用 a^{-1} 记之。

现在证明 G 的左单位元 e 也是右单位元。

对 G 的任意元 a,如上所述它存在逆元 a^{-1},因此有

$$a \cdot e = a \cdot (a^{-1} \cdot a) = (a \cdot a^{-1}) \cdot a = e \cdot a = a,$$

所以 e 也是 G 的右单位元,即是 G 的单位元。

我们不难知道,在群 G 里,消去律是成立的,即对任意的 $a,b,c \in G$,

若 $a \cdot b = a \cdot c$,则 $b = c$,

若 $b \cdot a = c \cdot a$,则 $b = c$。

这只要在等式两边同时左乘或右乘 a 的逆 a^{-1} 便可得到。

4. 群方程及群的第二定义

设 $(G, \cdot)$ 是一个群,$a,b \in G$,则方程 $(1) a \cdot x = b$ 和 $(2) y \cdot a = b$ 称为群方程。

群方程在 G 里一定有解,其中 (1) 的解是 $x = a^{-1} \cdot b$,(2) 的解是 $y = b \cdot a^{-1}$,而且解是唯一的。因为对方程 (1),假如 $a \cdot x_1 = b = a \cdot x_2$,我们左乘 a 的逆,便可得到 $x_1 = x_2$。对方程 (2) 亦同理可得。

群方程的这个性质,反映了群 G 的一个本质特征。为此,我们可以有群的第二定义。

群的第二定义:

设 $(G, \cdot)$ 是一个半群,且对 G 中的任意两个元 a,b 来说,方程

$$a \cdot x = b \text{ 和 } y \cdot a = b$$

在 G 里都有解,这时称 $(G, \cdot)$ 是一个群。

为了证明这一点,我们只需证明:

(1) G 里至少存在一个左单位元 e,即对 G 中的任意元 a,有 $e \cdot a = a$ 成立;

(2) 对 G 里的每一个元 a,在 G 中至少存在一个左逆元 a',有 $a' \cdot a = e$ 成立。

证明:(1) 设 b 是 G 中的一个固定的元,由于方程 $y \cdot b = b$ 在 G 中有解,设解为 e,于是 $e \cdot b = b$。又设 a 为 G 中的任意元,方程 $b \cdot x = a$ 在 G 中有解,设其解为 c,即 $b \cdot c = a$,于是 $e \cdot a = e \cdot (b \cdot c) = (e \cdot b) \cdot c = b \cdot c = a$,所以 e 是 G 的左单位元。

(2) 对上述的 e,因为方程 $y \cdot a = e$ 在 G 里总有解 a',使 $a' \cdot a = e$,所以 a' 是 a 的左逆元。

5. 有限群

如果一个群 G 的元素个数是有限的,这个群就叫作有限群,否则就称为无限群。这一节中的例 4、例 5 都是有限群,例 1 则是无限群。

在群里消去律是成立的,可是,一个半群如果满足消去律,却并不一定成为一

个群。例如,所有正整数 Z_+ 对普通乘法作成一个半群 $(Z_+, \times)$,这个半群显然满足消去律,即对任意的 $a, b, c \in Z_+$,如果 $ab = ac$,则 $b = c$。但方程 $2x = 1$ 在 Z_+ 中无解,或者说,Z_+ 中的元素 2 在 Z_+ 中没有逆元素。所以,$(Z_+, \times)$ 并不构成群。

但如果一个半群 $(G, \cdot)$ 的 G 是一个有限集合的话,那么情形就不同了,因为我们有以下的结论:

设 G 是有限集合,$(G, \cdot)$ 是一个半群且满足消去律,则 $(G, \cdot)$ 是一个群。

证明:根据群的第二定义,我们只要证明方程 $a \cdot x$ 和 $y \cdot a = b$ 在 G 中有解即可。为此我们设 G 有 n 个元素(各不相同),$G = \{a_1, a_2, \cdots, a_n\}$,用 G 的元素 a 乘 G 的每一个元素得 $G' = \{a \cdot a_1, a \cdot a_2, \cdots, a \cdot a_n\}$。因为 $(G, \cdot)$ 是半群,对运算 $\cdot$ 封闭,所以 $G' \subset G$,但 G' 的元素也是各不相同的,因为如果有两个元素,例如 $a \cdot a_j = a \cdot a_k$,那么由消去律可得 $a_j = a_k$,这不成立,所以 $G' = G$。这样对 G 中的元素 b,必存在 j 使 $a \cdot a_j = b$,即方程 $a \cdot x = b$ 在 G 中有解。同理可证方程 $y \cdot a = b$ 在 G 中也有解,因此 $(G, \cdot)$ 构成一个群。

群的出现,使数学的研究和发展进入了一个新的阶段。以古老的几何学为例,到了 18 世纪,微分几何、射影几何、解析几何都有了飞速发展,但它们之间的内在联系和本质区别人们却不清楚,正如菲利克斯·克莱因(1849—1925)所说:"几何学尽管本质上是一个整体,但因在最近期间所取得的飞速发展,而使之被分割为许多互不相关的分支了,其中每一个分支几乎都是独立地继续发展着,所以公开发表旨在建立几何学的这样一种内在联系的各种考虑,就显得更加必要了。"

克莱因用群的观点审视几何学,他考虑某些变换构成的群,例如,对平面上的点进行的平移、旋转和直线上的反射构成的变换,这些变换的集合在变换乘法的意义下构成一个群,称为变换群。在这个变换群下,线段的长度,图形的面积、全等、相似,直线的平行、垂直、共点以及点的共线等性质是不变的,这些性质正是平面欧几里得几何所研究的。又例如,考虑平面上的点经过所谓的射影变换保持不变的那些性质,如点的共线性和线的共点性、共线四点交比的不变性等,它们在射影几何的研究中起着重要的作用。所以,克莱因认为可以用变换群对几何学进行分类和研究。而且,变换群中的变换所作用的对象(称为基本元素)可以是点,也可以是线,可以是圆,也可以是球,与之相应的就有线几何、圆几何、球几何等。

因此,当我们自行选择了基本元素和空间(如平面、寻常空间、球面、圆束等),以及作用于这些基本元素的变换群后,就可以建立一种新的几何学了。

二、环

环是有两种代数运算的代数系统,这两种代数运算一个叫作"加法"、一个叫作"乘法"。在环的定义里要用到加群这一概念。我们知道,群 G 的运算"·"一般叫作乘法,它满足结合律,却并不一定满足交换律。假如群 G 的运算"·"满足交换律,即对 G 的任何元素 $a,b,a \cdot b = b \cdot a$ 都成立,这时我们称群 G 为交换群。

1. 加群

一个群如果是交换群,它就被称为加群。加群的代数运算叫作加法,并用符号"+"表示。我们所熟知的整数集 Z,对普通的加法"+"就构成一个加群。加群又称为阿贝尔(Abel)群。

群论里的许多符号都是因为我们把群的代数运算叫作乘法时才这样选择的,因此在加群里我们有选择新符号的必要。因为从乘号改为加号,许多计算规则的形式也将跟着改变。

由于加群的加法满足结合律,因此 n 个元 $a_1, a_2, \cdots, a_n$ 的和是有意义的,这个和有时我们用符号 $\sum_{i=1}^{n} a_i$ 表示,即 $\sum_{i=1}^{n} a_i = a_1 + a_2 + \cdots + a_n$。

一个加群的唯一的单位元我们用 0 表示,并把它叫作零元。元 a 的唯一逆元我们用 $-a$ 表示,并把它叫作 a 的负元,读作负 a。元 $a+(-b)$ 我们简写成 $a-b$,读作 a 减 b,因此,对加群的任意元 a,b,c,我们可以证明以下的计算规则:

$$0 + a = a + 0 = a, \tag{1}$$

$$-a + a = a - a = 0, \tag{2}$$

$$-(-a) = a, \tag{3}$$

$$a + c = b \leftrightarrows c = b - a, \tag{4}$$

$$-(a+b) = -a - b, \quad -(a-b) = -a + b, \tag{5}$$

例如对(5)的证明,因为 $(-a-b)+(a+b) = -a+(-b)+a(-b)+a+b = 0$,所以 $-(a+b) = -a-b$,又因为 $-(a+b) = -a-b$,所以 $-(a-b) = -a-b$。

n 个 a 的和(n 是正整数),我们用 na 表示,读作 a 的 n 倍或 n 倍 a,即

$$na = \underbrace{a + a + \cdots + a}_{n \uparrow a}。$$

我们进一步规定:$(-n)a = -(na)$,$0a = 0$。这里第一个 0 是整数,第二个 0 是加群的零元。这样,对任意整数 m,n 和加群的任何元 a,b,都有

$$
\left.\begin{array}{l}
ma + na = (m+n)a \\
m \cdot na = mn \cdot a \\
n(a+b) = na + nb
\end{array}\right\} \tag{6}
$$

我们要注意,(6)中的 m,n,一般不是加群的元。

2. 环

如果在集合 R 上定义了两个二元运算,一个叫作加法($+$),一个叫作乘法($\cdot$),而且满足:

(1)$(R,+)$ 是加群;

(2)$(R,\cdot)$ 是半群,即 R 对运算($\cdot$)封闭且满足结合律;

(3)乘法对加法满足分配律,即对任意的 $a,b,c \in R$,有

$$a \cdot (b+c) = a \cdot b + a \cdot c,$$
$$(b+c) \cdot a = b \cdot a + c \cdot a$$

成立,则集合 R 叫作一个环,记作 $(R,+,\cdot)$。

由环的定义我们知道,全体整数 Z 对普通的加法和乘法构成一个环 $(Z,+,\times)$,这个环称为整数环。只有一个数 0 的集合 $\{0\}$,对普通的加法和乘法构成一个环 $(\{0\},+,\times)$,这个环称为零环。

例 7:设 $R = \{[0],[1],\cdots,[m-1]\}$ 为模 m 的剩余类集合,在第六节例 5 中我们替 R 规定过一种代数运算叫作乘法:$[a] \cdot [b] = [a+b]$。现在我们把这个运算用加号"$+$"记之并称之为加法,即 $[a]+[b]=[a+b]$,由该例我们知道 $(R,+)$ 是加群。在第四节例 5 中,我们还替 R 规定过另一种运算叫乘法:$[a] \cdot [b] = [ab]$。我们可以证明,在这两种运算下,$(R,+,\cdot)$ 是一个环。

证明:(1)由第六节例 5 可知,$(R,+)$ 是加群。

(2)现在证明 $(R,\cdot)$ 是半群。显然运算"$\cdot$"对 R 是封闭的,其次运算"$\cdot$"的结果是唯一的,因为若是

$$[a] = [a'],[b] = [b'],$$

那么 $m \mid a-a', m \mid b-b'$,由于 $ab - a'b' = a(b-b') + (a-a')b'$ 是 m 的倍数,所以 $[ab] = [a'b']$,这就表明运算"$\cdot$"是 R 的一个乘法,易证这个乘法满足结合律。

(3)由　　$[a] \cdot ([b]+[c]) = [a] \cdot [b+c] = [ab+ac]$

和　　　　$[a] \cdot [b] + [a] \cdot [c] = [ab] + [ac] = [ab+ac]$,

可得　　　$[a] \cdot ([b]+[c]) = [a] \cdot [b] + [a] \cdot [c]$,

同理可得　$([b]+[c]) \cdot [a] = [b] \cdot [a] + [c] \cdot [a]$,

所以乘法对加法满足分配律。

这个环叫作剩余类环。

一个环除了有前述(1)～(6)的计算规则以外,还有以下一些计算规则。

由于环中乘法对加法的两个分配律成立,以及负元的定义,我们有

$$(a - b) \cdot c + b \cdot c = [(a - b) + b] \cdot c = a \cdot c,$$
$$c \cdot (a - b) + c \cdot b = c[(a - b) + b] = c \cdot a_{\circ}$$

由运算规则(4),可得

$$\left.\begin{array}{l}(a - b) \cdot c = a \cdot c - b \cdot c \\ c \cdot (a - b) = c \cdot a - c \cdot b\end{array}\right\}, \tag{7}$$

又由(7),有$(a - a) \cdot a = a \cdot (a - a) = a \cdot a - a \cdot a = 0$,因此

$$0 \cdot a = a \cdot 0 = 0 \tag{8}$$

这里的 0 是 R 的元,a 是 R 的任意元。

由(8)及分配律、负元的定义,有

$$a \cdot b + (-a) \cdot b = (a - a) \cdot b = 0,$$
$$a \cdot b + a \cdot (-b) = a \cdot (b - b) = 0,$$

因此
$$(-a) \cdot b = a \cdot (-b) = -a \cdot b_{\circ} \tag{9}$$

由(9)易得

$$(-a) \cdot (-b) = a \cdot b, \tag{10}$$

又由于两个分配律都成立,加法又适合结合律,所以

$$\left.\begin{array}{l}a \cdot (b_1 + b_2 + \cdots + b_n) = a \cdot b_1 + a \cdot b_2 + \cdots + a \cdot b_n \\ (b_1 + b_2 + \cdots + b_n) \cdot a = b_1 \cdot a + b_2 + a + \cdots + b_n \cdot a\end{array}\right\}_{\circ} \tag{11}$$

由(11)又可得

$$(a_1 + a_2 + \cdots + a_n) \cdot (b_1 + b_2 + \cdots + b_n)$$
$$= a_1 \cdot b_1 + \cdots + a_1 \cdot b_n + \cdots + a_n \cdot b_1 + \cdots + a_n \cdot b_n_{\circ} \tag{12}$$

由(8)、(9)、(11)可得,对任何整数 n 及 R 的任意元 a, b,有

$$(na) \cdot b = a \cdot (nb) = n(a \cdot b)_{\circ} \tag{13}$$

另外 R 的乘法满足结合律,因此 n 个元的乘法是有意义的。若我们用符号 a^n 表示 n 个 a 的乘积,即

$$a^n = \overbrace{a \cdot a \cdot \cdots \cdot a}^{n \uparrow a}, (n \text{ 是正整数})$$

a^n 读作 a 的 n 次方。这样规定以后，对任何正整数 m,n 及 R 的任意元 a，有

$$a^m \cdot a^n = a^{m+n}, \quad (a^m)^n = a^{mn}。 \tag{14}$$

从 $(1) \sim (14)$ 的计算规则我们可以看出，中学代数的计算法则在一个环里差不多都满足，实际上，只有少数几种普通计算法在环里不一定对，这主要关系到交换律、单位元、逆元和消去律等因素。

3. 交换律、单位元、逆元

有一些普通的计算法在一般的环里不成立，但是在有附加条件的环里是成立的。我们将逐一讨论这些附加条件。

(1) 交换律

在环的定义里，我们并没有要求环的乘法要满足交换律，因此，在环 $(R, +, \cdot)$ 里，$a \cdot b$ 未必等于 $b \cdot a$。

例8：设 $R = \{0,a,b,c\}$，R 的加法和乘法由以下两表确定，

+	0	a	b	c		·	0	a	b	c
0	0	a	b	c		0	0	0	0	0
a	a	0	c	b		a	0	0	0	0
b	b	c	0	a		b	0	a	b	c
c	c	b	a	0		c	0	a	b	c

则 R 构成一个环，且在这个环里，$a \cdot b \neq b \cdot a$。

但是，在一个环里，乘法交换律是有可能被满足的，例如整数环。

如果对环 $(R, +, \cdot)$ 的任意两个元 a,b，都有 $a \cdot b = b \cdot a$ 成立，则我们称环 R 是交换环。在一个交换环里，我们有以下计算规则成立：

$$(a \cdot b)^n = a^n \cdot b^n。$$

(2) 单位元

在群论里我们已经看到单位元的重要性。在环的定义里我们没有要求一个环要有一个对于乘法来说的单位元。但我们可以想象，如果环 R 里有这样一个元，这个元将会在 R 里占据重要地位。

如果一个环 $(R, +, \cdot)$ 有一个元 e，对 R 的任何元 a，都有

$$e \cdot a = a \cdot e = a$$

成立，则称元 e 为 R 的单位元。例如整数环就是有单位元的环，单位元是整数 1。但并不是任意一个环都有单位元。例如 $R = \{偶数\}$，R 对普通加法和乘法是作成一个环的，但 R 没有单位元。

一个环 R 如果有单位元,那么单位元是唯一的。因为如果有两个单位元 e 和 e',那么

$$e = e \cdot e' = e'。$$

环中的单位元以后我们常用 1 表示,注意,此处的 1 并不是整数 1。在有单位元的环里,我们常规定一个元 a 的零次方为

$$a^0 = 0。$$

（3）逆元

对有单位元的环 R,如果对 R 中的元 a,存在 R 中的元 b,使

$$a \cdot b = b \cdot a = 1,$$

我们就说 b 为 a 的逆元(对乘法而言)。

一个元 a 如果有逆元,则逆元是唯一的。因为如果 a 有两个逆元 b 和 b',那么

$$b = b \cdot 1 = b(a \cdot b') = (b \cdot a) \cdot b' = 1 \cdot b' = b',$$

所以 a 的逆元是唯一的。a 的这个唯一的逆元以后我们常用 a^{-1} 表示。

一个有单位元的环,它的其他元素未必都有逆元。例如整数环有单位元 1(数 1),但除了 ± 1,另外的整数都没有逆元。如果一个元 a 有逆元,我们规定

$$a^{-n} = (a^{-1})^n,$$

这样规定以后,对这个 a 来说,公式

$$a^m \cdot a^n = a^{m+n}, \quad (a^m)^n = a^{mn}$$

对任何整数都成立了。

4. 零因子、消去律

在一个环 $(R, +, \cdot)$ 里,我们已经证明了,如果 R 的元 a, b 中有一个是零元,那么 $a \cdot b = 0$,这就是环的计算规则(8)。但是在一个一般的环里,计算规则

$$a \cdot b = 0 \quad \Rightarrow \quad a = 0 \text{ 或 } b = 0 \tag{15}$$

却并不成立。

例 9：设 $(R, +, \cdot)$ 是模 6 的剩余类环,则 $R = \{[0], [1], [2], [3], [4], [5]\}$,因为

$$[2] \cdot [3] = [2 \times 3] = [6] = [0],$$

而 $[0]$ 正是 R 的零元,所以计算规则(15)在模 6 的剩余类环中不成立。

在一个环里,如果 $a \neq 0, b \neq 0$,但 $a \cdot b = 0$,这时我们称 a 是这个环的一个左

零因子，b 是这个环的一个右零因子。一个环有左零因子，则它一定有右零因子，反之亦然。左零因子和右零因子都称为零因子。如果一个环是交换环，那么左零因子也是右零因子。例 9 的环是交换环，其中的元 $[2]$，$[3]$ 等都是零因子。但在一个一般的非交换环里，一个左零因子未必是右零因子。如例 8 中的环，我们有

$$\begin{cases} a \cdot b = 0 \\ a \cdot c = 0, \\ a \cdot a = 0 \end{cases} \begin{cases} b \cdot a = 0 \\ b \cdot c = 0, \\ b \cdot b = b \end{cases} \begin{cases} c \cdot a = a \\ c \cdot b = b \\ c \cdot c = c \end{cases}$$

从中我们可以看出，元 a 既是左零因子，也是右零因子，而元 b 和 c 只是右零因子。

一个环可以没有零因子，例如整数环就没有零因子。

例 10：模 5 的剩余类环是一个无零因子环。

证明：设 $(R, +, \cdot)$ 是模 5 的剩余类环，则 $R = \{[0], [1], [2], [3], [4]\}$，因为若 $[a] \neq [0]$，$[b] \neq [0]$，而 $[a] \cdot [b] = [ab] = [0]$，这说明 ab 是 5 的倍数，所以 a 或 b 是 5 的倍数，所以 $[a] = 0$ 或 $[b] = [0]$，这是矛盾的，所以，模 5 的剩余类环是一个无零因子环。

在没有零因子的环 R 里，计算规则 (15) 是成立的，两个消去律也是成立的，即

$$a \neq 0, a \cdot b = a \cdot c \implies b = c,$$

$$a \neq 0, b \cdot a = c \cdot a \implies b = c.$$

反过来，在环 R 里如果有一个消去律成立，那么这个环没有零因子。

证明：假定环 R 没有零因子，因为

$$a \cdot b = a \cdot c \implies a \cdot (b - c) = 0,$$

由 $a \neq 0$ 及 R 没有零因子，可得 $b - c = 0$，即 $b = c$。所以 $a \neq 0, a \cdot b = a \cdot c \implies b = c$ 成立。

同理可证 $a \neq 0, b \cdot a = c \cdot a \implies b = c$ 也成立。

反过来，若 $a \neq 0, a \cdot b = a \cdot c \implies b = c$ 成立，因为

$$a \cdot b = 0 \implies a \cdot b = a \cdot 0,$$

所以当 $a \neq 0$ 时，可得 $b = 0$，即环 R 没有零因子。同理可证，当 $a \neq 0, b \cdot a = c \cdot a \implies b = c$ 成立时，环 R 也没有零因子。

这个结论告诉我们，在一个环里，如果一个消去律成立，那么另一个消去律也成立。

5. 整环

以上我们看到，在一个环里，有许多我们熟悉的计算法都能施行，一个环若再添

加一些附加条件,则会有更多我们熟悉的计算法可施行。这些附加条件主要是乘法满足交换律、存在单位元和不存在零因子。同时满足这三个条件的环无疑是重要的。

一个满足下列条件的环 R 叫作整环:

(1) 乘法适合交换律: $a \cdot b = b \cdot a, a, b \in R$,

(2) R 有单位元 1: $1 \cdot a = a \cdot 1 = a, a \in R$,

(3) R 没有零因子: $a \cdot b = 0 \Rightarrow a = 0$ 或 $b = 0, a, b \in R$。

整数环就是一个整环。

例 11: 设 $R = \{a + b\sqrt{2} \mid a, b \in Q\}$,证明 R 对普通的加法和乘法来说是一个整环。

证明: 设 $x = a_1 + b_1\sqrt{2}, y = a_2 + b_2\sqrt{2}, z = a_3 + b_3\sqrt{2}, a_i, b_i \in Z (i = 1, 2, 3)$,则由于

$$x + y = (a_1 + b_1\sqrt{2}) + (a_2 + b_2\sqrt{2}) = (a_1 + a_2) + (b_1 + b_2)\sqrt{2} \in R,$$

$$x \cdot y = (a_1 + b_1\sqrt{2}) \cdot (a_2 + b_2\sqrt{2}) = (a_1 a_2 + 2b_1 b_2) + (a_1 b_2 + a_2 b_1)\sqrt{2} \in R,$$

所以 R 对加法和乘法封闭,即加法和乘法的运算结果仍是 R 的元素。

显然,R 有零元 $0 + 0 \cdot \sqrt{2}$,单位元 $1 + 0 \cdot \sqrt{2} = 1$,对 R 的任何元 x 有负元 $-x$。

又因为 R 的元素都是实数,而实数的加法、乘法均满足结合律、交换律、乘法对加法的分配律以及消去律(相当于无零因子),所以 R 的元素的加法和乘法也满足这些计算规则,R 对普通的加法和乘法来说构成一个整环。

当然,我们也可以独立地证明 R 的元素满足的运算规律,例如乘法结合律,因为

$$(x \cdot y) \cdot z = [(a_1 + b_1\sqrt{2}) \cdot (a_2 + b_2\sqrt{2})] \cdot (a_3 + b_3\sqrt{2})$$

$$= [(a_1 a_2 + 2b_1 b_2) + (a_1 b_2 + a_2 b_1)\sqrt{2}] \cdot (a_3 + b_3\sqrt{2})$$

$$= (a_1 a_2 a_3 + 2b_1 b_2 a_3 + 2a_1 b_2 b_3 + 2a_2 b_1 b_3)$$

$$+ (a_1 a_2 b_3 + 2b_1 b_2 b_3 + a_1 a_3 b_2 + a_2 a_3 b_1)\sqrt{2},$$

$$x \cdot (y \cdot z) = (a_1 + b_1\sqrt{2}) \cdot [(a_2 + b_2\sqrt{2}) \cdot (a_3 + b_3\sqrt{2})]$$

$$= (a_1 + b_1\sqrt{2}) \cdot [(a_2 a_3 + 2b_2 b_3) + (a_2 b_3 + a_3 b_2)\sqrt{2}]$$

$$= (a_1 a_2 a_3 + 2b_1 b_2 a_3 + 2a_1 b_2 b_3 + 2a_2 b_1 b_3)$$

$$+ (a_1 a_2 b_3 + 2b_1 b_2 b_3 + a_1 a_3 b_2 + a_2 a_3 b_1)\sqrt{2},$$

所以 $(x \cdot y) \cdot z = x \cdot (y \cdot z)$，即 R 的乘法满足结合律。

又例如 R 无零因子的证明，设 $x = a_1 + b_1\sqrt{2} \neq 0, y = a_2 + b_2\sqrt{2} \neq 0$，则 a_1，b_1 中至少有一个不等于 $0, a_2, b_2$ 中至少有一个不等于 0，若

$$x \cdot y = (a_1 + b_1\sqrt{2}) \cdot (a_2 + b_2\sqrt{2}) = (a_1a_2 + 2b_1b_2) + (a_1b_2 + a_2b_1)\sqrt{2} = 0,$$

则有

$$\begin{cases} a_1a_2 + 2b_1b_2 = 0 & (1) \\ a_1b_2 + a_2b_1 = 0 & (2) \end{cases},$$

如果 $a_1 = 0$，由 (2) 得 $a_2 = 0$，再由 (1) 可得 $b_1 = 0$ 或 $b_2 = 0$，这将推出 $x = 0$ 或 $y = 0$，矛盾，说明 $a_1 \neq 0$，同理可得 $b_1 \neq 0, a_2 \neq 0, b_2 \neq 0$。再由 (1)、(2) 两式得 $a_1a_2 = -2b_1b_2$ 和 $a_1b_2 = -a_2b_1$，相除得 $a_2^2 = 2b_2^2$，这说明 a_2 是无理数，矛盾。所以当 $x \neq 0, y \neq 0$ 时，$x \cdot y \neq 0$，即 R 无零因子。

整环是一种重要的代数系统，是研究许多具体代数系统的基础，也是研究"域"的出发点。

三、域

我们已经知道，在一个环中，有的元可能有逆元，有的元没有逆元，例如整数环就是这样。在一个环里，会不会每个元都有逆元？这只有在极特殊的情况下才有可能。

只有一个数 0 的集合 $\{0\}$，对普通的加法和乘法构成一个环 $(\{0\}, +, \times)$，这个环我们称之为零环。零环的每一个元都有逆元，元 0 的逆元就是它本身。

但是当环 R 至少有两个元的时候，情况就不一样了。这时，R 至少有一个非零元 a，由于 $0 \cdot a = 0 \neq a$，所以 0 不会是 R 的单位元。而对 R 的任何元 b，都有 $0 \cdot b = 0$，由此可知，R 的元 0 不会有逆元。

所以现在的问题是，一个至少有两个元的环，除了 0 元以外，是不是每个元都有逆元？这个问题的答案是肯定的，例如全体有理数集合，对普通的加法和乘法来说，显然构成一个环，这个环的任何一个非零元 a，显然有逆元 $\dfrac{1}{a}$，于是我们有以下定义。

1. 除环

一个环 $(R, +, \cdot)$ 如果满足：① R 至少包含一个不等于零的元，② R 有单位元，③ R 的每一个不等于零的元都有逆元，则称 R 为除环。

从除环的定义我们可以知道，除环是没有零因子的，因为如果 $a \neq 0$，而 $a \cdot b = 0$，那么左乘 a 的逆便得 $b = 0$。

一个除环的所有非零元素组成的集合对 R 的乘法来说，构成一个群，可记作 R^*，

叫作 R 的乘群。要证明这个结论，只需说明：① 因为除环 R 无零因子，所以 R^* 的任两个元素的乘积不会为零，即 R^* 对 R 的乘法封闭；② R 的元素适合乘法结合律，对 R^* 的元素也不例外；③ 除环的单位元一定是非零元，所以 R^* 有单位元；④ 一个元的逆元一定是非零元，所以 R^* 的每一个元都有逆元。这样，一个除环 R 可以看成是由两个群，即 R 的加群和乘群组合而成的，两个分配律则是联系这两个群的桥梁。

在除环 $(R, +, \cdot)$ 里，方程

$$a \cdot x = b \text{ 和 } y \cdot a = b \quad (a, b \in R, a \neq 0)$$

各有一个唯一的解，就是 $a^{-1} \cdot b$ 和 $b \cdot a^{-1}$。在普通数的计算里，以上两个方程的解是相等的，我们把它记为 $\dfrac{b}{a}$，并说 $\dfrac{b}{a}$ 是 a 除 b 所得的结果。而在除环的计算里，$a^{-1} \cdot b$ 我们说成是用 a 左除 b，$b \cdot a^{-1}$ 说成是用 a 右除 b 的结果。因此，在除环里，只要 $a \neq 0$，就可以用 a 左除或右除任意一个元 b。这也是除环这个名称的来源。在除环里 $a^{-1} \cdot b$ 和 $b \cdot a^{-1}$ 未必相等。

2. 域

在一个除环里，$a^{-1} \cdot b$ 和 $b \cdot a^{-1}$ 始终相等是可能的，例如全体有理数对普通加法、乘法作成的除环，就是这样。对这样的除环，我们有以下定义。

一个交换除环叫作域。

按照这个定义，全体有理数对普通加法、乘法就构成一个域，全体实数、全体复数对普通加法、乘法也构成一个域。我们常称它们为有理数域、实数域和复数域。

例 12：当 p 为质数时，证明：模 p 的剩余类环是一个域。

证明：设 $(R, +, \cdot)$ 是模 p 的剩余类环，则 $R = \{[0], [1], [2], \cdots, [p-1]\}$，$R$ 有单位元 $[1]$，R 无零因子，因为若 $[a] \neq [0]$，$[b] \neq [0]$，而 $[a] \cdot [b] = [ab] = [0]$，这说明 ab 是 p 的倍数，而 p 是质数，所以 a 或 b 是 p 的倍数，所以 $[a] = 0$ 或 $[b] = [0]$，这是矛盾的，所以，模 p 的剩余类环无零因子，这说明 R 满足消去律。又因为 R 是有限集且满足消去律，所以根据 $R^* = R - \{0\}$ 是一个群的结论知 R 是一个除环，而且是一个交换除环，即域。

例 13：设 $F = \{a + b\sqrt{2} \mid a, b \in Q\}$，证明：$F$ 对普通的加法和乘法来说是一个域。

证明：由例 11 的证明可知，F 是一个整环，现在证明对 F 的任一个非零元素 $a + b\sqrt{2}$（a, b 是有理数且不全为零）有逆元。

设 $(a + b\sqrt{2})(x + y\sqrt{2}) = 1$，则 $(ax + 2by) + (ay + xb)\sqrt{2} = 1$，所以

$$\begin{cases} ax + 2by = 1 \\ ay + xb = 0 \end{cases},$$

因为 a,b 为有理数,所以 $a^2 - 2b^2 \neq 0$,

解得
$$\begin{cases} x = \dfrac{a}{a^2 - 2b^2} \\ y = -\dfrac{b}{a^2 - 2b^2} \end{cases},$$

这就证明了 F 的任一个非零元都有逆元,所以 F 是一个交换除环 —— 域。

在一个域里,我们有 $a^{-1} \cdot b = b \cdot a^{-1}$,因此我们不妨把这两个相等的元用 $\dfrac{b}{a}$ 来表示,这时我们就可以得到我们熟悉的普通计算法:

(ⅰ) $\dfrac{a}{b} = \dfrac{c}{d}$,当且仅当 $a \cdot d = b \cdot c$,且 $b \neq 0, d \neq 0$,

(ⅱ) $\dfrac{a}{b} + \dfrac{c}{d} = \dfrac{a \cdot d + b \cdot c}{b \cdot d}$,

(ⅲ) $\dfrac{a}{b} \cdot \dfrac{c}{d} = \dfrac{a \cdot c}{b \cdot d}$。

证明:(ⅰ) $\dfrac{a}{b} = \dfrac{c}{d}$ $\Rightarrow$ $b \cdot d \cdot \dfrac{a}{b} = b \cdot d \cdot \dfrac{c}{d}$ $\Rightarrow$ $a \cdot d = b \cdot c$,反之,由 $b \neq 0$,$d \neq 0$,知 b,d 可逆,所以 $a \cdot d = b \cdot c$ $\Rightarrow$ $b^{-1} \cdot d^{-1} \cdot a \cdot d = b^{-1} \cdot d^{-1} \cdot b \cdot c$ $\Rightarrow$ $\dfrac{a}{b} = \dfrac{c}{d}$。

(ⅱ) 因为 $b \cdot d \cdot \left(\dfrac{a}{b} + \dfrac{c}{d}\right) = a \cdot d + b \cdot c$, $b \cdot d \cdot \dfrac{a \cdot d + b \cdot c}{b \cdot d} = a \cdot d + b \cdot c$,由(ⅰ) 可知(ⅱ) 成立。

(ⅲ) 因为 $b \cdot d \cdot \left(\dfrac{a}{b} \cdot \dfrac{c}{d}\right) = a \cdot c, b \cdot d \cdot \dfrac{a \cdot c}{b \cdot d} = a \cdot c$,于是由(ⅰ) 可知(ⅲ) 成立。

对整环和域的关系,我们有以下结论:

(1) 每个整环 R 都能如下构造一个域,称为整环 R 的商域。

证明:设 R 是整环,令 $R^* = R - \{0\}$,$T = R \times R^*$。在 T 上定义二元关系"$\sim$"如下:

$$(a,b) \sim (c,d) \text{ 当且仅当 } a \cdot d = b \cdot c。$$

则关系 $\sim$ 具有自反性、对称性和传递性,因而是等价关系,记 (a,b) 的等价类为 $\dfrac{a}{b}$,设 F 是 T 由关系 $\sim$ 确定的等价类集合。如果 $(a',b') \sim (a,b)$ 且 $(c',d') \sim (c,d)$,则有 $a' \cdot b = a \cdot b'$ 且 $c' \cdot d = c \cdot d'$,
所以 $(a' \cdot d' + b' \cdot c') \cdot b \cdot d = (a \cdot d + b \cdot c) \cdot b' \cdot d'$

且

$$a' \cdot c' \cdot b \cdot d = a \cdot c \cdot b' \cdot d',$$

因此　$(a' \cdot d' + b' \cdot c', b' \cdot d') \sim (a \cdot d + b \cdot c, b \cdot d)$

且

$$(a' \cdot c', b' \cdot d') \sim (a \cdot c, b \cdot d),$$

这样就可以定义 F 上的加法"$+$"和乘法"$\cdot$"如下：

$$\frac{a}{b} + \frac{c}{d} = \frac{a \cdot d + b \cdot c}{b \cdot d}, \quad \frac{a}{b} \cdot \frac{c}{d} = \frac{a \cdot c}{b \cdot d}$$

所以 F 是一个域。F 的零元、单位元、负元、逆元分别是：$0 = \dfrac{0}{1}, 1 = \dfrac{1}{1}, -a = \dfrac{-a}{b}$,

$\left(\dfrac{b}{a}\right)^{-1} = \dfrac{a}{b}$。

（2）有限整环是域。

证明：R 是有限整环,我们只要证明 $R^* = R - \{0\}$ 是一个群,从而 R 是除环即可。设 $R = \{a_1, a_2, \cdots, a_n\}, a \neq 0$,由于 R 是整环,无零因子从而消去律成立,所以

$$aR = \{a \cdot a_1, a \cdot a_2, \cdots, a \cdot a_n\} = R,$$

所以存在 i,使得 $a \cdot a_i = 1$,因此 a 是可逆元。这说明 R 是每一个非零元都有逆元,所以 R 是交换除环 —— 域。

为了明晰各种附加条件环的隶属关系,我们用图 $3-6$ 加以说明。

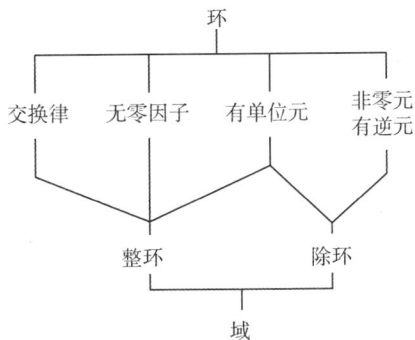

图 $3-6$

第四章 数学习题

习题是一门课程或者一部教材为学生或读者提供的、可供练习和实践的、具有已知答案的问题。①简单地说，习题是教学上供练习用的题目，其目的是使学生熟悉和掌握教学计划、教学大纲的要求，发展学生的智能。以数学为内容，或者虽不以数学为内容，但必须运用数学知识或数学思想方法才能解决的习题可称为数学习题，如数学课上教师提出的问题、例题、练习题、测试题，数学课堂外教师要求学生演练、研究的题和实际生活中调查、探索的题，都是数学习题。当然，作为教育任务的数学问题既是我们在数学科学中遇到的问题，如哥德巴赫猜想、费马猜想等，也是现实生活中的数学问题，如经济预测与房屋评估等。在数学教育中，我们通常把结论已知的命题称为数学题。数学解题就是依据一般的数学原理，根据习题的条件通过一定的计算或推理得到习题的答案或结论。

在数学教育活动中，数学常和数学题画上等号，学生解题成为最基本的活动形式之一。正是通过解题，学生才逐渐明晰数学概念，理解和掌握数学定理、数学思想方法，获得解题的技能、技巧，促进智力发展的。波利亚就说过，"掌握数学就意味着善于解题"，从这个意义上说，学生学会数学，主要不是靠"读"会的，而是靠解题训练"做"会的，对此我国数学家华罗庚先生曾形象地比喻为"如果不做书中所附的习题，那么就好比入宝山而空返"。因此，数学习题无疑是数学教育活动的重要部分，义务教育阶段的数学课本都毫无例外地配置大量的例题和习题，就体现了这一点。所以，习题配备和运用得好坏将直接影响到学生学习质量的高低，许多优秀数学老师的教学质量之所以高，一部分原因是他们对习题的选择和处理十分得当。

诚然，影响数学教学成功与否的因素很多，比如课堂的氛围、教师的讲解、习题的设计等。在诸多因素中，习题设计这个因素是非常关键的。课本中的例题是把知识、技能、思想、方法联系在一起的纽带，是对知识、技能、思想、方法进行分析、综合、传授、检验、巩固和应用的必要途径，是帮助学生理解和巩固数学基础知识、形成数学基本技能的手段，是把所学的理论与实践结合起来掌握理论的用途和用法

---

① http://baike.911cha.com/ci/，习题.

的媒介,是解决问题的思路、分析问题的方法。学生通过教师的语言、板演等示范作用的潜移默化和熏陶,慢慢学会了数学的思维,逐步掌握了解答各类数学题的方法,渐渐厘清了新旧知识间的联系与区别,从而实现了从感性到理性的飞跃。

课本中的习题,通常是把现实世界的数量关系和空间形式按中小学数学课程标准的要求,依据心理学、学生的认知规律及学科的特点,以巩固学生的基础知识、基本技能,培养学生的数学能力,发展学生的智力,开拓学生的创新精神为目标而进行设计的,组成由易到难、由浅入深、循序渐进的具有整体性、科学性的问题。数学习题是能给学生以施展才华、发展智慧的平台。

同时,数学解题活动对学生而言,还可以认识到自身在数学学习上存在的问题。对教师而言,它是评价学生的知识、能力及发展水平的重要手段,是教师了解学生认知结构的建立过程、数学观念的形成方式、数学才能的培养路径以及检查和提高教学效果的一个窗口。教师根据学生的习题解答过程了解学生的数学知识水平和思维发展程度,就可以增强教学的针对性和优效性。总之,数学解题活动使教和学能够得到及时的反馈和弥补,其重要作用不言而喻。

从数学课的特点来看,例题和习题一般要贯穿于整个课堂,好的例、习题设计可以提升学生的学习兴趣和学习效率,达到事半功倍的效果。那么,怎样的习题才算是好的和有效的呢?怎样选择习题才算是处理得当呢?这需要执教者根据数学习题理论和教学实际作出判断。本章主要从数学习题的功能、数学习题的分类、数学习题的科学性、数学习题的选择和改编等方面作一些论述。

第一节　　数学习题的功能

我们知道,在数学教学活动中让学生解答习题本身并不是目的,但有些学生对此存在着错误的认识,认为老师让他解题,他把习题解出来就是把事情做好了,学习就完成了。解题之所以成为数学教学活动的主要形式之一,是因为数学习题担当着多种功能。当学生一旦进入了解题这一活动情景之中,他实际就接受了一种“思想体操”的训练,从技能的、思维的、智力的、非智力的等各方面,按数学教学大纲所提出的培养目标塑造自己。具体来说,数学习题的功能有以下几点。

一、知识承载功能

通过数学习题(包括教学和学生自行解答),使学生获得系统的数学知识,领悟数学思想,形成必要的技能、技巧,这是数学习题的知识承载功能。数学习题的知识承载功能贯穿在学生获得数学知识的三个阶段之中。

1. 通过数学习题导入新知

每一个数学分支中的知识，都像一条长长的河流，每一个截面都起着承上启下的作用。所以在学习新的数学知识时，最好的方法可能就是先了解新旧知识之间的联系。数学的新旧知识之间有联系，这一点很"数学"，是数学发展的"法则"。而要建立新旧知识之间的联系，首先得设法引起学生的思考，让学生在思想上产生疑问，所谓学起于思、思源于疑。在这个过程中，数学习题是一个能够起到连接新旧数学知识之间桥梁作用，并且激起学生疑问涟漪的物化手段。如何选择数学习题呢？按照美国认知教育心理学家奥苏贝尔(David Pawl Ausubel，1918—2008)的观点："新知识的学习必须以学习者头脑中原有的知识为基础，没有一定知识基础的意义学习是不存在的。因此，在有意义学习中必然存在着原有知识对当前知识学习的影响，即知识学习中的迁移是必然存在的。"[①] 因此，他提倡要根据学生的原有知识状况进行教学。这与数学的"要求"不谋而合，所以优秀的教师常能通过选择恰当的数学习题将学生引导到学习新知识的情景之中而收到很好的教学效果。

例如，在讲梯形的面积公式时，可以先提出题目：

例 1：请计算下列图形(见图 4 - 1)的面积(单位：厘米)。

从学生的多种解法中，选一种讲解，例如对图形进行如下分割(见图 4 - 2)，计算面积，得

$$S = S_{大长方形} - S_{小长方形} - S_{三角形} = 20 \times 11 - 6 \times 4 - 6 \times 11 \div 2$$
$$= 220 - 24 - 33 = 163(平方厘米)。$$

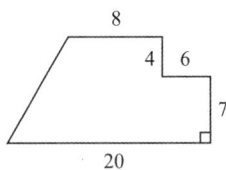

图 4 - 1

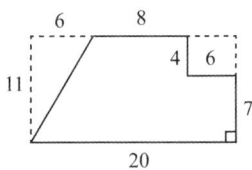

图 4 - 2

再指出有的同学是这样分割的(见图 4 - 3)。

这两种分割都出现了梯形，其中 ① 中的梯形面积是 $163 - 6 \times 7 = 163 - 42 = 121$(平方厘米)，那么我们能不能有计算梯形的面积公式呢？从而引入新知：梯形的面积公式。

又例如在讲解因式分解的拆项添项法时，可以先提出题目：

---

① http://baike.baidu.comview1576389.htm?fr = aladdin，教学模式。

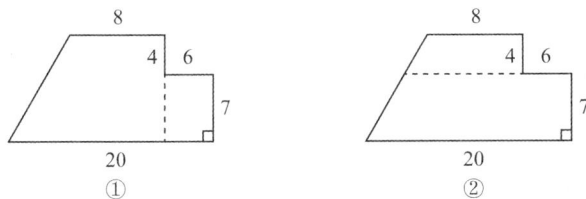

图 4 - 3

例 2：因式分解：$x^6 - y^6$。

在学生的多种解法中提出以下两种解法：

(1) $x^6 - y^6 = (x^3)^2 - (y^3)^2 = (x^3 + y^3)(x^3 - y^3)$
$$= (x + y)(x^2 - xy + y^2)(x - y)(x^2 + xy + y^2),$$

(2) $x^6 - y^6 = (x^2)^3 - (y^2)^3 = (x^2 - y^2)(x^4 + x^2 y^2 + y^4)$
$$= (x + y)(x - y)(x^4 + x^2 y^2 + y^4)。$$

老师在肯定这两种解法在计算上都没有错误后，通过比较两者的结果，自然就提出因式 $x^4 + x^2 y^2 + y^4$ 如何继续分解的问题，这样就引入了新知。

2. 通过数学习题巩固和掌握知识

我们都清楚，学生巩固和掌握数学知识靠的不是死记硬背，而是理解。如何才能达到理解呢？一个重要的途径就是通过数学习题的练习，这类习题包括基础性习题和综合性习题。基础性习题知识单一，针对性强，能唤起学生对知识内涵和组成因素等的再认识，使新知巩固。综合性习题一般把新旧知识联合起来，使新知在学生原有的概念系统中同化，使学生的新旧知识融会贯通。

例如对数学概念而言，掌握一个数学概念，就是掌握某类数学对象的共同的本质特点，具体地说就是要能区分这一数学概念的有关特征、它的肯定例证与否定例证等。

例 3：有一个四位数，它与586的和恰好是一个数的平方，它与689的和也是一个数的平方，试问：这个四位数是多少？

解：设这个四位数为 x，

令　　$x + 586 = a^2，x + 689 = b^2，(a, b \in Z^+)$

则　　$b^2 - a^2 = 103，$

因此　$(b + a)(b - a) = 103，$

但　　103 是质数，所以 $b - a = 1，b + a = 103，$

于是　$b = 52，x = 52^2 - 689 = 2704 - 689 = 2015。$

即这个四位数是 2015。

在此题中涉及的数学概念有因数、质数等，习题的目的是对这些概念的再认识。

又例如为使学生掌握"无理数"这个概念，通常会出"证明$\sqrt{2}$不是有理数"这样的习题，以提供肯定的例证，还会提"无限小数都是无理数吗？"、"带根号的数都是无理数吗？"这样的问题让学生对概念进行正反两方面的辨析。

在掌握概念的过程中，比形成概念更为重要的是概念的同化，即把新获得的概念纳入到原有的认知结构中去。由于概念的同化有时并不能一蹴而就，所以教材对一些内容就采用了分散于各年级、螺旋上升的方式编排。如小学数学教材对几何图形的处理就是这样，相应的习题则呈现出新旧知识结合的特点，引起学生积极的认知活动。又如初中的"绝对值"概念，这个概念非常重要，但初学者仅凭定义，难以对它的性质和运算有深刻的理解，必须在后续学习的新知的习题中反复出现，使学生加深对它的理解。如在学习了整式、不等式、方程后可提出类似以下的习题：

化简：$|a^2+a+1|-|a^2-a+1|$，

解不等式：$|x+1|<2,|x-5|>6$，

解方程：$x^2-3|x|+2=0$。

牛顿对此深有感触，所以他说在数学中，例子比定律更为重要，一语道出了同化过程中习题的作用。

3. 通过数学习题运用知识

学生掌握了数学的概念、定理、公式等以后，还要学会运用它们去解决实际问题。在学生面临真正要解决的实际问题之前，担当这个角色的就是习题。学生通过解题，不但运用了知识，还培养了能力。如"抽屉原理"，理解这个关于存在性的数学原理并不困难，但是运用它去解决问题却需要具备"构造抽屉"的技巧。"构造抽屉"的一些常用的技巧如"划分剩余类"、"划分相等的子区间"、"将几何图形分割为全等的几部分"等，学生都可以通过典型习题的演算获得。

例4：从$1,2,\cdots,49,50$这50个数中，任取26个数，证明：这26个数中至少有两个数互素。

分析：从50个数中任取26个数，取法太多，所以用穷举法是不现实的。这里可以运用抽屉原理进行证明，因此需要构造抽屉。

解：因为任何相邻的整数都互素，我们把$1\sim50$这50个数分为25组（25个抽屉），即$(1,2),(3,4),\cdots,(49,50)$，任取26个数，则至少有一组要取两个数，而这两个数就互素。

二、教育教学功能

在数学课上,老师往往要布置习题,这是老师在利用习题引导和培养学生,所以习题有教育教学功能。

1. 通过习题发展学生智力

数学学科对学生文化素质的培养可分为两个方面:智力的和非智力的。从智力方面来看,数学的育人,主要是通过数学教育培养学生正确的数学观念及良好的数感,形成学生数学的思维方式和合理的思维习惯,激发学生强烈的应用意识及创造能力,以及运用数学语言进行人际交流的能力。数学的这一发展智力的功能是通过数学教学的全过程来实现的。数学教学的过程,包括概念形成的过程、结论推导的过程和方法探索的过程,也就是数学问题解决的过程,这些过程都离不开数学的解题。正是通过数学解题,才使学生获得和发展了推理能力、化归能力、形式化地处理问题和建立数学模型等的能力,以及运用对应、函数、同构、极限、方程等数学观念解决问题的能力。

学生的智力、思维能力如何,一个衡量的指标是思维品质。思维品质常从思维的深刻性、思维的广阔性、思维的灵活性、思维的批判性、思维的独创性和思维的灵敏性这六个方面加以考察。数学习题使学生的思维活动有一定水平的目的性、方向性、确定性和辨别性,从而成为培养学生良好的思维品质的重要工具。在解题活动中,有的放矢地转化解题方法,从一种途径转向另一种途径,可以培养思维的灵活性;坚持数学运算速度的要求,同时使学生掌握合理的运算技巧和探索问题的方法,可以培养学生思维的敏捷性;分析数学习题条件的实质以及条件之间的相互联系,发现习题的隐含条件,可以培养学生思维的深刻性;学生思考所选择的解题思路是否正确,发现问题并提出质疑,及时摒弃自己的错误,可以培养学生思维的批判性;在解题中引导学生重视常规而又不墨守成规,寻求变异,从多角度、全方位考虑问题可以培养学生思维的广阔性;在解题中鼓励学生主动地、独立地、别出心裁地提出新方法、新见解,不因循守旧,善于联想、类比、推广,可以培养学生思维的创造性。

2. 通过习题激发学习兴趣,发展学生的非智力因素

恰当合适的数学习题,常能激发学生的学习兴趣和积极性,开发学生的非智力因素。非智力因素,指与认识没有直接关系的情感、意志、兴趣、性格、需要、动机、信念、世界观等方面。从心理学上讲,情感、意志、兴趣、性格、需要、动机、信念、世界观等,是智力发展的内在因素。一个人的非智力因素得到良好的发展,不但有助于智

力因素的充分发展,还可弥补其他方面的不足。反之,如果人缺乏意志,贪图安逸,必影响其智力的发展。苏联数学家和数学教育家辛钦(1894—1959)说过,数学课程对形成学生的性格和道德个性方面有巨大的作用,他特别提到如下四点,即真诚、正直、坚韧和勇敢。我国著名的数学家张广厚在小学、中学读书时智力水平并不出众,他的成功与良好的非智力因素有关。他曾说:"搞数学不需太聪明,中等天分就可以,主要是毅力和钻劲。"

　　一个数学习题的解答或正确或错误,一般不会引起争论,而只有好与不好的问题,数学真理性的这种不可争辩论性,包含着巨大的教育价值。被誉为"思维的体操"的欧氏几何,就曾对许多伟大的科学家的早期思维情感的形成产生过巨大的影响。爱因斯坦(Albert Einstein,1879—1955)在1946年撰写《自述》时也没有忘记他12岁初学欧氏几何时的惊奇。

　　"在12岁时,我经历了另一种性质完全不同的惊奇:这是在一个学年开始时,当我得到一本关于欧几里得平面几何的小书时所经历的。这本书里有许多断言,比如,三角形的三条高交于一点,它们本身虽然并不是显而易见的,但是可以很可靠地加以证明,以致任何怀疑似乎都不可能。这种明晰性和可靠性给我造成了一种难以形容的印象。"

　　那么数学习题是怎样影响学生的非智力因素的呢?这就要说到演算数学习题的与众不同,例如在写作中,学生自己看来是成功的东西,可能会得到他人完全不同的评价。而演算数学习题,评价其好坏的标准基本是确定的,学生也往往知道检查答案是否正确的方法,自己能够并且应该善于检查出其中的逻辑性错误,成功在这里是能够直接感觉得到的。因此,数学解题实际上就是这样积极地影响着学生的顽强、坚定性格的形成。

　　12岁的爱因斯坦,对欧氏平面几何中用很少的公理通过演绎推理得到大量的定理惊叹不已,使他坚信世界是以一种整体的简单性而存在的。这导致了他一生的追求,并在物理学领域做出了辉煌的成就。

　　数学习题的教育功能还在于它能给学生以美的熏陶。数学习题条件的和谐性、独立性,形式的对称性,解法的合理性、简练性和独创性,一题多解的殊途同归,都表现着数学的统一美、简单美和奇异美。数学的美不是视觉美,它只能领悟,但它的作用正如数学家庞加莱所说:"美感对于发明来说,乃是必不可少的,没有美感就不会有发明"，"美感是一种动力"，"美感是从属于激情的"，[①]因此对学生的培养作用犹如是心灵的鸡汤。

3. 通过习题补充和完善教材

教材编排的习题，不可能面面俱到、包罗万象。特别是在知识与知识的衔接、联系点上，实际上也做不到面面俱到。对于数学中的概念、定理、公式、思想方法等，学生需要一个逐步加深理解、巩固、熟练掌握的过程，这个过程学生总是通过演算习题尤其是那些综合性的习题来实现。教材上的习题显然不足以实现这个目标，所以老师常常会给以补充或进行改编，以适应这个需要。

例5：从甲站到乙站共有800千米，开始400千米是平路，接着300千米是上坡路，余下的是下坡路，已知火车在上坡路、平路、下坡路上的速度的比是3∶4∶5，

（1）若火车在平路上的速度是80千米／小时，那么它从甲站到乙站所用的时间比从乙站到甲站所用的时间多多少小时？

（2）若要求火车来回所用的时间相同，那么火车从甲站到乙站在平路上的速度与从乙站到甲站在平路上的速度的比是多少？

有同学这样解：（1）从甲到乙用时比从乙到甲用时多 $11 - 9\frac{2}{3} = 1\frac{1}{3}$（小时），

（2）从甲到乙与从乙到甲平路速度之比为 $11 : 9\frac{2}{3} = 33 : 29$。

你认为（2）的解法对吗？

解：首先我们要确定（2）的答案是否正确，为此，现用常规方法解之。

设甲 → 乙平路速度为 $4v_1$，则其平均速度 $\overline{v}_1 = \dfrac{800}{\dfrac{400}{4v_1} + \dfrac{300}{3v_1} + \dfrac{100}{5v_1}} = \dfrac{10}{11} \cdot 4v_1$，时间为 t_1，

乙 → 甲平路速度为 $4v_2$，则其平均速度 $\overline{v}_2 = \dfrac{800}{\dfrac{400}{4v_2} + \dfrac{100}{3v_2} + \dfrac{300}{5v_2}} = \dfrac{30}{29} \cdot 4v_2$，时间为 t_2，

于是　$\overline{v}_1 t_1 = \overline{v}_2 t_2 \rightarrow \dfrac{10}{11} \cdot 4v_1 t_1 = \dfrac{30}{29} \cdot 4v_2 t_2$，

当 $t_1 = t_2$ 时，$\dfrac{4v_1}{4v_2} = \dfrac{33}{29}$。

所以（2）的答案是对的。

---

① ［法］雅克·阿达玛.数学领域中的发明心理学［M］.陈植荫,等,译.南京:江苏教育出版社,1989.

其次,(2)的解法是否有依据呢?从上面的解法我们看到,若两个平路速度分别为 v_1,v_2,则两个平均速度分别可记为 k_1v_1,k_2v_2,又设两个时间分别为 t_1,t_2,由条件得　　$k_1v_1t_1 = k_2v_2t_2$,

对(1)而言,　　$v_1 = v_2, t_1 = 11, t_2 = 9\frac{2}{3} \Rightarrow \dfrac{t_1}{t_2} = \dfrac{k_2}{k_1}$,

对(2)而言,要求 $t_1 = t_2$,所以 $\dfrac{v_1}{v_2} = \dfrac{k_2}{k_1}$,后者的值就等于(1)中的时间的比。因此,(2)的解答是对的。

补充这样的习题,可以加深学生对数量关系的理解。

4. 通过习题体现因材施教

在班级授课制中,由于采用统一的教材和统一的授课方式,很难体现因材施教的原则。要使每个学生都有所发展,教师必须采取一些方式加以补救。其中一个重要的有效方法是利用习题这一手段,即对不同层次的学生布置不同水平的习题,让他们在原有的基础上都有所提高。这样的习题可以是教材上的习题,或教材上习题的延伸补充,或是从学生的错解题中挖掘提炼而来。

三、反馈评价功能

在数学教学的过程中,教师需要经常了解和检查学生的学习情况,他们在学习的过程中,遇到了哪些问题,他们的知识水平和能力水平是否达到了《课标》的要求,等等。这种学业检查与成绩的评定是整个教学过程的有机组成部分,而担当这两个重任的一般就是数学习题。教师通过批改数学(习题)作业,得到学生学习情况的反馈。这就要求教师在批改作业时,不能只看答案,还要注重过程,了解学生的思维方式。尤其对那些学生解错的题,必要时要通过询问学生本人,以了解进一步的情况。笔者曾就以下题目:

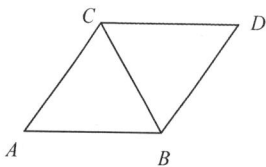

例6:如图 4-4,等边 $\triangle ABC$ 旋转到等边 $\triangle BCD$ 共有 ____ 个旋转中心?

对解答正确(正确答案是 3 个)的学生进行过询问,问学生是哪 3 个旋转中心?其中一个学生回答是 A,B,C 3 个,说明这个学生对旋转和旋转中心的概念十分模糊,未予掌握。

图 4-4

毫无疑问,正是通过解题,老师得到了学生学习情况的反馈。

学生数学成绩好坏的评价认定,一般是通过学生解答试题来完成,评定的内容大致围绕着两个方面:一是知识水平;二是能力水平,并以此来评价学生合格与否和水平高低等实际能力。目前我国中小学数学的学期考评,基本上都以考查知识水平为主,同时结合考查能力水平。以考查知识水平为主的试题,题目应符合教学大纲的要求,考虑知识的覆盖面,能考查学生掌握知识的深度和运用知识解决问题的熟练程度,等等。各级数学竞赛则主要是考查、评价学生的数学能力水平,选拔数学人才,激发学生的数学求知欲,其主要方法也是解题,但试题和学期考试试题、升学考试试题均不同,重点是考查学生的运算能力、空间想象能力和逻辑思维能力、分析和解决纯数学问题的能力,以及考查学生的阅读理解能力、探索创新能力和数学应用能力。华罗庚说,数学竞赛题必须"能够灵活地掌握已知的原则和利用这些原则去解决问题","正确地考验和锻炼同学们的数学才能"。[①]

第二节   数学习题的分类

从以上的论述我们看到,数学习题对数学教育和数学学习是如此重要,因此,有必要对习题本身做一些探讨,以便于我们在教学中能有针对性地使用它们。这一节我们先讨论习题的分类。

数学习题的分类,一直没有统一的标准,人们只是从不同的侧面对它们进行分类。

一、按知识内容

数学习题按知识内容的不同,可分为算术题、代数题、平面几何题、立体几何题、解析几何题和三角函数题等,这是一种最常用的分法。

这种分法中的每一类题又可在不同的层次上进行再分类,如代数题又可分为代数式、方程、函数、不等式、集合、复数、排列组合、二项式定理、数列等习题。方程又可再分为整式方程、分式方程、根式方程和超越方程等。整式方程还可分为一次方程、二次方程等。

当一个数学习题所涉及的知识超出某一单元或某一学科时,这样的习题称为综合题。综合题有利于培养学生综合、灵活运用知识来分析问题与解决问题的能力,有利于培养学生思维的广阔性、发散性等思维品质,在复习和能力考查中使用较多。显然,这里所说的综合题是偏向于"知识"的综合的,但是这种综合不是知识的堆砌,而是知识之间有内在的联系。

---

① 华罗庚. 数学竞赛[J]. 数学通报,1956(6).

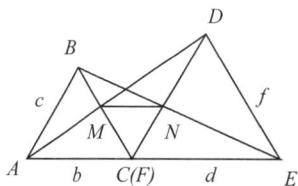

图 4-5

例 1：已知 a,b,c 是 $\triangle ABC$ 的三边，且满足关系式 $\frac{1}{2}(a-b)^2+|b-c|+\sqrt{2c-a-b}=0$，又知 d,e,f 是 $\triangle DEF$ 的三边，满足 $3(d^2+e^2+f^2)=(d+e+f)^2$，若将两个三角形如图 4-5 放置，使 C 点与 F 点重合，边 b 与 d 在同一条直线上，连接 BE 与 AD。

(1) 求证：$AD=BE$；

(2) 若把 BC 与 AD 的交点叫作点 M，DC 与 BE 的交点叫作点 N，求证：$\triangle CMN$ 是等边三角形。

这个题目的解答需要从关系式 $\frac{1}{2}(a-b)^2+|b-c|+\sqrt{2c-a-b}=0$ 推导出 $a=b=c$，从关系式 $3(d^2+e^2+f^2)=(d+e+f)^2$ 推导出 $d=e=f$，再利用全等三角形证明结论。虽说第一个关系式结论的直观性对第二个关系式要推导出的结论有提示启发作用，但把它们与全等三角形问题合在一起，两者之间并没有必然的内在联系，因此就不能说是真正的综合，只能说是简单的堆砌。如果此题用作考题，考查的目的指向就有问题，很可能使代数运算不足的学生失去证出全等三角形的机会，造成不必要的失分，难以考查出这部分学生的实际水平。所以，堆砌题在教学中尤其在考试中应该避免。

例 2：求证：不存在这样的边长为整数的等腰三角形，它的周长等于 2014，而面积是整数。

证明：用反证法。若存在这样的等腰三角形，设底边为 x，腰为 y，面积为 S，其中 x,y,S 为整数，则

$$x+2y=2014,$$

$$S=\frac{x}{2}\sqrt{y^2-(\frac{x}{2})^2},$$

于是 $(4S)^2=x^2\cdot 2014\cdot(2y-x)$，

但 $2014=2\times 19\times 53$，没有平方因子，又 $0<2y-x<2014$，

所以 $x^2\cdot 2014\cdot(2y-x)$ 不可能是一个完全平方数，因此这样的三角形不存在。

从此题的解答看，它融合了平面几何、代数式运算、算术（整除）等多方面的知识，因此是一个综合题。

二、按教学功效

按习题在教学中所起的作用可分为以下五种类型：

1. 铺垫型——指为引入新知识或为学习新知识做铺垫的题目,一般安排在例题之前,例如上节的例1和例2。这类习题需要教师仔细选择,精心设计,目的是让学生领悟所学新知识不过是某一知识的延伸或扩展,消除神秘感。

2. 基本型——指与例题相仿、难度相当的题目,一般安排在每组练习的前半部分,这类题目需占相当比例。

3. 综合型——指把新旧知识综合在一起的题目,一般安排在每组练习的后半部分或复习题中。

4. 发展型——指难度较大、思考性较强的题目,一般安排在总复习题中或数学竞赛中。

5. 辨析型——指知识间似是而非的题目,通常多以一组题的形式出现。希望学生通过对这些问题的思考辨析,厘清数学知识的网络及与数学概念的联系。

基本型、综合型、发展型习题构成了学生练习题的三个层次:第一层次是以基础知识的巩固和基本技能的训练为主,主要是模仿性的、知识单一的题目,旨在培养学生的最基本的数学素质与能力。第二层次是以某一类知识为起点,把与其有联系的相关知识也纳入进来而设计的,可以拓展学生的数学知识面,加深学生对某一类知识全面、系统地了解,提高各种能力,具有一定的开放性。第三层次是为了培养学生的研究能力而设计的,是习题中的最高层次,主要是一些在思考性、创造性方面要求较高的题目,如有一定难度的数学智力题。它们或用于对数学知识的整理、不同解题方法的比较和开放性问题的讨论;或用于探索某些事物的规律,探讨一些数学问题的解题策略和数学思想方法,启迪和发展数学思维能力。

例3:用24个面积为1的单位正三角形拼成如图4-6所示的正六边形,问:

(1) 有多少个面积为4的正三角形?

(2) 将1~24这24个自然数填入24个单位正三角形中(每个只填一个数),然后进行如下操作:依次对所有面积为4的正三角形里所填的数(有4个)加上同一个自然数,算作一次操作。问:能否进行有限次操作,使图中24个单位正三角形内的数都变成相同的自然数?如果能,请给出一种填法;如果不能,请说明理由。

解:(1) 这样的三角形有12个。

(2) 反证法。如果可以,那么图中24个数都变成同一个数 a,他们的和为 $24a$,另一方面,操作前这24个数的和为

$$1+2+\cdots+24 = 300,$$

操作一次,和增加 $12 \times 4a_1$,

……

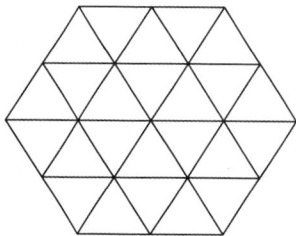

图 4-6

操作 n 次,和增加 $12(4a_1 + 4a_2 + \cdots + 4a_n)$,其中 $a_1, a_2, \cdots, a_n$ 为自然数。

于是 $24a = 300 + 12(4a_1 + 4a_2 + \cdots + 4a_n)$,

由于300不是12的倍数,所以这个等式不成立。矛盾说明这样的填法不存在。

在此题的解答中,不但需要学生明确使用反证法的解题的策略,而且需要学生探索出每次操作后的数字变化规律,所以例3是第三层次的习题。

三、按出题意图

习题的意图是指出题者对所出习题能起作用的一种指向。这种指向我们可以从习题的外部特征和表达方式来了解,数学习题的意图和它的解法常有联系,虽然这种联系不一定必然,因解法不同而有差异。

初等教育中的数学习题由于《课程标准》的深入贯彻,近几年来对习题按表达方式的分类已经不再局限于传统的计算题、判断题、解答题、证明或说明题、应用题、作图题等的分法。我们在关注学生的学习结果的同时,也关注了他们学习的过程和学习的水平,关注了他们在数学活动中所表现出来的情感与态度等。现在,数学学习的目标、课程体系、教学方法以及学生的学习方式都已经发生了很大的变化,因此对数学习题的意图或表达方式的认识也发生了相应的变化。目前,无论是在教科书中,还是在各种的考试题、竞赛题中,习题的面貌都发生了较大的变化,除了以上传统分法以外,还出现了各种创新题型。归纳起来,有以下几种常见类型。

1. 客观型

这里所说的客观型习题,是指一般意义上的填空、判断、选择题。这类习题的优点是答案清楚、批改方便、评价客观。但是,由于缺少解答过程,不能全面反映学生的思维过程,例如上一节的例6,从而也难以了解学生掌握基础知识的真实程度。近年来,随着课程改革的深入,客观型习题也出现了新的变化,结合了操作、探究、开放等更多的思想方法的成分。

例4:在一个长22厘米、宽16厘米的长方形纸片的一边上剪去一个长10厘米、宽6厘米的小长方形,则所得图形的周长为 ①76厘米,②88厘米,③96厘米,④108厘米。其中正确的是( )。

A. ①   B. ①②   C. ①②③   D. ①②③④

这是一个选择题,由于没有规定剪去的小长方形的位置,因此有多种剪法,所以结果具有开放性,需要考虑周全。解答时,先列出以下三种剪法:

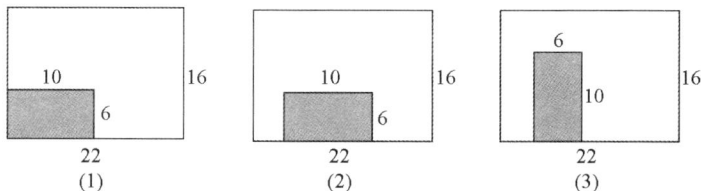

图 4 - 7

按照图 4 - 7(1)的剪法,所得图形的周长为 76 厘米;按照图 4 - 7(2)的剪法,所得图形的周长为 88 厘米;按照图 4 - 7(3)的剪法,所得图形的周长为 96 厘米,而其余剪法所得图形的周长都是这三个答案之一。因此,正确选项是 C。

2. 信息型

信息型习题是训练学生获取信息、解决问题能力的题型。我们生活在一个充满信息的时代,现实生活中蕴含着大量的数学信息,信息型习题改变了以往应用题脱离实际的状况,实现了《课程标准》所说的数学作为一种普遍适用的技术,有助于人们收集、整理、描述信息,建立数学模型,进而解决问题,直接为社会创造价值的作用。通过这种习题,培养学生正确的情感态度价值观。

例 5:许多家庭都使用"峰谷电","峰电"是指 8 时至 22 时的用电,"谷电"是指 22 时至次日 8 时的用电。浙江省从 2012 年 7 月 1 日起,城乡居民生活用电执行新的电价政策:新政策规定,第一档年累计用电量 2760 度以内,每度电为 0.538 元;第二档年累计用电量 2761—4800 度,以每度电 0.588 元结算;第三档年累计用电量 4800 度以上,为每度电 0.838 元。选择峰谷分时电价的居民用户,按峰、谷合计电量执行阶梯电价,其中第一档电量峰、谷电价仍按每千瓦时 0.568 元、0.288 元执行,第二、三档电量峰、谷电价在第一档电价基础上均同步加价 0.05 元、0.3 元。

国网浙江电力相关负责人介绍,用户不能盲目选择使用峰谷电价。现假定某居民用户年累计用电量不超过 2760 度,那么当月谷电时段用电的比例达到和超过家庭月总用电量的百分之几时,申请使用峰谷电才更省钱?

从此题中我们可以获取这样的信息:电力能源非常宝贵,但使用不均衡,因此政府出台相关政策鼓励夜间用电,节约用电。如果用户采用峰谷电,那么他们应该知道如何使用谷电,才比较经济。

解答时,设月总用电量为 y,月谷电量为 x,不使用"峰谷电"的电费为 $0.538y$ 元,使用"峰谷电"的电费为 $0.568(y-x)+0.288x$ 元,

所以由 $$0.538y \geqslant 0.568(y-x) + 0.288x$$

得 $$\frac{x}{y} \geqslant \frac{3}{28} \approx 0.107 \approx 11\%,$$

即当月谷电时段用电的比例达到和超过家庭月总用电量的 11% 时,申请使用峰谷电才更省钱。

3. 操作型

操作型习题,是让学生结合具体的数学情境,通过动手操作或实验,并伴随着猜想、推理、判断与探究等思维活动进行解答的习题。

数学的抽象性,使学生有时仅从数学习题的字面表述,很难领悟和发现该问题隐含的结论或内在的规律。而动手操作、实验恰好可以在抽象的数学知识和学生的思维之间架起一座桥梁,学生通过这座桥梁,做具体想象,使有物可思,有可能"看见"或"摸清"该数学问题的一些内在规律。如此,能使学生更好地理解和运用数学知识解决问题,发展学生的数学思维。《课程标准》从教学的角度提出要求,它说:数学教学是数学活动的教学,要创设生动有趣的情境,引导学生开展观察、操作、猜想、推理、交流等活动,使学生通过数学活动,掌握基本的数学知识和技能。因此,操作型习题近年来越来越受到大家的重视,一些常见习题纷纷以操作型习题的面貌出现。

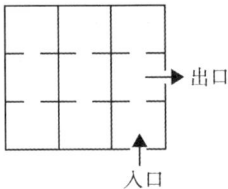

例 6:图 4-8 是一个展览馆展室的平面图,每个展室都有门相通。(1) 请你用黑白两种颜色对图中的 9 间展室依次交替涂色,你发现了什么?(2) 你能否从入口出发,不重复地走遍每一个展室,从出口出来。如能,你应怎样走?如不能,请说说你的理由。

图 4-8

通过涂色操作,学生会发现涂黑色和涂白色的展室数相差 1 的结论。学生在思考问题(2)时,首先会在图上模拟各种走法,但都不能成功后,如果他能思考这样一个问题:"为什么会走不通呢?"那么涂色所得的结论便会成为他新思考的起点。

例 7:在一个长 22 厘米、宽 16 厘米的长方形纸片的一边上剪去一个长 10 厘米、宽 6 厘米的小长方形,有哪些剪法?并求所得图形的周长。

这题是例 4 的改编版。"有哪些剪法"的提法虽然牺牲了一点学生的思考空间,但是突出了习题的操作性,学生可以自己拿出纸动手操作有几种剪法(或画出剪法)。学生只有亲自经历了这个动手过程,才会想得更全,体验更深,才有可能将思维引领到一定的高度。

例 8:有 4 枚完全一样的骰子,其展开图如图 4-9 左图所示,这 4 枚骰子叠在一起的形状如右图所示,相接触的两个面的点数之和为 8,且每个骰子都有一个面被遮住,你能说出每个被遮住的面各是几点吗?

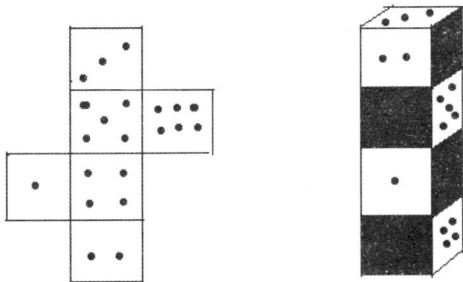

图 4 - 9

解此题时,需要一定的空间想象能力,但有些同学的空间想象能力较弱,以至于"想不清楚"。怎么办呢?这时就可以通过操作来解答,按左图用纸做一个骰子进行实际摆放,即可"看出"答案,也可对自己不确定的想法进行验证,并从中感受骰子在空中转动的变化情况。从上至下被遮住的面的点数依次是 1,6,4,5。

例 9:有依次排列的 3 个数,比如 3,8,7。对任意相邻两个数,都用右边的数减去左边的数,所得之差写在这两个数之间,可产生一个新数串:3,5,8,－1,7,这称为第一次操作;做第二次同样的操作也可得到一个新的数串:3,2,5,3,8,－9,－1,8,7,继续依次操作下去。问:(1)从数串 3,8,7 开始,操作 100 次后,产生的新数串的所有数之和是多少?(2)从数串 a,b,c 开始,操作 100 次后,产生的新数串的所有数之和是多少?

此题的意图在于求解问题(2),但问题(2)比较抽象,因此设计了问题(1)。通过操作问题(1),我们可以发现数值变化的规律:每操作一次,数串数的和就增加 4,所以操作 100 次后所得数串的所有数之和是 $3＋8＋7＋4×100＝418$。为了解答(2),我们需搞清 4 的来历,分析发现 $4＝(7－8)＋(8－3)＝7－3$,因此可知(2)中的数串每操作一次,所得数串数的和就增加 $c－a$,所以(2)的答案为 $a＋b＋c＋100(c－a)＝101c＋b－99a$。

数学中的作图题,显然属于操作型习题,但它与前述的操作型习题有所不同。作图题是先假定所要作的图已经作出,然后分析出已知条件和未知条件之间的关系和规律,再按照几何作图的基本要求进行操作 —— 作图,最后对所设条件和所作图形的关系加以探究。

例 10:过 A,B 两点作一圆与已知 ⊙O 相切。

解此题时,先假定要求所作之圆(如图 4 - 10(1)中的 ⊙ABP)已经作出,点 P

为 ⊙O 与所作之圆的切点。设点 E 为两圆的公切线与直线 AB 的交点。如果点 E 确定，那么 ⊙O 的切线 EP 就确定，从而切点 P 确定，⊙ABP 就是所求的圆。

点 E 如何确定呢？因为过点 A,B,O 可作一圆，设它与 ⊙O 交于点 C,D，则 AB 与 CD 的交点就是点 E，见图 4-10(2)。进一步发现，过 A,B 两点任作一圆交 ⊙O 于两点，这两点的连线与 AB 的交点也是点 E。

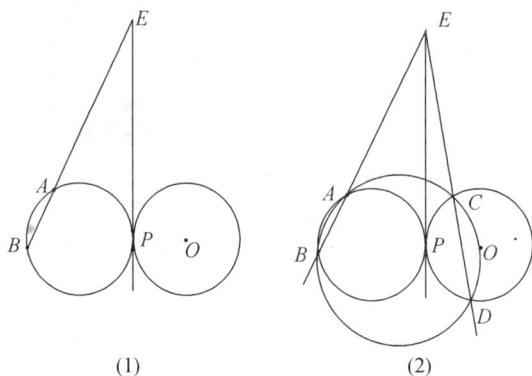

(1)   (2)

图 4-10

作法：过 A,B 两点任作一圆与 ⊙O 交于 C,D 两点，直线 BA 与直线 DC 相交于点 E，过 E 作 ⊙O 的切线 EP，P 为切点，过 A,B,P 三点作圆，此圆即为所求。

证明：由作法知：$EP^2 = EC \cdot ED = EA \cdot EB$，所以 EP 与 ⊙ABP 相切于点 P，但 EP 与 ⊙O 也相切于点 P，所以 EP 为 ⊙ABP 与 ⊙O 的公切线，即 ⊙O 与 ⊙ABP 相切，所以 ⊙ABP 符合所求。

讨论和探究：

(1) 如果点 O 在 AB 的中垂线上，这时 AB // CD，以上作法可改为：作 AB 的中垂线与 ⊙O 交于 P,Q 两点。分别过 A,B,P 和 A,B,Q 三点作圆，此二圆即为所求；

(2) 若点 A,B 均在 ⊙O 外，则有两解，一圆与 ⊙O 内切，一圆与 ⊙O 外切；

(3) 若点 A,B 均在 ⊙O 内，则有两解，均与 ⊙O 内切；

(4) 若点 A,B 均在 ⊙O 上，则无解；

(5) 若点 A 在 ⊙O 外，点 B 在 ⊙O 内，则无解；

(6) 若点 A 在 ⊙O 上，点 B 在 ⊙O 内，则有一解，与 ⊙O 内切；

(7) 若点 A 在 ⊙O 上，点 B 在 ⊙O 外，当 $\angle OAB > 90°$ 时，有一解，与 ⊙O 外切；当 $\angle OAB = 90°$ 时，无解；当 $\angle OAB < 90°$ 时，有一解，与 ⊙O 内切。

4. 探究型

探究型习题是让学生在一定的数学情境之中,通过思考、探究去发现隐藏在数学现象背后的数学规律的习题。在解探究型习题时,学生更能展现他们理解和掌握数学基本知识与基本技能的水平,使他们获得更"数学"的数学活动的经验。这种类型的习题,也是在《课程标准》深入贯彻以后受到大家重视的,《课程标准》在指出"学生是数学学习的主人"后,要求"教师应激发学生的学习积极性,向学生提供充分从事数学活动的机会,帮助他们在自主探索和合作交流的过程中真正理解和掌握基本的数学知识与技能、数学思想与方法,获得广泛的数学活动经验",才使得探究型习题走出深闺,日益大众化。

例 9 和例 10 从探究的角度看,都可以认为是探究型习题。例 9 是探究数串数的和与最初的三个数 a, b, c 之间的关系,例 10 是探究已知点 A, B 与已知圆的相对位置对所要求作的圆的影响情况,尽管这也是作图题的要求。

例 11：喀氏数。

喀氏,是指印度数学家喀普利卡。一天,喀普利卡从铁道线经过,一个偶然的现象,引起了他的思考:一块里程指示牌被龙卷风拦腰折断,那上面写着的 3025 千米的四位数字被分成 30 和 25。见此景象,喀普利卡心里一亮:"这个数字好奇怪呀!$30 + 25 = 55$,而 $55^2 = 3025$,原数不是又再次重现了吗?"

此后,他便研究、搜寻这类数字,竟然发现了一大批具备这种特点的数。如 2025 和 9801,$20 + 25 = 45, 45^2 = 2025; 98 + 1 = 99, 99^2 = 9801$。人们把这种怪数命名为"喀普利卡数",简称"喀氏数",也有人称为"分和累乘再现数"或"雷劈数"。

"喀氏数"不仅存在于四位数,其他位数的数也有。如美国数学家亨特就发现了一个八位数的喀氏数:$60481729, 6048 + 1729 = 7777; 7777^2 = 60481729$。

请你尝试探究有什么规律可以写出喀氏数。

解此类习题往往需要有一定的数学思想方法和较强的数学技能,探究型习题还不一定有标准答案,像例 11 就是这样。例 11 的其中一个规律是:如果一个自然数的各位数皆为 9,例如 $9, 99, 999, 9999\cdots$ 那么它们的平方都是喀氏数。像 9 的平方 81,99 的平方 9801,999 的平方 998001,9999 的平方 99980001 都是喀氏数。

四、按习题要素

如果把数学习题看成一个系统,那么这个系统中有四大要素,分别是:数学习题的条件,用 Y 表示;解题的依据知识,用 O 表示;解题的方法,用 P 表示;习题的结论,用 Z 表示,因此一个习题系统可简记为 $\{Y,O,P,Z\}$。①以要素为标准,分析一个习题四个要素中已知要素占多少,可将数学习题分为四类:标准型、训练型、探索型和问题型。

1. 标准型

标准型习题是指四个要素都为已知的习题。

例 12:求证:$a(a+1)(a+2)(a+3)+1 = (a^2+3a+1)^2$,即四个连续自然数的乘积与 1 的和是一个平方数。

此题对于已经学过整式乘法和乘法公式的学生来说,四要素都为已知,Y:左边为 $a(a+1)(a+2)(a+3)+1$,右边为 $(a^2+3a+1)^2$;O:整式乘法规则和乘法公式;P:将左边乘出来进行配方;Z:左边 = 右边。因此这是一个标准型题。

例 13:证明:$1^2+2^2+3^2+\cdots+n^2 = \dfrac{1}{6}n(n+1)(2n+1)$。

这题对学过数学归纳法的学生来说是标准型题,因为其中的 P 可以是数学归纳法。

2. 训练型

训练型习题是指四个要素中只有一个要素学生不知道,其余三个要素学生都已经知道的习题。

例 14:仿照计算 $1\times2+2\times3+3\times4+\cdots+19\times20$ 的方法,计算

$$1\times2\times3+2\times3\times4+3\times4\times5+\cdots+28\times29\times30。$$

因为 $\quad 1\times2 = \dfrac{1}{3}(1\times2\times3-0\times1\times2)$,

$2\times3 = \dfrac{1}{3}(2\times3\times4-1\times2\times3)$,

$3\times4 = \dfrac{1}{3}(3\times4\times5-2\times3\times4)$,

……

$19\times20 = \dfrac{1}{3}(19\times20\times21-18\times19\times20)$。

将以上这些等式左边和右边分别相加,得

$$1\times2+2\times3+3\times4+\cdots+19\times20 = \dfrac{1}{3}(19\times20\times21) = 2660。$$

此题除了结论 Z 是未知的以外,其他三个要素 Y,O,P 都是已知的,因此是一

---

① 戴再平.数学习题理论[M].上海:上海教育出版社,1993:24.

个训练型题。

3. 探索型

探索型习题是指四个要素中有两个是学生不知道的,其余两个是学生知道的。

例 15:某队伍长 2015 米,在行进中排尾的一个战士因事赶到排头,然后立即返回,当这个战士回到排尾时,全队已前进 2015 米,如果队伍和这个战士行进的速度都不改变,求这个战士在这个过程中走过的路程。

这题对初二及以上学生来说,是一个探索型的习题。因为习题的条件 Y 是已知的,所用知识 O 涉及时间、路程、速度之间的关系,因而也可认为是已知的;解题方法 P 对这题来说,涉及如何设未知数、如何列方程等,是未知的;结论 Z 当然也是未知的,所以它是一个探索型习题。

这题的解答可设:当战士赶到排头时队伍走了 x 米,那么这时战士走了($2015 + x$)米;当战士返回到排尾时,战士走了 x 米,队伍走了($2015 - x$)米,

所以由速度不变,得 $$\frac{2015 + x}{x} = \frac{x}{2015 - x},$$

解得 $$x = \frac{2015}{\sqrt{2}}(米),$$

所以战士走过的路程为 $2015 + 2x = 2015(1 + \sqrt{2})$(米)。

例 16:当实数 a 在什么范围内取值时,曲线 $\frac{(x-a)^2}{2} + y^2 = 1$ 和曲线 $y^2 = \frac{x}{2}$ 有公共点?

此题初一看,好像是训练型习题,因为习题条件 Y 已知,解题依据知识 O 是椭圆和抛物线方程(二元二次方程)有公共解,解题方法 P 是联立方程组并使方程组有解,例如

联立方程组 $$\begin{cases} \frac{(x-a)^2}{2} + y^2 = 1 \\ y^2 = \frac{x}{2} \end{cases},$$

得 $x^2 - (2a-1)x + a^2 - 2 = 0$,由 $\Delta \geqslant 0$ 解得 $a \leqslant \frac{9}{4}$,所以当 $a \leqslant \frac{9}{4}$ 时两曲线有公共点,但这个结论是错的。我们可以通过它们的图像(见图 4-11)观察到当 a 变化时,椭圆将左右平移。当椭圆左移到一定位置时,两曲线将无公共点,这与 $a \leqslant \frac{9}{4}$ 时两曲线有公共点不符。而正确的解题方法是解方程组

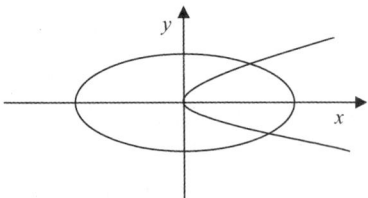

图 4 - 11

$$\begin{cases} \dfrac{(x-a)^2}{2} + y^2 = 1 \\ y^2 = \dfrac{x}{2}, \text{且 } x \geqslant 0 \end{cases},$$

或利用椭圆的长半轴是 $\sqrt{2}$ 的条件,可得 $-\sqrt{2} \leqslant a \leqslant \dfrac{9}{4}$。因此此题归为探索型习题是合适的。

4. 问题型

问题型习题是指四个要素中仅有一个是学生已知的,其余三个都是学生所不知道的习题。

例 17:汤姆在祖父的文件中发现了一张账单:"72 只火鸡 \$ __67.9__",它的第一位数字和最后一位数字由于年代久远已经褪色,难以辨认,因此这里用横线代替。显然,数字表示的是这些家禽的总价,那么,这两个褪色的数字是什么,每只火鸡的价格是多少?

这是一个问题型习题,它条件不全,只知道单价和总价之间是一个乘法关系,并要由此推断火鸡的单价。

用什么方法来解决这个问题呢?这里我们只给出答案:每只火鸡的价格是 \$5.11。

例 18:求前 n 个自然数的平方和,即求 $1^2 + 2^2 + 3^2 + \cdots + n^2$ 的表达式。

此题除了条件 Y 已知以外,其余各要素 O, P, Z 都是未知的,因此属于问题型习题。事实上,求前 n 个自然数的平方和有用类比的方法的,有用递推的方法的,有用代数的方法的,还有用概率论的方法的等多种。

用习题要素的方法分析习题有利于教师掌握习题的难度,习题的难度由易到难的排列次序是:

标准型习题 —— 训练型习题 —— 探索型习题 —— 问题型习题。

标准型习题和训练型习题,由于未知要素最多为一个,所以解题方法往往方向确定,这种习题我们称为收敛性习题;探索型习题和问题型习题,由于未知要素较多,通常不具有定向的解题方法,所以我们也称为发散性习题。收敛性习题常用于即时巩固学生的知识,以便强化学生的思维定式,而发散性习题则常用于培养学生思维的广阔性和灵活性,有助于发展学生的智力。

目前初等数学课本中的习题一般有三个层次,即"练习"或"课内练习"、"习题"或"作业题"、"复习题"或"小结中的题"。一般说来,"练习"安排的是标准型习题和训练型习题,"复习题"安排的是探索型习题和问题型习题,"习题"则介于两者之间。当然,某个数学习题究竟属于哪一类,还要取决于学生的知识基础和解题经验。同一个数学习题对于不同的学生来说,可能属于不同的类型。

解题过程,通常就是转化习题的过程,一般是先把问题型习题转化为探索型习题,再把探索型习题转化为训练型习题或标准型习题,这就是从未知到已知的转化过程。当学生解决某个习题有困难时,教师就可以针对习题的四要素结合学生实际,对学生给予指点、帮助和辅导。例如有学生对例 15 感到迷茫而无从下手时,教师就可以让学生分析习题的已知条件是否充分、解题的依据知识是否确定、解题方法的指向有哪些等,让学生每一环节逐一确定,这实际上就是降低题目的难度层次,创造适合学生认知水平的教学情景。

另外,教师也可以通过增加习题中的未知要素的方法来提高习题的难度,以加强对学生的思维训练。如本节例 2 就是由下题改编而来。

例 19:求证:不存在这样的边长为整数的等腰三角形,它的周长等于 2013,而面积是整数。

证明:设三角形底边为 x,腰为 y,面积为 S,其中 x,y,S 为整数,则 $x+2y=2013$,所以底边 x 是奇数,由勾股定理可知底边上的高不能是整数,所以面积 S 不能是整数。

读者不难发现,两者在解题依据知识和解题方法上都有明显的区别。

如果我们对习题四要素中的 Y 和 Z 做一些改变,使条件不那么充分,或结论不那么确定,那么这些习题的类型就不再是标准型、训练型、探索型和问题型之一了。这类习题我们称之为开放型习题。开放型习题是在 20 世纪 70 年代开始出现的一种新题型,现在越来越被广大数学教育工作者所认同。《课程标准》在第二学段、第三学段和高中有多处明确指出"设计方式可以是就同一问题情境提出不同层次的问题或开放性问题"(P_{77},P_{97});"在编写教材时,应增加一些开放性的综合内容"(P_{78});"教材可以提供一些开放性(在问题的条件、结论、解题策略或应用等方面具有一定开放度)的问题"[高中课程标准(实验稿)P_{93}]。

5. 开放型

凡是条件完备充分、结论固定唯一的习题,我们称为封闭型习题,简称封闭题。而答案不确定或者条件不完备的习题,我们称之为开放型习题,简称开放题。

近几年,随着课程改革的深入推进,开放题较多地出现在各个版本的教材及试题中,被人们认为是极富有教育价值的一种数学习题的题型。客观地看,封闭题和开放题各有千秋,封闭题定向性强,有利于学生在不同条件下重复思维操作,是学生巩固推理技能和加深知识理解所必需的,起到知识同化的作用;开放题则可以让学生在不同的经验和能力水平基础上,通过自己的观察,提出自己的解题思路,获得多种不同的解题方法,使数学学习活动真正成为一个生动活泼、主动和富有个性的过程,开放题使学生在解题过程中建立起新的认知结构,起到知识顺应的作用。

开放题又可分为条件开放型、结论开放型和策略开放型等类型。

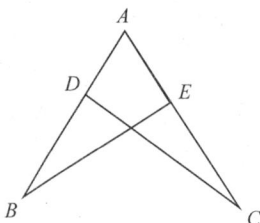

图 4-12

例 20：如图 4-12,$AB = AC$,要使 $\triangle ABE \cong \triangle ACD$,应添加的条件是＿＿＿＿＿＿＿＿＿＿＿＿＿＿（添加一个条件即可）。

此题可添加的条件不止一个,属于条件开放型习题。

例 21：甲、乙两人在一条公路上相距 20 米。如果两人同时出发,甲每分钟行 60 米,乙每分钟行 40 米,经过多少分钟后,两人相距 80 米?

此题用到的知识依据是明确的 —— 行程问题,但两人的相对运动方向未知。根据实际,两人的相对运动方向可能有以下四种情况,分别解之:

(1) 如果两人背向而行,这时两人每分钟行走的路程之和为 100 米,所需要的时间是 0.6 分钟。

(2) 如果两人同向而行,甲在前、乙在后,这时甲要比乙多走 60 米,所需要的时间是 3 分钟。

(3) 如果两人同向而行,甲在后、乙在前,这时甲要比乙多走 100 米,所需要的时间是 5 分钟。

(4) 如果两人相向而行,那么相遇后就转为背向而行,这时两人行走的路程之和是 100 米,所需要的时间是 1 分钟。

所以,当两人相距 80 米时,所需要的时间可能是 0.6 分钟或 3 分钟或 5 分钟或 1 分钟。

此题由于条件"两人同时出发"的方向有多种情况,导致结论也不唯一,所以它是条件、结论都开放的开放题。

例 22：在 15 个人中选 3 人作为国旗升旗手,问有几种选法?

此题对于学过排列组合知识的学生来说,它是条件明晰、解法确定、答案唯一的习题,因此是一个封闭题。但对于没有学过排列组合知识的学生来说,该题会有许多不同的思路和解法,这时我们可以称它是一个解题策略开放的开放题。从这一意义上说,开放题也是相对性的。

以下的"钟面数字问题"是一个经典的开放题,它具有趣味性、探索性和挑战性,因为它所需的知识仅是一百以内的加减法,它的答案具有开放性,但找全全部答案并不十分容易。

例 23：如图 4 - 13,钟面上有 $1,2,3,\cdots,11,12$ 共十二个数,请在数字前添加加号或减号,使它们的和等于 0。

解：我们称数字前面添减号的数为减数,不添减号的数为加数,因为 $1+2+3+\cdots+11+12=78$,

所以加数之和与减数之和各为 39,在 $1\sim12$ 中相加为 39 的数,至少 4 个,至多 8 个。我们用枚举法有序列出。

图 4 - 13

四个数的和为 39 的有 3 组：

$(12,11,10,6),(12,11,9,7),(12,10,9,8)$;

每一组中的 4 个数,例如 $(12,11,10,6)$,如果前面不添减号,那么另外 8 个数 $(1,2,3,4,5,7,8,9)$ 的前面就添减号。反过来,$(12,11,10,6)$ 如果前面添加减号,那么另外 8 个数 $(1,2,3,4,5,7,8,9)$ 的前面就不添减号,所以每一组数都代表着两种满足要求的添加符号的方法。因此这里共有 6 种方法。

五个数的和为 39 的有 30 组,乘 2 有 60 种方法。

$(12,11,10,5,1),(12,11,10,4,2),(12,11,9,6,1),$
$(12,11,9,5,2),(12,11,9,4,3),(12,11,8,7,1),$
$(12,11,8,6,2),(12,11,8,5,3),(12,11,7,6,3),$
$(12,11,7,5,4),(12,10,9,7,1),(12,10,9,6,2),$
$(12,10,9,5,3),(12,10,8,7,2),(12,10,8,6,3),$
$(12,10,8,5,4),(12,10,7,6,4),(12,9,8,7,3),$
$(12,9,8,6,4),(12,9,7,6,5),(11,10,9,8,1),$
$(11,10,9,7,2),(11,10,9,6,3),(11,10,9,5,4),$
$(11,10,8,7,3),(11,10,8,6,4),(11,10,7,6,5),$
$(11,9,8,7,4),(11,9,8,6,5),(10,9,8,7,5)$。

六个数的和为 39 的有 29 组,乘 2 有 58 种方法。

$(12,11,10,3,2,1),(12,11,9,4,2,1),(12,11,8,5,2,1),$
$(12,11,8,4,3,1),(12,11,7,6,2,1),(12,11,7,5,3,1),$
$(12,11,7,4,3,2),(12,11,6,5,4,1),(12,11,6,5,3,2),$
$(12,10,9,5,2,1),(12,10,9,4,3,1),(12,10,8,6,2,1),$
$(12,10,8,5,3,1),(12,10,8,4,3,2),(12,10,7,6,3,1),$
$(12,10,7,5,4,1),(12,10,7,5,3,2),(12,10,6,5,4,2),$
$(12,9,8,7,2,1),(12,9,8,6,3,1),(12,9,8,5,4,1),$

$(12,9,8,5,3,2),(12,9,7,6,4,1),(12,9,7,6,3,2),$

$(12,9,7,5,4,2),(12,9,6,5,4,3),(12,8,7,6,5,1),$

$(12,8,7,6,4,2),(12,8,7,5,4,3)。$

以上就是全部 124 个解。

最后需要指出的是,对数学习题进行分类并没有严格的标准,有学者如谷安春(1994)根据例题在教学中的作用将例题分为概念型、方法型、思路型、法则型、操作型;戴再平(1996)将例题分为概念型、原理型、问题解决型等。这样分的好处是有利于教师能准确把握例题的教学功能,有利于提高例题的学习效率,编选者也能根据习题的作用更好地进行编选。

还有学者对习题按评分的客观性进行分类(客观性习题、主观性习题);按教学活动的形式分类(口答题、板演题、讨论题、例题、练习题、试题、竞赛题等);或按解答的方式分类(填空题、判断题、选择题、改错题、计算题、证明题等),等等。但是不论哪种分法,其目的都是为了引导教师的"教"和学生的"学"。

第三节　　数学习题的科学性

数学的抽象性、严密性、逻辑性和数学习题所要起到的作用,都要求数学习题本身的结构和叙述要合理、严谨和清晰,即数学习题本身要具有科学性。

在数学教学中,我们常会遇到学生对某些习题的解答发生争论,甚至教师也感到一时难以回答的情况。这些习题,很多都存在着这样或那样的问题,有的概念模糊,有的条件不足或条件之间相互矛盾,有的叙述不清,还有的脱离实际,等等。这些缺乏科学性的习题,不仅浪费师生们宝贵的时间,而且也会损害学生逻辑思维能力的形成和发展。试想,一个学生解答一个条件矛盾或叙述不清的数学习题,即使他具备良好的基础和数学能力,也会为此感到困惑不解,产生缺乏独立思考和自信心不足的心理状态。如果考试中出现这种习题,则会导致学生非正常失分,严重影响考试的效度和信度。

因此,作为教师,为了使数学习题起到它应起的正确作用,就必须保证习题的科学性。习题的科学性可以从以下几方面进行考查:

(1)习题中出现的概念、术语必须是定义的;

(2)习题的条件应是充分的、不矛盾的;

(3)习题的情境要客观合理,表述符合学科性;

(4)习题的陈述要准确、严谨、无歧义;

（5）习题本身要正确；

（6）习题条件要尽可能"少"，结论要优化；

（7）习题要求要可行、习题结论要"无害"。

一、习题中出现的概念、术语必须是定义的

数学中的概念经过千锤百炼，精确严密，是数学对象本质特征的反映。很多时候我们正是靠着数学概念，对各类数学对象进行着区分，数学概念是数学学科科学叙述的起点。因此，数学习题中涉及的概念必须是正确的，对学生而言是已被定义过的，否则，前者将使数学的逻辑性不复存在，后者将引起学生思维的混乱。

例 1：证明：四边形 $ABCD$ 是梯形的充要条件是 $\sin A \sin C = \sin B \sin D$。

证明：在四边形 $ABCD$ 的条件下，有 $-\pi < A - C < \pi$，$-\pi < B - D < \pi$ 且 $A + B + C + D = 2\pi$，于是

$$\sin A \sin C = \sin B \sin D \Leftrightarrow \cos(A+C) - \cos(A-C) = \cos(B+D) - \cos(B-D)$$
$$\Leftrightarrow \cos(A-C) = \cos(B-D)$$
$$\Leftrightarrow A - C = \pm(B-D)$$
$$\Leftrightarrow A + D = B + C \text{ 或 } A + B = C + D$$
$$\Leftrightarrow AB \ /\!/ \ CD \text{ 或 } AD \ /\!/ \ BC。$$

从证明的结果看，只有将梯形定义为"一组对边平行的四边形"，命题才是真命题，但这违背了目前所用的梯形的定义："一组对边平行且另一组对边不平行的四边形叫作梯形"，因此习题中所说的"梯形"的概念实际上是没有被定义的。如果要使习题中的"梯形"概念符合已定义的梯形概念，可将习题改为：

已知四边形 $ABCD$ 中，$0 < A - C < \pi$，$-\pi < B - D < 0$，证明：四边形 $ABCD$ 是梯形的充要条件是 $\sin A \sin C = \sin B \sin D$。

例 2：在同一平面内，到 $\triangle ABC$ 三边距离相等的点的个数是（　　　）。

A. 1　　　　　　B. 2　　　　　　C. 3　　　　　　D. 4

由于三角形的边是一条线段，所以此题就涉及了"点到线段的距离"这样一个概念，而这个概念是没有被定义的。人们参照"点到直线的距离"概念，往往对"点到线段的距离"产生不同的理解：

（1）点到线段的距离就是点到线段所在直线的距离；

（2）从一点作线段所在直线的垂线，如果垂足在线段内，那么这个距离就是点到直线的距离；如果不在，这个距离就等于点到线段端点距离的最小值。

于是，习题的解答就引起了争议。

例3：判断题（在括号内写上"对"或"错"）：三个数都是合数，这三个数就不可能是互质数(　　　)。[①]

这是小学数学的一个练习题。虽然有若干个数互质的概念："若整数 $a_1, a_2, \cdots,$ a_n 的最大公约数为1，则称 $a_1, a_2, \cdots, a_n$ 互质"，但小学数学课本中出现的互质数的概念，只是对两个数而言的，其定义是："公约数只有1的两个数，叫作互质数。"三个数是互质数的概念在小学课本中并没有出现，也没有要求。所以，题中的"互质数"概念对学生而言是未知的，此题就不宜给小学生做。

二、习题的条件应是充分的、不矛盾的

数学习题都是要求我们从题设（条件）出发去推导结论，因此需要条件足以推导出结论，就是条件要具有充分性（相对结论而言），条件之间无矛盾。我们不能让学生去证明一个假命题，也不能让学生去解答一个无解的计算题。但对解方程（组）或解不等式（组）是例外，即允许其结果无解，因为解答这类习题是要求求出其解集，而空集是其中可能出现的一种情形。

习题条件不具有充分性，往往表现为习题条件不足或各条件之间有矛盾——习题条件有多余且互不相容，这时习题涉及的命题就不是真命题，说明不是真命题的方法往往是举出反例。

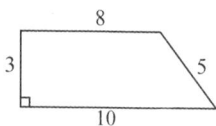

图 4 - 14

例4：求图 4 - 14 中直角梯形的面积和周长（单位：厘米）。

此题的条件（数据）有矛盾，因为直角梯形的上下底之差与两腰构成的直角三角形的三边关系 $(10-8)^2 + 3^2 \neq 5^2$，不满足勾股定理。因此，这样的直角梯形实际上并不存在。出题者仅关注了公式或法则的运用，而忽略了梯形各边之间的关系，逻辑上违背了数学规律。

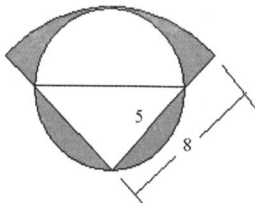

图 4 - 15

例5：（用最佳方法）求下列图形（见图 4 - 15）阴影部分的面积（义务教育初级中学新初一数学暑假作业，浙江教育出版社，2010 年 4 月）。

出题者的意图也许是让学生这样来解：阴影面积。

$$S = （扇形面积 - 半圆面积 - 等腰直角三角形面积）$$
$$+ （半圆面积 - 等腰直角三角形面积）$$

---

① 戎松魁，周倍明.小学数学习题必须符合科学性[J].小学数学研究，1987(7).

= 扇形面积－边长为 5 的正方形面积 = $16\pi - 25$。

但是根据图中给出的数据,我们可以知道等腰三角形的底边并不是圆的直径,因此按图中的数据,就有两种情形:扇形的圆心角是钝角或是锐角。这两种情形的阴影面积都涉及弓形面积的计算,所需知识超出初一新生的知识范畴。从这个意义上讲,此题的条件是矛盾的。改正的方法之一是将数据 5 改为 $4\sqrt{2}$。

例 6:甲从 A 地出发到 B 地,乙从 B 地出发到 A 地。甲先行 2 千米后乙出发,经 2 小时后,甲、乙在 AB 的中点处相遇;若同时出发,相遇后甲再走 $2\frac{1}{2}$ 小时到达 B 地,乙再走 $1\frac{3}{5}$ 小时到达 A 地。问:甲、乙两人的速度各是多少?

解:设甲的速度为每小时 x 千米,乙的速度为每小时 y 千米,则

$$\begin{cases} 2 + 2x = 2y \\ \dfrac{2\frac{1}{2}x}{y} = \dfrac{1\frac{3}{5}y}{x} \\ 2\frac{1}{2}x + 1\frac{3}{5}y = 4y \end{cases}, \quad \Rightarrow \quad \begin{cases} x - y + 1 = 0 \\ 5x - 4y = 0 \\ 25x - 24y = 0 \end{cases}。$$

这是一个矛盾方程组,说明这个行程问题所给的三个条件互相之间有矛盾。实际上含有两个未知数的问题,只需给出两个相互独立的条件即可。从方程组看,第 2、第 3 两个方程矛盾,因此去掉一个,就可使原问题的矛盾消除。例如:

例 6′:甲从 A 地出发到 B 地,乙从 B 地出发到 A 地。甲先行 2 千米后乙出发,经 2 小时后,甲、乙在 AB 的中点处相遇;若甲先行 $\dfrac{9}{10}$ 小时,那么 $1\frac{3}{5}$ 小时后甲、乙相遇。问:甲、乙两人的速度各是多少?

解:设甲的速度为每小时 x 千米,乙的速度为每小时 y 千米,则甲行 $2\frac{1}{2}$ 小时、乙行 $1\frac{3}{5}$ 小时的路程和为全程,所以

$$\begin{cases} x - y + 1 = 0 \\ 25x - 24y = 0 \end{cases}, \quad \Rightarrow \quad \begin{cases} x = 24 \\ y = 25 \end{cases}。$$

答:甲的速度是每小时 24 千米,乙的速度是每小时 25 千米。

例 7:如图 4－16,$ABCD$ 是直角梯形,$DC = 10\text{cm}$,$EC = 4\text{cm}$,$FE = 2\text{cm}$,三角形 BEC 的面积为 6cm^2,求梯形 $ABCD$ 的面积。

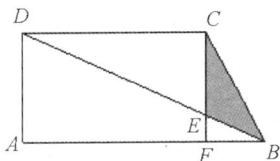

图 4－16

解一：因为 $FB = 6 \times 2 \div 4 = 3(\mathrm{cm})$，

所以梯形 $ABCD$ 的面积为

$$\frac{1}{2}(10 + 13) \times 6 = 69(\mathrm{cm}^2)。$$

解二：因为三角形 DEC 的面积为

$$\frac{1}{2} \times 10 \times 6 - 6 = 24(\mathrm{cm}^2)，$$

所以 EC 的长为

$$24 \times 2 \div 10 = 4.8(\mathrm{cm})，$$

这与已知 $EC = 4\mathrm{cm}$ 不符，故本题的数据是矛盾的。

三、习题的情境要客观合理，表述符合学科性

为了激励学生的数学学习，让学生学得有趣味、学得有活力，初等数学的许多习题都加有一定的情境，数学习题的情境同时也体现了数学应用的广泛性。从这个角度，数学教与学的活动也可以说是一种社会活动，因此习题的情境必须要符合或贴近实际生活，否则会使学生觉得数学问题只不过是一堆数字游戏，造成数学可不用于实际的假象或数学何用的困惑。

情境不客观合理或表述冗长、喧宾夺主的习题都不符合数学习题的科学性要求。

例8：昨天下午放学回家的路上，我校五(1)班的叶×、黄×、牛×× 三位同学经过顺心超市，发现门口立着一个广告牌，上面写着："新到一批作业本，一次购买 10 本以上可按优惠价出售。"三人商量后，决定各拿出同样多的钱来合买同样单价的练习本，买来之后，叶×和黄×都比牛×× 多要 6 本，因此，他们分别给牛×× 退钱 2.1 元。回家后牛×× 把这件事告诉了妈妈，妈妈问她一本练习本多少钱，牛×× 一时答不上来。同学们，根据上面的信息，你能知道每本练习本的价钱是多少吗？

这是一位老师在讲"小数除法"时出示的习题。此题中出现了"作业本"和"练习本"两种说法，不知是否指同一事物，仔细的同学会有疑惑；题目的情境描述更像语文教学，对数学习题来说，显得十分繁琐冗长；题中说到的广告牌："新到一批作业本，一次购买 10 本以上可按优惠价出售"，与本题的数量关系几乎不相关，因为没有要求求练习本的原价。因此，如果出题者的意图仅是练习小数除法，可将此题改为：

甲、乙、丙三位同学出同样多的钱合买练习本，甲和乙都比丙多要 6 本，因此，他们分别退给丙 2.1 元钱。回家后丙把这件事告诉了妈妈，妈妈问她一本练习本多

少钱,丙一时答不上来。你能知道一本练习本是多少钱吗?

例9:一个圆柱形的油桶,底面内直径是 4 厘米,高是 5 厘米。

(1) 它的容积是多少立方分米?

(2) 如果 1 立方分米可装柴油 0.85 公斤,这个柴油桶可装柴油多少公斤?(得数保留整公斤)(1985 年出版的五年制小学数学课本第十册第 22 页)①

底面内直径是 4 厘米,高是 5 厘米的圆柱形容器,我们一般不会称它是一个"桶",实际生活中也没有这样小的柴油桶。按照这样的已知条件计算,这个"油桶"的容积只有 $\frac{\pi}{50} \approx 0.0628$(立方分米),可装柴油 0.05338 公斤,得数保留整公斤,则只能是 0 公斤,这显然与实际不符。

例10:小明每分钟跳绳 200 个,小强每分钟跳绳的个数是小明的 2 倍多 8 个,小强每分钟跳多少个?

题中的"小明每分钟跳绳 200 个"是符合客观实际的,但小强每分钟跳绳个数是小明的 2 倍多 8 个,小强每分钟要跳 408 个,这就有点不符合实际,因为每分钟跳绳个数的吉尼斯纪录是 316 个。

例11:甲、乙两人徒步同时从相距 2700 米的两地相向而行,正好 3 分钟相遇。已知甲每分钟行 380 米,问:乙每分钟行多少米?

此题的答案是乙每分钟行 520 米,这个速度几乎是 400 米跑世界冠军的速度,显然这样的情境不太真实。

例12:红梅小学 740 名学生和几位老师一起乘 15 辆同样的客车去春游,每辆车有 50 个座位,每个座位坐 1 人,正好全部坐满。问:参加春游的老师有多少人?

解答完此题,我们不禁就有这样的疑问:① 15 辆车却只有 10 名老师,有些车上没有老师,会不会存在安全隐患?② 740 名学生却只有 10 名老师,是不是一个班有 70 多名学生?

这样的情境在实际中是不应该出现的,因此此题的情境设计不够合理。

四、习题的陈述要准确、严谨、无歧义

数学习题的用词表意必须要准确、严谨,否则对题意的理解就会因人而异。使人产生歧义的习题,如果作为考试题目,必然对考试的公正性和权威性产生负面影响。例如 2003 年江苏高等学校招生数学试卷第一大题的第一小题:

---

① 戈松魁,周倍明.小学数学习题必须符合科学性[J].小学数学研究,1987(7).

如果函数 $y = ax^2 + bx + a$ 的图像与 x 轴有两个交点，则点 (a, b) 在 aOb 平面上的区域（不包含边界）为

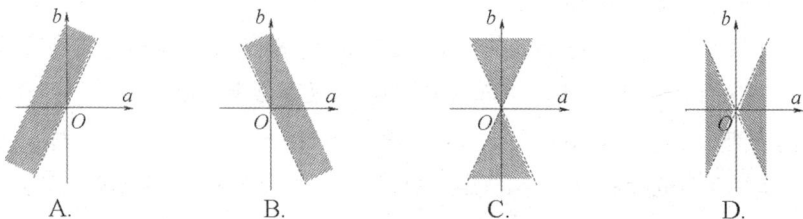

A.　　　　　B.　　　　　C.　　　　　D.

此题的参考答案为 C，但对于 b 轴是否属于边界，在该省乃至全国范围内引起了争议，历时长达一年。一种观点认为：b 轴是要排除的，但 b 轴在区域内，不属于边界，所以习题的表述不严谨；另一种观点认为：b 轴是要排除的，但区域的边界是求出来的，而不是看出来的，所以习题本身没有问题。

数学习题的陈述要做到准确、严谨、无歧义，首先要关注习题的用词和其中的逻辑关系。严格地说，像"经过两个半小时，……"这样的语句在数学习题中都应该避免，因为它表示 2.5 小时还是 1 小时？"16 除 80 与 12 的积"是指"$80 \div 16 \times 12$"还是"$(80 \times 12) \div 16$"？因此数学习题中一定要选择使用那些无歧义的词句。

例 13：一盘水果，上午吃了它的 $\frac{1}{2}$，下午吃了剩下的 $\frac{1}{2}$，最后（　　）。

A. 还剩原来的 $\frac{1}{2}$　　　　B. 还剩原来的 $\frac{1}{4}$　　　　C. 一点都不剩

这是小学三年级下册的一道期末测试题，目的是考核学生是否掌握了"一个整体"的几分之一的概念。在一个班 46 人的测试中，有 40 人选择 C 选项。原因是这些学生并没有把"下午吃了剩下的 $\frac{1}{2}$"理解为"下午吃了剩下部分的 $\frac{1}{2}$"。按字面学生的理解也不算错，所以题目的陈述存在歧义。

例 14："甲比乙多 $\frac{1}{4}$，那么乙比甲少 $\dfrac{(\quad)}{(\quad)}$"（浙江省中师数学组编《小学数学教材教法练习册》第 57 页）。

此题的答案可以是 $\frac{1}{5}$，也可以是 $\frac{1}{4}$，例如："25 比 20 多 $\frac{1}{4}$，20 比 25 少 $\dfrac{(1)}{(5)}$"（倍比关系）；"1 比 $\frac{3}{4}$ 多 $\frac{1}{4}$，$\frac{3}{4}$ 比 1 少 $\dfrac{(1)}{(4)}$"（差比关系），这样就引起了争议。引起争议的原因是因为分数有两种意义，分数既可以看成比例关系，也可以看成相除关系，此题将分数看成什么呢？习题并没有交代，所以不够严谨。如果将题目改为："甲比

乙多乙的 $\frac{1}{4}$，那么乙比甲少甲的 $\frac{(\quad)}{(\quad)}$ "，争议便可消除。

例 15：已知 $a \times \frac{4}{5} = b \times \frac{3}{4}$，那么 a,b 的大小是（　　）。

A. $a > b$ 　　　B. $a < b$ 　　　C. $a = b$

本题是小学六年级的题,标准答案是 B。但本题的逻辑关系不够严密,只有当 a,b 两数大于 0 时,B 才是正确选项。而当 a,b 都等于 0 时,积等于 0,此时正确的选项是 C。在引入负数之后,还会出现正确选项为 A 的情况。因此,要使原答案成立,题目应加一定的限制条件,如"a,b 两数都大于 0"。

例 16：请在方格里描出下列各点,并把这几个点顺次连接成一个封闭图形。你发现了什么?$A(2,1),B(6,1),C(3,4),D(7,4)$(数学作业本五年级上第 14 页,浙江教育出版社,2014)。

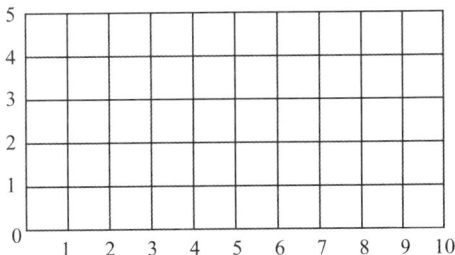

此题在描出各点后,同学们对顺次连接各点的理解产生了歧义,有人按 $A \to B$ $\to C \to D \to A$ 的顺序连接,有人按描好的点在图中的次序顺次连接,产生了各种不同的图形,见图 4-17。

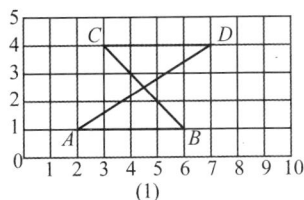 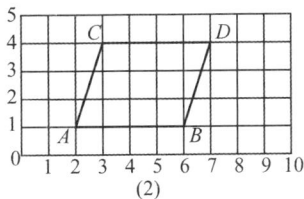 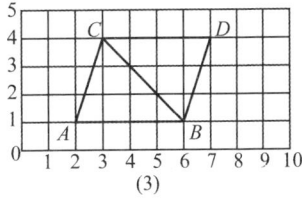

(1)　　　　　　(2)　　　　　　(3)

图 4-17

图 4-17(3) 中的图形特别有意思,它是先按 $A \to B \to C \to D$ 的顺序连接,再画成封闭图形而完成的,是两种顺序的综合。那么,命题者的意图是什么?读者不妨从"你发现了什么?"这句话中揣摩。

例 17：已知 $\triangle ABC$ 三内角的大小成等差数列,且 $\tan A \cdot \tan C = 2 + \sqrt{3}$。求 A, B,C 的大小。

题目原意是"A,B,C 的大小成等差数列",照此原意,由此我们可得 $B = 60°$,并且 $\tan A + \tan C = 3 + \sqrt{3}$,所以 $\tan A, \tan C$ 是方程

$$x^2 - (3+\sqrt{3})x + 2 + \sqrt{3} = 0$$

的两个根,解得两根是 1 和 $2+\sqrt{3}$,由此可得 A,C 为 $45°$ 和 $75°$。所以 A,B,C 为 $45°$,$60°$ 和 $75°$。

但题中却出现了"三内角的大小成等差数列"这样模糊的词句,这种不清楚的陈述会引起学生就三内角成等差数列的各种不同情况进行讨论,从而违背命题者的原意。如果此题用作考题,势必给考试评分工作带来不必要的麻烦。

五、习题本身要正确

习题本身正确是指数学习题的各条件要符合数学的逻辑关系,从这一点讲,那些条件有矛盾的习题都属于不正确习题。学生解答习题,应当给他们带来积极正面的影响,例如对数学概念愈来愈明确,对数学理解愈来愈深刻,获得解题成功的成就感,树立学习的信心,等等。但是,当习题本身不正确时,就会对学生产生负面的影响。

例 18:填空:用两根绳子测井深,第一根绳子露在井口外的占 $\frac{1}{2}$,第二根绳子露在井口外的占 $\frac{1}{3}$,如果两根绳子露在井口外的正好一样长,第( )根绳子长一些。

初一看此题好像没有什么问题,但仔细分析"用两根绳子测井深"后发现:两根绳子在井里的长度是不一样的。面对这样的情景,学生会无所适从,实际上这样比较两根绳子的长短毫无意义。

例 19:填空:在自然数中奇数与偶数各占自然数的_____%。

学生很自然会得出"奇数与偶数各占自然数的 50%",但这道题本身并不正确,它忽视了有限与无限的区别,将有限集合的知识类推到无限集合中。因为在集合论里,奇数集合(或偶数集合)与自然数集合是可以一一对应的,也就是说,所有奇数或偶数与自然数有相同的基数,在"个数"上是一样多的。这样的习题带给学生的负面影响是:无穷大 ∞ 就像一个数一样,可以对它进行四则运算,使学生对无穷大概念的理解愈来愈偏离它的内涵。

例 20:如图 4-18,MN 是正 $\triangle ABC$ 的中位线,F 是其上任一点,BF 交 AC 于 D,CF 交 AB 于 E,且 $\frac{1}{CE}+\frac{1}{BD}=6$,求 BC。

解:如果 F 为 MN 的中点,则 $BD=CE=\frac{\sqrt{7}}{3}BC$,

所以
$$\frac{1}{CE}+\frac{1}{BD}=\frac{6}{\sqrt{7}BC},$$

如果 F 为 MN 的三等分点,例如 $MF = \dfrac{1}{6}BC$,

则 $BF = \dfrac{\sqrt{13}}{6}BC$,$BD = \dfrac{\sqrt{13}}{6}BC \times \dfrac{3}{2} = \dfrac{\sqrt{13}}{4}BC$,

$CF = \dfrac{\sqrt{19}}{6}BC$,$CE = \dfrac{\sqrt{19}}{6}BC \times \dfrac{6}{5} = \dfrac{\sqrt{19}}{5}BC$,

所以 $\dfrac{1}{CE} + \dfrac{1}{BD} = \left(\dfrac{4}{\sqrt{13}} + \dfrac{5}{\sqrt{19}}\right)\dfrac{1}{BC}$,

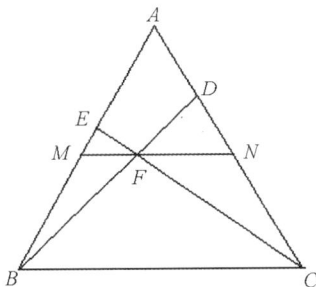

图 4 - 18

这说明 $\dfrac{1}{CE} + \dfrac{1}{BD}$ 的值既与点 F 在 MN 上的位置有关,又与 BC 的值有关,也

就是说,如果 BC 的值相同,点 F 的位置不同,$\dfrac{1}{CE} + \dfrac{1}{BD}$ 的值就会不同;反过来,如果

$\dfrac{1}{CE} + \dfrac{1}{BD}$ 的值不变,点 F 的位置变化,BC 的值也将变化。所以仅凭 $\dfrac{1}{CE} + \dfrac{1}{BD} = 6$,无法

确定 BC 的值。

毫无疑问,此题本身不正确。学生解答这样的习题,必定给学生带来挫败感,影响学生学习的积极性。

六、习题条件要尽可能"少",结论要优化

科学的任务就是要揭示事物的内在本质关系,数学也不例外。数学习题就是要求从条件出发来探求事物的内在本质联系,因此就要求数学习题的条件是独立的、最少的。数学习题如果存在多余的条件,一方面说明我们的思维缺乏深刻性,另一方面也会让解题者误入歧途,这些多余的条件往往也不是开放型习题的要素,还影响数学的简洁美。

例 21:学校买来 2500 本练习本,卖给 15 个班,每班 164 本,一共卖出多少本?

显然,题中 2500 本是一个多余条件,是应该略去的。有人认为题中放上一些多余条件,让小学生从中挑出一些有用的条件来解题,可以锻炼学生的解题能力,这并不符合数学的精神和要求。实际上对中等及偏下的学生而言,他们更多的是感到困惑。

例 22:已知在 $\triangle ABC$ 中,$\angle A : \angle B : \angle C = 1 : 2 : 6$。求证:$\dfrac{a}{b} = \dfrac{a+b}{a+b+c}$。

解:从条件我们可求得 $\angle A = 20°$,$\angle B = 40°$,$\angle C = 120°$,从结论可知所要证的等价于 $\dfrac{a}{b} = \dfrac{b}{a+c}$。

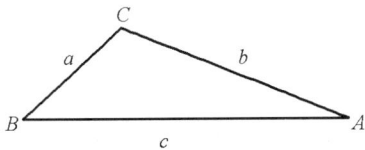

图 4 - 19

在 $\triangle ABC$ 中,如图 $4-19$,我们有 $a \cdot \sin B = b \cdot \sin A$,由 $\angle B = 2\angle A$ 可得

$$\frac{a}{b} = \frac{1}{2\cos A},$$

又由于 $c = a \cdot \cos 2A + b \cdot \cos A$,

$$a + c = a(1 + \cos 2A) + b \cdot \cos A$$

$$= a \cdot 2\cos^2 A + b \cdot \cos A = b \cdot \cos A + b \cdot \cos A = 2b \cdot \cos A,$$

所以 $\dfrac{b}{a+c} = \dfrac{1}{2\cos A}$,于是 $\dfrac{a}{b} = \dfrac{b}{a+c}$,即 $\dfrac{a}{b} = \dfrac{a+b}{a+b+c}$。

从证明中我们发现,条件 $\angle A : \angle B : \angle C = 1 : 2 : 6$ 中 $\angle C$ 的比例关系并没有用到,因此,若将此条件减弱为 $\angle A : \angle B = 1 : 2$,习题的结论仍成立。

例 23:在一个 4×7 的方格棋盘中,将每个方格染成黑色或白色。求证:对任何一种染色方式,在棋盘中必定存在一个四角上的方格同色的矩形(如图 $4-20(1)$ 中的黑方框所示)(美国 1976 年数学奥林匹克试题)。

华罗庚指出了本题存在着多余的条件,即"4×7 的方格棋盘"可改为"3×7 的方格棋盘"。事实上就 3×7 的方格棋盘来说先考虑第一行,由抽屉原理,其中 7 个方格至少有 4 个会染成同一种颜色,比如说都染为黑色,并且不失一般性,可以认为这 4 个被染成黑色的方格就在第一行的前面四格,如图 $4-20(2)$。其次考虑第二行的前四格,如果这四格中有 2 个方格染成黑色,那么四角上的方格同色的矩形已经出现,不然的话,这四格中至少有 3 个方格染成白色,不妨认为这 3 个被染成白色的方格就在第二行的前面三格。继续考虑第三行的前三格,由抽屉原理,其中至少有 2 个方格同色,不论它们是黑色还是白色,棋盘中都将出现四角上的方格同色的矩形。

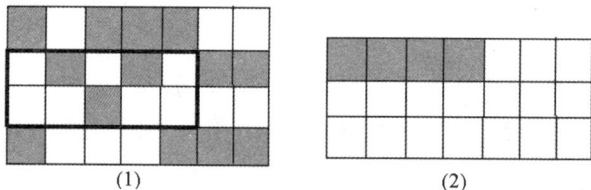

(1)   (2)

图 $4-20$

习题中的多余条件,在解题过程中往往不发挥作用,它的存在只能给解题者带来困惑,因此必须把它除去。

例 24:已知 $a_1^2 + a_2^2 + \cdots + a_n^2 = 1$,$x_1^2 + x_2^2 + \cdots + x_n^2 = 1$。求证:$a_1 x_1 + a_2 x_2 + \cdots + a_n x_n \leqslant 1$。

此题通过基本不等式可得 $2a_i x_i \leqslant a_i^2 + x_i^2 (i = 1, 2, \cdots, n)$,将这 n 个不等式相加,即可证得所需结论。不过这个结论并不是最优的,在同样的条件下,结论可加强

为 $|a_1x_1+a_2x_2+\cdots+a_nx_n|\leqslant 1$。事实上,我们还可以有 $2|a_ix_i|\leqslant a_i^2+x_i^2(i=1,2,\cdots,n)$,将这 n 个不等式相加,得

$$2(|a_1x_1|+|a_2x_2|+\cdots+|a_nx_n|)\leqslant (a_1^2+a_2^2+\cdots+a_n^2)+(x_1^2+x_2^2+\cdots+x_n^2)=2,$$

由　　　　$|a_1x_1+a_2x_2+\cdots+a_nx_n|\leqslant |a_1x_1|+|a_1x_1|+\cdots+|a_nx_n|$

即可证得所需结论。

或者考虑二次函数:

$$y=(a_1^2+a_2^2+\cdots+a_n^2)x^2-2(a_1x_1+a_2x_2+\cdots+a_nx_n)x+(x_1^2+x_2^2+\cdots+x_n^2)$$
$$=(a_1x-x_1)^2+(a_2x-x_2)^2+\cdots+(a_nx-x_n)^2。$$

由于 $y\geqslant 0$,所以二次方程

$$(a_1^2+a_2^2+\cdots+a_n^2)x^2-2(a_1x_1+a_2x_2+\cdots+a_nx_n)x+(x_1^2+x_2^2+\cdots+x_n^2)=0$$

的判别式 $\Delta\leqslant 0$,即

$$4(a_1x_1+a_2x_2+\cdots+a_nx_n)^2-4(a_1^2+a_2^2+\cdots+a_n^2)(x_1^2+x_2^2+\cdots+x_n^2)\leqslant 0,$$

于是 $(a_1x_1+a_2x_2+\cdots+a_nx_n)^2\leqslant 1$,即 $|a_1x_1+a_2x_2+\cdots+a_nx_n|\leqslant 1$。

数学中,我们总是在一定的条件下,追求结论的最优化,这也是数学发展的动力之一,例如有名的四色定理。

1852 年,英国人格色里(Guthrie)从伦敦大学毕业后来到一家科研单位从事地图着色工作。在工作中他发现,他所看到过的地图,都是只用四种颜色来染色的,他凭借直觉,做出如下猜想:"在任何平面上的地图,总可以把每一个国家的图像用四种颜色中的一种来染色,并使任意相邻的两个国家的颜色都不相同。"(四色猜想)。他与他的兄弟福莱德立克·格色里一起进行了研究,试图证明这个猜想,但没有成功。"四色猜想"吸引了一批最杰出的数学工作者,1890 年一个名叫赫伍德的青年,成功地证明了用五种颜色能够区分地图上相邻的国家(五色定理)。这算是在向"四色猜想"进军中的一个重大突破。终于在 1976 年,几个美国数学家借助于计算机,最终严格地证明了"四色猜想"的正确性(参见 P_{100})。

七、习题要求要可行、习题结论要"无害"

数学解题是为了让学生掌握数学的相关原理或知识,因此命题时我们必须考虑习题所强调的东西与数学的一般性知识是否有冲突,对学生的知识构建是否有意义,习题要求是否具有可操作性。另外,初等数学教材有的内容会采取螺旋上升式的编排,因此学生的学习就有了一定的阶段性,在某一阶段,学生所掌握的知识有一定的局限性,超阶段超范围的习题对学生而言也不具有可操作性。

例 25：填空：(1) 最小奇数与最小合数的积是＿＿＿＿＿。(2) 最小质数与最小偶数的积是＿＿＿＿＿。

由于小学数学在讲到"数的整除"的相关内容时，所说的数，一般只指自然数，由此估计本题的目的之一是要使学生知道"最小的奇数是 1"，"最小的偶数是 2"。这种结论对小学生的知识结构的构建一点好处也没有，甚至还有害，因为学生今后将知道 $-1,-3,-5,\cdots$ 也是奇数，$0,-2,-4,\cdots$ 也是偶数，所以实际上并不存在最小的奇数和偶数，这个对学生今后的学习产生消极影响。

例 26：写出下面各题的最简单的整数比。[人教版 2013 年版数学六年级上册 P_{117} 第 15 题第(2) 小题]一个圆的周长和直径的比是＿＿＿＿＿＿＿＿。

圆的周长和直径的比是 π。π 是一个无理数，因此不能写成两个整数的比。如果现阶段要求学生写成 314：100 或 157：50，那么对学生未来的学习显然是"有害"的。

例 27：神话中有一巨蟒有 1000 个头，一位大力士每次能用刀砍去巨蟒的 1，17,21 或 33 个头，但是巨蟒每被砍头一次后，就会相应地生出 10,14,0 或 48 个头，若巨蟒没有了头也就不能再生出头来，大力士就战胜了巨蟒。问：大力士能战胜巨蟒吗？为什么？(小学数学竞赛用题)

此题的参考解答是：不能。因为巨蟒每次被砍头后，其头的增减数为 9 或 3 或 21 或 15，都是 3 的倍数，而 1000 不是 3 的倍数。

但仔细分析后，如果巨蟒被砍掉 999 个头只剩一个头(事实上这能办到，只需砍 17 个头 328 次，余头 16 个；再砍 1 个头，余头 25 个；砍 21 余 4；砍 1 余 13；砍 1 余 22；砍 21 余 1)，再一刀砍掉，就没有头了，大力士算战胜巨蟒了吗？按题目的说法，应该算大力士战胜了巨蟒，但仍按题目的说法，巨蟒会再生出 10 个头，另外，当余 25 个头时，想砍 48 个头行不行？所以此题的要求不可行。为了消除这一点，此题可改为：

神话中有一巨蟒有 1000 个头，一位大力士每次能用刀砍去巨蟒的 1,17,21 或 33 个头，但是巨蟒每被砍头一次后，就会相应地生出 10,14,0 或 48 个头，若巨蟒被砍了 21 个头后，没了头，大力士就战胜了巨蟒。问：大力士能战胜巨蟒吗？为什么？

例 28：求函数 $y = \dfrac{1}{x^2 - 5x + 6}$ 的最大值或最小值，并求相应的 x 的值。

解：由 $y = \dfrac{1}{x^2 - 5x + 6}$ 可得 $yx^2 - 5yx + (6y-1) = 0$，所以关于 x 的二次方程的判别式 $\Delta = 25y^2 - 4y(6y-1) \geqslant 0$，解得 $y \geqslant 0$ 或 $y \leqslant -4$，因此 y 没有最大、

最小值,但当 $x = \dfrac{5}{2}$ 时,y 却有极大值 -4。在初中阶段,学生还没有学习极大、极小值的概念,所以此题的要求对他们来说是不可行的。

就命题者的意图来说,估计是要根据二次函数的最大、最小值来求其倒数的最大、最小值。如果是这样,得要求 $y = ax^2 + bx + c$ 无零点,即 a,b,c 要满足 $b^2 - 4ac < 0$。例如可将此题改为:求函数 $y = \dfrac{1}{x^2 - 2x + 2}$ 的最大值或最小值,并求相应的 x 的值。

第四节　数学习题的选择和改编

选择和改编习题是数学教师的一项必备基本功。数学教师往往会根据某个特定的教学目标,例如考查学生对某个知识点的掌握、学生掌握某一单元的情况,进行评价,或针对学生存在的问题,选择一些合适的习题让学生进行解答,但是"合适"的习题并不总是存在,这时就需要教师具有改编习题的能力。要改编出好的题目,数学教师不仅要具备广博的知识、谙熟初等数学、对高等数学也应有较高的造诣及对自然科学、哲学和社会科学也要有广泛的了解,而且还要具备良好的思维品质(思维的广阔性、深刻性、批判性、灵活性、独创性和敏捷性),善于从各种不同的角度考虑问题和熟悉改编数学习题的基本方法和技巧。同时,教师选择或改编习题的能力在教学中的展现,在课堂上的灵动,也会感染学生,对培养学生的创造性思维能力产生一定的影响。

一、数学习题选择和改编的原则

1. 目的性原则

数学习题的形式、内容和难度都会因教学目的的不同而不同。为即时巩固知识和技能,教师可选择收敛性题让学生进行练习;为深化对知识的理解,培养学生的创造能力,教师可选择发散性题和开放题让学生进行练习。

例 1:解方程 $|x+3| - |x-1| = x+1$。

这是在学生学习了一元一次方程以后,教师选择的含有绝对值的方程供学生解答,目的是帮助学生唤起对前不久学习的绝对值概念的记忆,实际上是教师根据遗忘曲线规律而设计选择的习题。

例 2:广场上的大钟,每小时敲一次钟,几点钟就敲几下。钟敲 3 下要 2 秒钟,问:敲 9 下需要几秒钟?

这是在学习"植树问题"后的教师选用的一道习题,目的是了解学生在运用所学知识解决实际问题时,是否有举一反三的能力,能否进行知识的正迁移。

解:参照"植数问题"的解法,画如下的线段图,可知钟敲 9 下需要 8 秒钟。

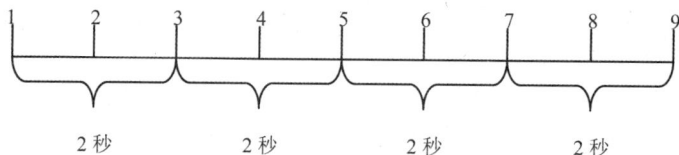

图 4 - 21

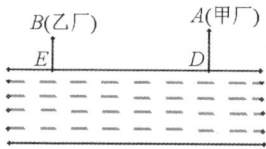

图 4 - 22

例3:如图 4 - 22,大江的一侧有甲、乙两家工厂,它们都有垂直于江边的小路 AD、BE,长度分别为 3 千米和 2 千米,两条小路相距 10 千米,现在要在江边建一个抽水站,把水送到甲、乙两厂去。欲使供水管路最短,抽水站应建在距点 E 几千米的江边?

这是教师在初二上期末复习课时改编的一个习题。目的是训练学生综合运用知识解决问题的能力。此题首先要确定所要求的抽水站的点 P,这要用到轴对称图形的知识。在计算距离 EP 时,既可以用面积法解决,也可以建立坐标系用一次函数的知识解决,例如后者可以设点 B 关于 ED 的对称点为 B',以 ED 为 x 轴、BB' 为 y 轴建立坐标系,求出直线 AB' 的方程,它与直线 ED 交点的横坐标就是抽水站应建的位置。

如果学生知道相似三角形的有关知识,此题也可用相似三角形解之。

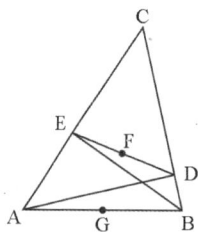

图 4 - 23

例4:如图 4 - 23,已知:AD、BE 分别是 $\triangle ABC$ 的 BC、AC 边上的高,F 是 DE 的中点,G 是 AB 的中点。求证:$GF \perp DE$。

例5:甲袋中有 2015 个白球和 1000 个黑球,乙袋中有 2000 个黑球。小明每次从甲袋中取出 2 个球,如果两球同色,就从乙袋中取一个球放到甲袋中;如果两球异色,就将白球放回甲袋。这样进行了 3013 次后,甲袋中还剩几个球?是什么颜色?

例6:因式分解:$x^5 + x^4 + 1$。

例7:证明:四个连续整数的积与 1 的和是一个完全平方数。

例 4 需要添辅助线,例 5 需要考虑球数的奇偶性,例 6 需要考虑添哪些项,例 7 需要有娴熟的多项式计算能力,这些都是数学中的基本技能,因此都可选作培养学生思维能力的习题。

如果一个习题被选作考试题,那么它考查评价学生的知识技能的点应是明确的。评价一个试题的好坏，有许多要素，例如题目是否有比较明显的切入思路，解题方法是否单一，计算是否很繁杂，答案是否冷僻，等等。例如解方程：$\frac{1}{2}x - \frac{1}{6}\left[x - \frac{1}{4}\left(x - \frac{2}{3}\right)\right] - \frac{3}{4} = x + \frac{3}{4}$ 就不适宜作为考试题，不仅因为它计算繁杂，而且还因为它的解 $x = -\frac{22}{9}$ 太冷僻。

2. 科学性原则

数学习题的选择和改编的科学性原则，首先是指数学习题必须要遵循第三节中关于数学习题科学性的有关标准，尤其是在改编习题的过程中，要关注改编习题的正确性。

例8：计算二重积分 $\iint\limits_{D} \frac{\mathrm{d}x\mathrm{d}y}{1 + x^2 + y^2}$，其中 D 是由 $x^2 + y^2 \leqslant 1$ 所确定的圆域。

此题为教材（赵树嫄的《微积分》（第三版））中的例题，原题的解答如下：

解：题中的区域 D 在极坐标下可表示为 $0 \leqslant r \leqslant 1, 0 \leqslant \theta \leqslant 2\pi$，

于是
$$\iint\limits_{D} \frac{\mathrm{d}x\mathrm{d}y}{1 + x^2 + y^2} = \int_0^{2\pi}\mathrm{d}\theta \int_0^1 \frac{r\mathrm{d}r}{1 + r^2} = \int_0^{2\pi} \frac{1}{2}\left[\ln(1 + r^2)\right]\bigg|_0^1 \mathrm{d}\theta$$
$$= \int_0^{2\pi} \frac{1}{2}\ln 2\mathrm{d}\theta = \frac{1}{2}\ln 2 \cdot \theta\bigg|_0^{2\pi} = \pi\ln 2.$$

改编者以此题为例，编制了一试题，目的是考查学生使用极坐标进行二重积分的掌握情况，题目如下：

"计算二重积分 $\iint\limits_{D} \frac{y^2}{x^2}\mathrm{d}x\mathrm{d}y$，其中 D 是由 $x^2 + y^2 \leqslant 1$ 所确定的圆域。"

仿照例题，我们有如下解答：

$$\iint\limits_{D} \frac{y^2}{x^2}\mathrm{d}x\mathrm{d}y = \int_0^{2\pi} \tan^2\theta\mathrm{d}\theta \int_0^1 r\mathrm{d}r = \frac{1}{2}\int_0^{2\pi}(\tan^2\theta + 1 - 1)\mathrm{d}\theta$$
$$= \frac{1}{2}\int_0^{2\pi}(\sec^2\theta - 1)\mathrm{d}\theta = \frac{1}{2}(\tan\theta - \theta)\bigg|_0^{2\pi} = -\pi.$$

一个非负函数的二重积分为负，这是不可能的，所以它是一个错题，产生错误的原因是被积函数 $f(x, y) = \frac{y^2}{x^2}$ 在区域 D 内并不连续。

其次是指我们选择或改编的习题要有代表性、针对性、经典性，例如在讲述用面积法证明几何题时，可以使用以下习题：

"证明：等腰三角形底边上任一点到两边的距离和是一个常数"；

"证明：以 a,b 为直角边的 Rt$\triangle ABC$ 的内切圆半径为 $r = \dfrac{ab}{a+b+c}$"。

三是我们选择或改编的习题应该表述清晰，易于学生理解，符合理解性。

例 9：求满足方程组 $\begin{cases} 2x - y - 4m = 0 \\ 14x - 3y = 20 \end{cases}$ 中的 y 值是 x 值的 3 倍的 m 的值，并求 $\dfrac{xy}{x+y}$ 的值。

教学实践证明，此题绝大多数学生不甚理解，学生或询问老师，或按自己想象的乱做一气，或干脆不做。因此宜进行改写，例如改为：

"已知 y 是 x 值的 3 倍且满足方程组 $\begin{cases} 2x - y - 4m = 0 \\ 14x - 3y = 20 \end{cases}$，求 m 和 $\dfrac{xy}{x+y}$ 的值"。

四是慎用选择题。选择题有利于扩大知识的覆盖面，但由于选择题可以随机解答，对诊断学生错误不利，所以选择题应选择性使用。

3. 层次性原则

我们选择和改编的习题，要有利于学生发挥水平，让学生通过解题获得成就感，促进学生心理的成熟。习题有不同难度，学生有不同水平，要兼顾两者，让不同水平的学生都能从自己现有的水平出发构造出习题的解答。因此，我们可以改编习题使之呈现出一定的层次性，使学生能一步一步地逐层前进。

例 10：一条线段内有 2015 个点，共有多少条不同的线段？

由于 2015 这个数太大，因此小学生可能会感到摸不着头脑，影响他们的解题。这时可以将题目进行改编，以呈现一定的层次性。例如：

"(1) 一条线段内如果有 1 个点、2 个点、3 个点、4 个点、5 个点，完成下表；

线段内的点数	1	2	3	4	5
不同线段的条数					

(2) 如果一条线段内有 20 个点，共有多少条不同的线段？

(3) 如果一条线段内有 2015 个点，共有多少条不同的线段？"

例 11：a 是不为 1 的有理数，我们把 $\dfrac{1}{1-a}$ 称为 a 的差倒数。如：3 的差倒数是 $\dfrac{1}{1-3} = -\dfrac{1}{2}$，$-1$ 的差倒数是 $\dfrac{1}{1-(-1)} = \dfrac{1}{2}$。已知 $a_1 = 2$，a_2 是 a_1 的差倒数，a_3 是 a_2 的差倒数，a_4 是 a_3 的差倒数 …… 依此类推，求 a_{2015} 的值。

一下子要求 a_{2015} 的值，初一的学生还真有不少人无从下手，不知所措。原因不

是他们不会计算,而是他们没有适用的思维方式,所以应该设计一个低一层次的问题进行过渡引导,例如:

"已知 $a_1 = 2$,a_2 是 a_1 的差倒数,a_3 是 a_2 的差倒数,a_4 是 a_3 的差倒数 …… 依此类推,求(1) 求 a_2,a_3,a_4,a_5 的值,有什么规律?(2) 依此规律求 a_{2015} 的值。"

例 12:如图 4-24(1),△ABC 是等腰三角形,D,E 分别是腰 AB 及 AC 延长线上的点,且 $BD = CE$,连接 DE 交底 BC 于 G,求证:$GD = GE$。

此题是一个有一定难度的题,需要添加辅助线构造全等三角形加以证明。如果直接让学生解答,会有很多学生做不出,而如果直接告知学生添辅助线的方法,又会失去习题的教育功能。所以,可以设计一个中间层次,即画出辅助线,见图 4-24(2)。辅助线的做法及证题方法则都留给学生思考,学生在揣摩辅助线的做法的过程中,领悟证题的方法。

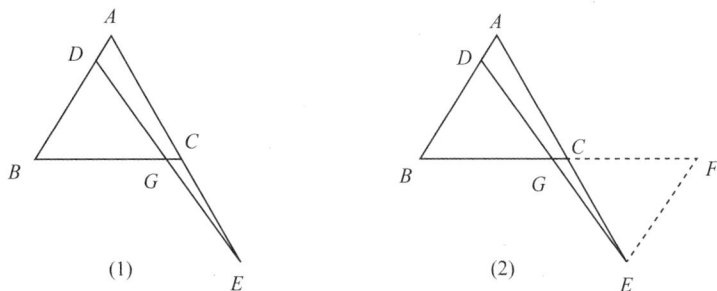

图 4-24

4. 发展性原则

发展性原则是指选择和改编的数学习题要从学生的现实出发,通过学生完成习题的成功水平来识别学生的发展水平,同时促进学生水平的发展。例如,我们可以通过习题引导学生加深对数学的逻辑性、严谨性本质的认识,引导学生体会用一般的方法解答一类类似问题的一法解多题,理解数学的所作所为、思想和方法。

例 13:已知 $x = by + cz$,$y = cz + ax$,$z = ax + by$,且 $x + y + z \neq 0$。

(1)试用 x,y,z 这 3 个字母表示 a(不能出现字母 b,c);

(2)试说明:$\dfrac{a}{1+a} + \dfrac{b}{1+b} + \dfrac{c}{1+c} = 1$。

多数学生在解答此题时,往往不考虑推导过程中的可行性,他们在得到 $2ax = y + z - x$ 时,会立即推出 $a = \dfrac{y+z-x}{2x}$,而不考虑 x 是否等于 0。所以,有必要给学生予以提醒,引导学生关注数学的严密性。例如可以将题改为:

例 13′：已知 $x = by + cz, y = cz + ax, z = ax + by$，且 $x + y + z \neq 0$。

(1) 证明：$x \neq 0$；

(2) 试用 x, y, z 这 3 个字母表示 a(不能出现字母 b, c)；

(3) 试说明：$\dfrac{a}{1+a} + \dfrac{b}{1+b} + \dfrac{c}{1+c} = 1$。

解答此题后，学生都能体会到题目中证明 $x \neq 0$ 的用意。

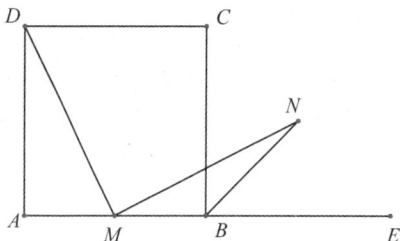

图 4 - 25

例 14：如图 4 - 25，正方形 $ABCD$，M 为 AB 中点，$MN \perp DM$，BN 平分 $\angle CBE$，求证：$MD = MN$。若 M 为 AB 上任意一点，此结论是否成立?试予以证明。

此题如果只有前半问，学生很容易通过作 AD 的中点，然后利用中点 M 可证得 $MD = MN$。但这个方法对后半问并不适用，所以不是一个"一般性"的方法。实际上，不论点 M 是否是中点，都可以用以下方法证明。

证明：在 AD 上找一点 P，使 $DP = MB$，见图 4 - 26，由于 $MN \perp DM$，所以 $\angle 1 = \angle 2$，又由于 $\angle DPM = \angle MBN, DP = BM$，因此 $\triangle DPM \cong \triangle MBN$，所以 $DM = MN$。

用同样的思路和方法还可以解答"如果点 M 在 AB 的延长线上，结论是否成立?"的问题(见图 4 - 27)，以及"若点 M 在 AB 的反向延长线上，结论是否仍成立?"的问题。可见例 14 是一个给学生以一法解多题体会的习题。

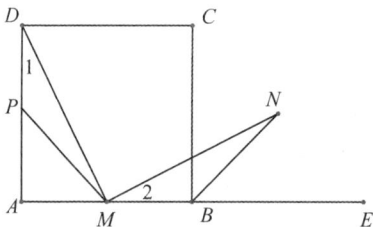

图 4 - 26

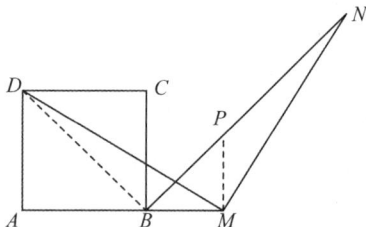

图 4 - 27

例 15：求 $\dfrac{5}{11} + \dfrac{5}{12} + \cdots + \dfrac{5}{19} + \dfrac{5}{20}$ 的整数部分。

解此题的方向很明确，就是利用不等式的缩放进行估计。然而在进行估计时，却需要更精确细致的思考，能检测学生思维的广阔性和深刻性，培养学生良好的思维品质，较有"品质"的解法如下：

解：记 $S = \dfrac{5}{11} + \dfrac{5}{12} + \cdots + \dfrac{5}{19} + \dfrac{5}{20}$，

则
$$S = 5\left[\left(\frac{1}{11}+\frac{1}{20}\right)+\left(\frac{1}{12}+\frac{1}{19}\right)+\cdots+\left(\frac{1}{15}+\frac{1}{16}\right)\right]$$
$$= 5 \times \left(\frac{31}{11\times 20}+\frac{31}{12\times 19}+\cdots+\frac{31}{15\times 16}\right),$$

所以
$$5 \times 5 \times \frac{31}{15\times 16} < S < 5 \times 5 \times \frac{31}{11\times 20},$$

即 $\dfrac{155}{48} < S < \dfrac{155}{44}$，所以 S 的整数部分是 3。

5. 谐美性原则

不懂数学的人，很难想象他会说数学美，他看到的不过是一些杂乱无章的符号、繁琐冗长的计算和复杂图形的堆砌。数学中的和谐性和美常通过一定的数量关系来体现，是事物形式所表现出来的均衡、对称、比例、和谐和多样的统一，这种美是要靠我们体会、感受才能获得，因为它并不是一种天赋的自然造型。数学美包括简洁美、和谐美、统一美和奇异美等，例如把 $7+7+7+7+7+7+7+7+7$ 写成 7×9，$7\times 7\times 7\times 7\times 7\times 7\times 7\times 7\times 7$ 写成 7^9，就体现了数学的简洁美。

数学习题应体现严谨、简洁和统一的数学美，使学生得到美的陶冶，激起学生追求真、善、美的愿望，培养学生学习数学、探索数学王国奥秘的兴趣。

例 16：若 x_1, x_2, x_3, x_4, x_5 为互不相等的正奇数，满足 $(2015 - x_1)(2015 - x_2)(2015 - x_3)(2015 - x_4)(2015 - x_5) = 24^2$，求 $x_1^2 + x_2^2 + x_3^2 + x_4^2 + x_5^2$ 的个位数字。

此题中的正奇数 x_1, x_2, x_3, x_4, x_5 在题中的地位和作用相同，可以互相交换，对结果没有影响，正是它们的和谐统一，才给我们的解题带来了简洁性。

解：考虑到等式左边是 5 个不同偶数的乘积，所以应将 24^2 分解为 $(-6) \times (-2) \times 2 \times 4 \times 6$，由于 x_1, x_2, x_3, x_4, x_5 具有对称性，所以可以令

$$\begin{cases} 2015 - x_1 = -6 \\ 2015 - x_2 = -2 \\ 2015 - x_3 = 2 \\ 2015 - x_4 = 4 \\ 2015 - x_5 = 6 \end{cases}, \quad \text{解得} \quad \begin{cases} x_1 = 2021 \\ x_2 = 2017 \\ x_3 = 2013 \\ x_4 = 2011 \\ x_5 = 2009 \end{cases}。$$

因此，x_1, x_2, x_3, x_4, x_5 的平方的个位数字依次为 1，9，9，1，1，所以 $x_1^2 + x_2^2 + x_3^2 + x_4^2 + x_5^2$ 的个位数字是 1。

例 17：若 a, b, c 全不为零，且 $a + \dfrac{1}{b} = 1$，$b + \dfrac{1}{c} = 1$，试求 $c + \dfrac{1}{a}$ 的值。

教育数学基础

此题的算式结构中,a,b,c 处于完全对称的位置,因此可以猜测 $c+\dfrac{1}{a}$ 的值为1。但若将题目改为"若 a,b,c 全不为零,且 $a+\dfrac{1}{b}=1,b+\dfrac{1}{c}=1$,求证:$c+\dfrac{1}{a}=1$",则更显出数学的和谐统一美。

解：因为 $\dfrac{1}{c}=1-b,a=1-\dfrac{1}{b}=\dfrac{b-1}{b}$,

于是 $c=\dfrac{1}{1-b},\dfrac{1}{a}=-\dfrac{b}{1-b}$,

所以 $c+\dfrac{1}{a}=\dfrac{1}{1-b}-\dfrac{b}{1-b}=\dfrac{1-b}{1-b}=1$。

例 18：已知在 $\triangle ABC$ 中,$\angle A:\angle B:\angle C=2:3:4,AB:BC=3:2,AC=5$,求 $\triangle ABC$ 的周长。

解一：因为 $\angle A:\angle B:\angle C=2:3:4$,所以 $\angle A=40°,\angle B=60°,\angle C=80°$,由余弦定理得 $AC^2=AB^2+BC^2-2AB\cdot BC\cdot\cos60°$。

代入 $AB:BC=3:2$ 和 $AC=5$ 得 $25=\dfrac{7}{4}BC^2$,所以 $BC=\dfrac{10}{\sqrt{7}},AB=\dfrac{3}{2}BC=\dfrac{15}{\sqrt{7}}$。

因此,$\triangle ABC$ 的周长为 $5+\dfrac{25}{\sqrt{7}}$。

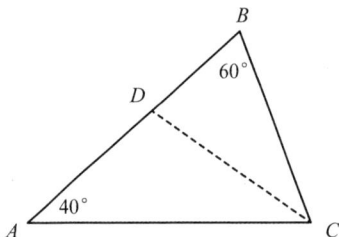

图 4-28

解二：因为 $\angle A:\angle B:\angle C=2:3:4$,所以 $\angle A=40°,\angle B=60°,\angle C=80°$,作 $\angle C$ 的角平分线 CD（见图 4-28）,则 $\triangle ABC\backsim\triangle CBD$。

设 $\triangle ABC$ 的周长为 l_1,$\triangle CBD$ 的周长为 l_2,因 $AD=CD$,所以 $l_1=l_2+5$,

又由于相似三角形的周长比等于相似比,所以 $\dfrac{BC}{AB}=\dfrac{2}{3}=\dfrac{l_2}{l_1}$,

解得 $l_1=15$,即 $\triangle ABC$ 的周长为 15。

两种解法答案不一样,说明该习题内部条件互相之间存在不和谐,改正的方法之一是把条件 $AB:BC=3:2$ 删除,它与 $\angle A:\angle B:\angle C=2:3:4$ 不和谐。

二、数学习题改编的常用途径

在教学中,为了达到教育教学的目标要求,我们有时会编制或改编一些习题用于学生的练习或考查。由于数学习题有四大要素：① 数学习题的条件(Y),② 解题的依据知识(O),③ 解题的方法(P),④ 习题的结论(Z),所以我们可以考虑通过改

200

变这些要素,作为改编或编制习题的途径.显然数学习题条件的改变,往往导致习题的结论或解题依据或解题方法的改变,所以改变习题的条件,就成为我们改编习题的主要途径.另外,习题情境的改变,能够让学生在各种不同的情形中运用数学知识解决问题,也是我们选择的途径之一.

1. 改变习题的条件,原解题依据或方法仍然适用

如果我们想考查学生对某一知识点的掌握情况,可以对那些运用这些知识作为解题依据的相应习题进行改编,即改变这些习题的条件,但不改变原解题依据.

比如在"植树问题"中,对两端都种(树)的情况,我们有公式:棵数 = 间隔数 +1.习题"钟敲 3 下需 4 秒,那么敲 6 下需几秒?"其解法对应着两端都种的"植树问题"的情形,如果我们将题目改为"钟敲 3 下需 2 秒,那么敲 9 下需几秒?"就属于这种类型的改编.

例 19:原题:如图 4‐29,已知 $AB \parallel CD$,$\angle B = 40°$,CN 是 $\angle BCE$ 的平分线,$CM \perp CN$,求 $\angle BCM$ 的度数.

此题的解题依据是"两直线平行,同旁内角互补",由此可以求得 $\angle BCM = 20°$.如果我们想保持这个解题依据不变,我们可以有如下两款改编.

图 4‐29

改编 1:如图 4‐29,已知 $AB \parallel CD$,$\angle B = 40°$,$CM \perp CN$,$\angle BCM = 20°$.求证:CN 是 $\angle BCE$ 的平分线.

改编 2:如图 4‐29,已知 $AB \parallel CD$,$\angle BCM = 20°$,CN 是 $\angle BCE$ 的平分线,$CM \perp CN$,求 $\angle B$ 的度数.

如果我们将解题依据"两直线平行,同旁内角互补"看成是充要的,即认为"同旁内角互补,两直线平行"是"同类"的解题依据,那么我们还可以有以下改编.

改编 3:如图 4‐29,已知 $\angle B = 40°$,CN 是 $\angle BCE$ 的平分线,$CM \perp CN$,$\angle BCM = 20°$.求证:$AB \parallel CD$.

2. 改变习题的结论,原解题依据或方法仍然适用

当一个习题的条件可以推出多个有"价值"的结论时,我们就可以通过改变结论来编制新题,以达到举一反三的功效.

例 20:原题:如图 4‐30(1),P 为正方形 $ABCD$ 内一点,且 $PA = 1$,$PB = 2$,$PC = 3$,求 $\angle APB$ 的度数.

此题有一个解法是将 $\triangle ABP$ 绕点 B 顺时针旋转 $90°$ 得 $\triangle BCP'$,见图 4‐30(2),连接 PP',则 $\triangle BPP'$ 是等腰直角三角形,所以 $PP' = 2\sqrt{2}$,这样由 $PP'^2 + P'C^2 = PC^2$ 可得 $\triangle CPP'$ 是直角三角形,$\angle PP'C = 90°$,于是 $\angle APB = \angle BP'C = 135°$.

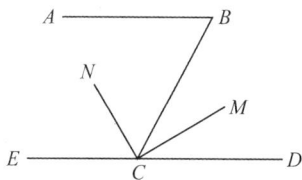

通过以上证明,不难发现我们还可以求出一些其他的量,例如 AC 的长。于是我们可以有以下改编。

改编:如图 $4-30(1)$,P 为正方形 $ABCD$ 内一点,且 $PA = 1, PB = 2, PC = 3$,求正方形 $ABCD$ 的面积。

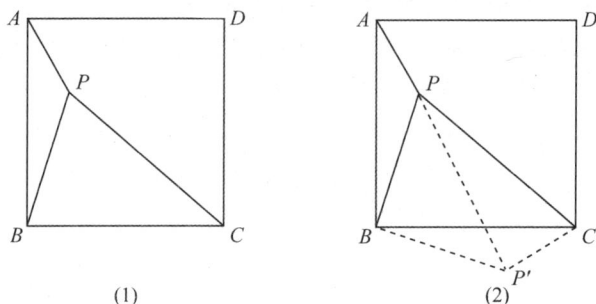

(1)   (2)

图 $4-30$

事实上,根据以上证明,可以知道点 A、P、P' 三点共线,故 $AP' = 1 + 2\sqrt{2}$,所以 $AC^2 = (1 + 2\sqrt{2})^2 + 1$,据此可得正方形 $ABCD$ 的面积 $= AB^2 = 5 + 2\sqrt{2}$。

3. 既改变习题的条件又改变习题的结论,原解题依据或方法仍然适用

当我们想强调某种解题方式,但又不想与原题太相像,可以考虑改变原题的条件和结论,但保持原解题依据或方法仍可适用。这实际上是将 1,2 两种习题改编的方式结合起来的一种改编习题的思路和途径。

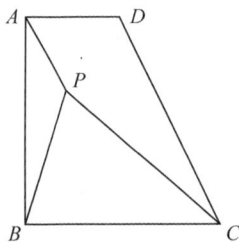

图 $4-31$

例 21:原题见例 20。

仔细分析例 20 的解法后,我们发现正方形这个条件并不是必需的,只要保证 $AB = BC$ 和 $\angle ABC = 90°$,三角形的旋转就可以实施,于是有以下改编。

改编:如图 $4-31$,在直角梯形 $ABCD$ 中,$AD \parallel BC$,$AB \perp BC$,$AB = BC$,且 $AB = 2AD$,P 是梯形内一点,$PA = 1$,$PB = \sqrt{2}$,$PC = \sqrt{5}$,求梯形 $ABCD$ 的面积。

原题改编后的一个解法是,同原题一样旋转 $\triangle ABP$,可得 $AP' = 1 + 2 = 3$,于是可求得 $AC^2 = 10$,$AB = \sqrt{5}$,据此可得梯形 $ABCD$ 的面积 $= \dfrac{15}{4}$。

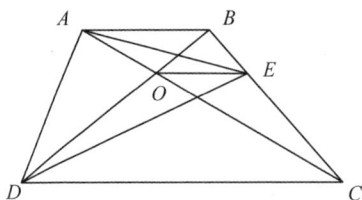

图 $4-32$

例 22:原题:如图 $4-32$,已知梯形 $ABCD$,O 是对角线 AC,BD 的交点,$OE \parallel DC$,E 在 BC 上,若 $\triangle OBC$ 的面积为 115,求 $\triangle AED$ 的面积。

解：由 $ABCD$ 为梯形可知，$\triangle AOD$ 的面积 $=\triangle OBC$ 的面积，

由 $OE \mathbin{/\!/} DC \mathbin{/\!/} AB$ 可得，$\triangle AOE$ 的面积 $=\triangle OBE$ 的面积，$\triangle DOE$ 的面积 $=\triangle OEC$ 的面积，所以，$\triangle AED$ 的面积 $=\triangle AOD$ 的面积 $+\triangle AOE$ 的面积 $+\triangle DOE$ 的面积 $=2\times\triangle OBC$ 的面积，

即　　$\triangle AED$ 的面积 $=2\times115=230$。

改编：如图 $4-33$，已知梯形 $ABCD$，O 是对角线 AC，BD 的交点，E 是 BC 上一点，连接 AE，DE，F 是 DE 与 AC 的交点，若 $\triangle DOF$ 的面积 $=\triangle CEF$ 的面积，求证：$\triangle AED$ 的面积 $=2\times\triangle BOC$ 的面积。

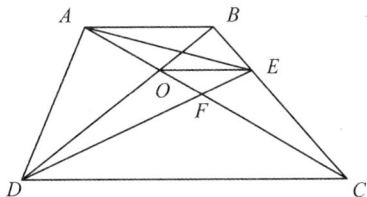

图 $4-33$

解：由 $\triangle DOF$ 的面积 $=\triangle CEF$ 的面积，可得 $\triangle DOC$ 的面积 $=\triangle CED$ 的面积，所以点 O，E 到 DC 的距离相等，所以 $OE \mathbin{/\!/} DC \mathbin{/\!/} AB$。于是可用与原题一样的方法证明获得结论。

例 23：如图 $4-34$，已知 $\triangle ABC$ 是等腰直角三角形，$\angle ABC=90°$，点 P 为 $\triangle ABC$ 内一点，且 $PA=1$，$PB=a$，$PC=2$。求 $\angle APC$ 的度数。

此例是例 20 的一个改编题。有兴趣的读者可以思考，如果要例 20 的解题方法在此题中仍可实施，且 $\angle APC=150°$，那么题中的 a 应取什么值？

答案是 $a=\dfrac{\sqrt{6}}{2}$。

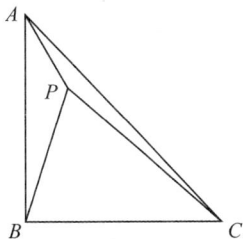

图 $4-34$

4. 改变习题条件，原解题方法可能不再适用

这种情况下的改编可训练和培养学生的思维能力，提高他们的思维品质，也是探求数学新知的一种方法。

例 24：原题：如果两个正数的和一定，证明：当它们相等时，其乘积达到最大。

证明：设这两个正数为 a，b，$a+b=k$，k 为常数，

则由　　　　　　　　　　　　$(\sqrt{a}-\sqrt{b})^2\geqslant 0$

得　　　　　　　　　　　　$a+b\geqslant 2\sqrt{ab}$，

即　　　　　　　　　　$ab\leqslant\left(\dfrac{a+b}{2}\right)^2=\dfrac{k^2}{4}$，

显然当 $a=b$ 时等号成立，此时乘积达到最大。

不等式 $a+b \geqslant 2\sqrt{ab}$ 或 $a^2+b^2 \geqslant 2ab$ 常被称为基本不等式。

改编：如果三个正数的和一定，证明：当它们相等时，其乘积达到最大。

原题的证明方法在此显然不适用，但能否借助于基本不等式进行证明呢？这种思路就是数学上所说的"化归"思想。下面给出改编题的两种证明方法。

证法 1：设三个正数为 a,b,c，且 $a+b+c=k$，k 为常数，所以 $a+b=k-c$，

由基本不等式得 $\quad ab \leqslant \left(\dfrac{k-c}{2}\right)^2$，

同理可得 $\quad bc \leqslant \left(\dfrac{k-a}{2}\right)^2, ca \leqslant \left(\dfrac{k-b}{2}\right)^2$，

三式相乘得 $\quad a^2 b^2 c^2 \leqslant \left[\left(\dfrac{k-a}{2}\right)\left(\dfrac{k-b}{2}\right)\left(\dfrac{k-c}{2}\right)\right]^2$，

但 $\quad (k-a)(k-b)(k-c) = (ab+bc+ca)k - abc$，

所以 $\quad abc \leqslant \dfrac{1}{8}\left[(ab+bc+ca)k - abc\right]$，

即 $\quad 9abc \leqslant (ab+bc+ca)k$，

又由于
$$k^2 = a^2+b^2+c^2+2(ab+bc+ca)$$
$$\geqslant ab+bc+ca+2(ab+bc+ca) = 3(ab+bc+ca),$$

所以 $\quad 9abc \leqslant (ab+bc+ca)k \leqslant \dfrac{k^2}{3}k = \dfrac{1}{3}k^3$，

即 $\quad abc \leqslant \left(\dfrac{k}{3}\right)^3$。

不难看出，当 a,b,c 都相等时，以上不等式的等号成立，此时乘积达到最大。

证法 2：先对四个正数 a,b,c,d 利用基本不等式，可得

$$(a+b)+(c+d) \geqslant 2\sqrt{(a+b)(c+d)} \geqslant 2\sqrt{2\sqrt{ab} \cdot 2\sqrt{cd}} = 4\sqrt[4]{abcd},$$

即 $\quad abcd \leqslant \left(\dfrac{a+b+c+d}{4}\right)^4$，等号当 $a=b=c=d$ 时成立。

现设有三个正数 a,b,c，我们考虑四个正数 a,b,c 及 $\dfrac{a+b+c}{3}$，对这四个正数应用上述结论，可得

$$abc \cdot \dfrac{a+b+c}{3} \leqslant \left[\dfrac{a+b+c+\dfrac{a+b+c}{3}}{4}\right]^4,$$

化简即得 $abc \leqslant \left(\dfrac{a+b+c}{3}\right)^3$，等号当 $a=b=c$ 时成立。这就是所要证的。

5. 改变习题结论,原解题方法可能不再适用

例 25：原题：在 Rt$\triangle ABC$ 中,a,b 为直角边,c 斜边,证明：$a^2 + b^2 = c^2$。

这是著名的勾股定理,有资料表明,有关它的各种证明方法已多达 400 余种,下面是欧几里得的经典证明。

证明：如图 4 - 35,四边形 $ABDE$、$BCHF$、$ACGK$ 分别是以 $AB = c, BC = a, AC = b$ 为边的正方形,连接 AF, BK,过点 C 作 DE 的垂线,交 AB 于 M,交 DE 于 L。容易证明 $\triangle ABF \cong \triangle CBD$,但 $\triangle ABF$ 以 BF 为底的高为 FH,所以 $\triangle ABF$ 的面积 $\times 2 =$ 正方形 $BCHF$ 的面积;$\triangle CBD$ 以 BD 为底的高为 BM,所以 $\triangle CBD$ 的面积 $\times 2 =$ 长方形 $BMLD$ 的面积;这样正方形 $BCHF$ 的面积 $=$ 长方形 $BMLD$ 的面积,

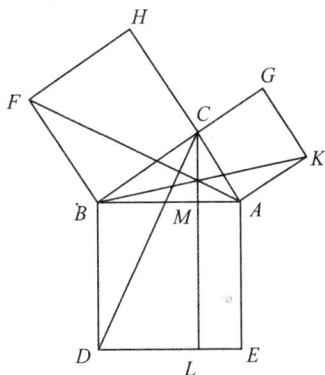

同理,正方形 $ACGK$ 的面积 $=$ 长方形 $AMLE$ 的面积,

图 4 - 35

于是　　正方形 $BCHF$ 的面积 $+$ 正方形 $ACGK$ 的面积

　　　$=$ 正方形 $ABDE$ 的面积,

即　　　$a^2 + b^2 = c^2$。

改编：在 Rt$\triangle ABC$ 中,a,b 为直角边,c 为斜边,证明：$a^3 + b^3 < c^3$。

证明：因为 $a^2 + b^2 = c^2$,所以 $a^2 c + b^2 c = c^3$,又因为 $a < c, b < c$,所以 $a^3 < a^2 c, b^3 < b^2 c$,于是 $a^3 + b^3 < a^2 c + b^2 c = c^3$,即 $a^3 + b^3 < c^3$。

6. 改变习题情境,原解题依据或方法仍然适用

数学习题的情境,有的是生活情景,有的是以其他数学知识为背景,给数学习题增色不少。好的习题情境,读来使人联想,解完令人回味。数学习题情境的变化,不但体现了数学习题的丰富多彩性,也体现了数学应用的广泛性,同时还有利于培养学生举一反三的解题能力。

能关注数学习题的情境因素,并能对它作一些合适的改编,是一个数学教师的一项基本功。

例 26：原题：如图 4-36,图中有多少条不同的线段？

图 4 - 36

解：以 A 为左端点的线段有 5 条，以 B 为左端点的线段有 4 条，以 C 为左端点的线段有 3 条，以 D 为左端点的线段有 2 条，以 E 为左端点的线段有 1 条，所以不同的线段共有 $5+4+3+2+1=15$（条）。

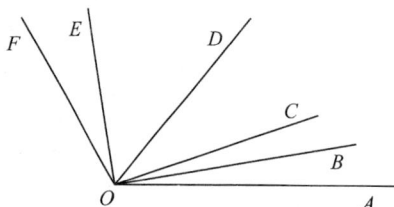

图 4-37

改编：如图 4-37，图中有多少个不同的角？

不难看出，改编题的解题方法与原题的解题方法一致。

例 27：原题：甲和乙从同一个公交车站出发去学校，电子车牌显示公交车还有 4 分钟到站，乙骑自行车沿公路先行，一般 15 分钟可到校，已知公交车的速度是自行车速度的 3 倍。问：甲能否在到校前追上乙？

解：设甲坐上公交车后 x 分钟追上乙，自行车的速度为 a 米／分钟，

由题意得 $$a(4+x)=3ax,$$

解得 $$x=2（分钟）。$$

所以自行车骑行 6 分钟后就被公交车追上，即甲在到校前能追上乙。

这是一个追及问题。由于钟表的分针实际上是在不停地追赶时针，因此对追及问题我们引入钟表情境，可有以下改编。

改编：有一口钟现在显示的时间是 10 时整，那么，经过多少分钟，分针与时针第一次重合？

10 时整的时候，时针与分针相距 10 大格，或相差 300°，分针与时针重合时，即分针追上时针，分针比时针多走 10 大格或 300°，分针的速度是时针速度的 12 倍，由此可求出答案：需 $54\dfrac{6}{11}$（分钟）。

例 28：原题：求 $n-13, 5n+6$ 两数有大于 1 的公约数时，n 的最小值（$n>13$，为自然数）。

解：由辗转相除法得 $5n+6-5(n-13)=71$，因为 71 为质数，所以 $n-13$，$5n+6$ 两数大于 1 的公约数必是 71 的倍数，由此可得 n 的最小值是 84。

当我们把求两个数的公约数引入约分的知识背景中，就可有以下改编。

改编：已知分数 $\dfrac{5n+6}{n-13}$ 可约分，求 n 的最小值（$n>13$，为自然数）。

解：因为 $\dfrac{5n+6}{n-13}=\dfrac{5(n-13)+71}{n-13}=5+\dfrac{71}{n-13}$ 可约分，所以 $n-13$ 是 71 的倍数，n 最小为 84。

例 29：原题（鸡兔同笼问题）：今有鸡兔同笼，有头 12，足 34。问：鸡兔各多少？

鸡兔同笼问题是中国古代著名趣题之一，有许多解法，例如设未知数列方程或方程组，但小学生不这样解。适合小学生的一个解法如下：

解：设 12 只全为鸡，那么足为 24 只，多了 10 只足，可见是兔子的。所以兔子有 5 只，鸡有 7 只。写成公式是

$$兔子数 = (34 - 12 \times 2) \div 2 = (足数 - 头数 \times 2) \div (4-2)$$

$$鸡数 = 头数 - 兔子数。$$

面对这样的解题思路，如果我们改变习题的情境，便会得到许多有趣的应用题和其解法。以下两款改编中出现的元素种数也不相同。

改编：102 名师生去划船，规定大船坐 10 人，小船坐 6 人，他们共租了 15 只船。问：大船、小船各租了几只？

解：大船数 $= (102 - 6 \times 15) \div (10-6) = 3$（只）；

小船数 $= 15 - 3 = 12$（只）。

或者　　小船数 $= (10 \times 15 - 102) \div (10-6) = 12$（只）；

大船数 $= 15 - 12 = 3$（只）。

改编：甲、乙、丙三种练习簿每本价钱分别为 7 角、3 角、2 角。三种练习簿一共买了 47 本，付了 21 元 2 角，买乙种练习簿的本数是丙种练习簿的 2 倍。三种练习簿各买了多少本？

本题有三种元素，可考虑将其中两种元素结合与第三种元素对比。

解：将 2 本乙、1 本丙结合与 3 本甲换，每换一次多 13 角，设全为甲，则多了 $47 \times 7 - 212 = 117$（角），$117 \div 13 = 9$，说明换了 9 次。说明乙有 18 本，丙有 9 本，甲有 $47 - 18 - 9 = 20$（本）。

鸡兔同笼问题如果只用列方程、方程组来解，就会显得单调，失去许多兴趣。

例 30：原题：已知在 $\triangle ABC$ 中，$\angle C = 45°$，$AC = 1+\sqrt{2}$，AC 边上的高为 1，在直线 AC 上有一点 D，使 $\angle DCB = \angle ABD$，求 AD 的长。

此题可用相似三角形、面积法等方法来解。下面给出的是用面积法的解法。

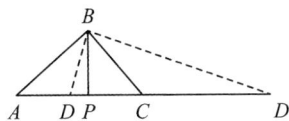

图 4-38

解：如图 4-38，BP 为 AC 边上的高，点 D 有两处符合要求。设点 D 在 AC 之间，$PD = x$，则 $BD = \sqrt{x^2+1}$，$\triangle ABD$ 中 AB 边上的高为 $\dfrac{\sqrt{x^2+1}}{\sqrt{2}}$，$AB = \sqrt{3}$，由 $S_{\triangle ABD} + S_{\triangle BDC} = S_{\triangle ABC}$

可得
$$\frac{\sqrt{x^2+1}}{\sqrt{2}} \cdot \sqrt{3} + x + 1 = \sqrt{2} + 1,$$

解得
$$x = \pm 3 - 2\sqrt{2}(负舍去),$$

所以 $PD = 3 - 2\sqrt{2}$，$AD = 3\sqrt{2} - 3$。

设点 D 在 AC 的延长线上，同理可得 $AD = 3\sqrt{2} + 3$。

改编：如图 $4-39(1)$，已知一次函数 $y = \frac{\sqrt{2}}{2}x + 1$，与 x 轴交于点 A，与 y 轴交于点 B，点 C 的坐标是 $(1,0)$，点 D 为 x 轴上一点，且 $\angle DCB = \angle ABD$，求点 D 的坐标。

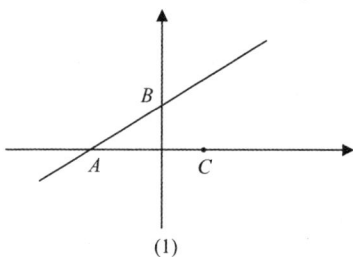

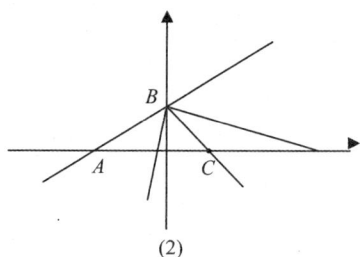

图 4 - 39

利用图 $4-39(2)$，仿照以上方法，可求得点 D 的坐标为 $D(2\sqrt{2}-3,0)$，$D(2\sqrt{2}+3,0)$。当然，经这样的情境改变，此题也衍生出与以上几何方法不同的解法。

另外，如果改变习题情境，原解题依据或方法不再适用，这可以看作是另外一个与原题"不相干"的习题，故在此不作论述。改编习题除了考虑习题四要素及习题情境外，还可以有其他途径，例如：

7. 改编存在"缺陷"的习题，使之完善

对存在科学性"缺陷"的习题，我们可以通过改编使之完善，为教学所用。这一内容在第四章第三节"数学习题的科学性"里已有所阐述，例如第四章第三节的例 16。

"请在方格里描出下列各点，并把这几个点顺次连接成一个封闭图形。你发现了什么？$A(2,1)$，$B(6,1)$，$C(3,4)$，$D(7,4)$"。（数学作业本五年级上第 14 页，浙江教育出版社，2014）

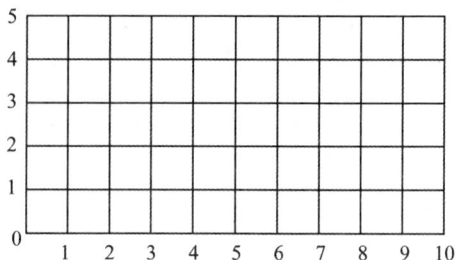

造成此题存在"缺陷"的是关键词"顺次"含义不清,因此可通过明确其含义使此题完善。

再举一例如下。

例 31：原题：已知 $\sqrt{25-x^2}-\sqrt{15+x^2}=4$,求 $\sqrt{25-x^2}+\sqrt{15+x^2}$ 的值。

此题是初二的学生在学习二次根式后进行练习的题。通过解题我们发现题目存在着缺陷。

解一：设 $a=\sqrt{25-x^2}$,$b=\sqrt{15+x^2}$,

则 $16=(a-b)^2=a^2+b^2-2ab=40-2ab$,

得 $2ab=24$,

所以 $(a+b)^2=a^2+b^2+2ab=40+24=64$,

于是 $a+b=\sqrt{25-x^2}+\sqrt{15+x^2}=8$。

解二：因为 $\sqrt{25-x^2}-\sqrt{15+x^2}=4$,

所以 $\dfrac{10-2x^2}{\sqrt{25-x^2}+\sqrt{15+x^2}}=4$,

得 $\sqrt{25-x^2}+\sqrt{15+x^2}=\dfrac{5}{2}-\dfrac{1}{2}x^2$,

解得 $\sqrt{25-x^2}=\dfrac{1}{4}(13-x^2)$,

两边平方可得 $x^4-10x^2-231=0$,即 $(x^2-21)(x^2+11)=0$,

所以 $x^2=21$,$x^2=-11$(不合要求,负数舍去)。

当 $x^2=21$ 时,$\sqrt{25-x^2}=\dfrac{1}{4}(13-x^2)=\dfrac{1}{4}(13-21)=-2$,这是一个矛盾,因此该题在实数范围内是一个错题。

仔细分析产生矛盾的原因,找出导致缺陷的诱因,并加以改正,这就有了以下的改编。

改编：已知 $\sqrt{15+x^2}-\sqrt{25-x^2}=4$,求 $\sqrt{15+x^2}+\sqrt{25-x^2}$ 的值。

仿上可求得 $\sqrt{25-x^2}+\sqrt{15+x^2}=8$。

三、数学习题改编和编制的常用方法

除了了解数学习题改编的原则和途径以外,数学教师还必须熟悉改编和编制数学习题的常用方法。

1. 演绎法

演绎法是从一般性的真命题或一组条件出发,通过逻辑推理进行改编或编制习题的一种方法。

例 32:从恒等式 $\dfrac{1}{1\times 2}+\dfrac{1}{2\times 3}+\cdots+\dfrac{1}{n(n+1)}=1-\dfrac{1}{n+1}$ 出发,可编制习题:

计算:$\dfrac{1}{1\times 2}+\dfrac{1}{2\times 3}+\cdots+\dfrac{1}{99\times 100}$。

例 33:从公式 $a^2-b^2=(a+b)(a-b)$ 出发,令 $a+b=11\dfrac{1}{7}$,$a-b=10\dfrac{6}{7}$,可编制习题:

计算:$11\dfrac{1}{7}\times 10\dfrac{6}{7}$。

例 34:从恒等式 $1-\dfrac{1}{2}+\dfrac{1}{3}-\dfrac{1}{4}+\cdots+\dfrac{1}{2n-1}-\dfrac{1}{2n}$

$$=1+\dfrac{1}{2}+\dfrac{1}{3}+\dfrac{1}{4}+\cdots+\dfrac{1}{2n}-2\left(\dfrac{1}{2}+\dfrac{1}{4}+\cdots+\dfrac{1}{2n}\right)$$

$$=1+\dfrac{1}{2}+\dfrac{1}{3}+\dfrac{1}{4}+\cdots+\dfrac{1}{2n}-\left(1+\dfrac{1}{2}+\cdots+\dfrac{1}{n}\right)$$

$$=\dfrac{1}{n+1}+\dfrac{1}{n+2}+\cdots+\dfrac{1}{2n}\text{ 出发,可编制习题:}$$

计算:$\dfrac{1-\dfrac{1}{2}+\dfrac{1}{3}-\dfrac{1}{4}+\cdots+\dfrac{1}{49}-\dfrac{1}{50}}{\dfrac{1}{25+1}+\dfrac{1}{25+2}+\cdots+\dfrac{1}{25+25}}$。(华杯赛试题)

例 35:从一般性命题"已知 $\mathrm{Rt}\triangle ABC$ 的两条直角边为 a,b,则斜边上的高为 $\dfrac{ab}{\sqrt{a^2+b^2}}$"出发,可编制习题:

已知 $\mathrm{Rt}\triangle ABC$ 的两条直角边分别为 5,12,求斜边上的高。

例 36:从一般性命题"角相等的凸 n 边形内一点 P 到各边的距离之和为定值"出发,可编制习题:

已知点 P 是各内角都相等的凸五边形 $ABCDE$ 内一点,求证:点 P 到各边的距离之和为定值。

证明:设凸五边形 $ABCDE$ 中,$\angle A=\angle B=\angle C=\angle D=\angle E$,$AB$ 是最长边,如图 $4-40(1)$,以 AB 为边长,将五边形补成正五边形(延长 BC 到 C',使 $BC'=AB$,延长 AE 到 E',使 $AE'=AB$,再过 C' 作 CD 的平行线,过 E' 作 ED 的平行线,两者的交点为 D'),如图 $4-40(2)$。由于正五边形内一点到各边的距离之和为常数,

所以五边形 $ABCDE$ 内一点到各边的距离之和为该常数减去平行线 DE、$D'E'$ 和 CD、$C'D'$ 之间的距离,这个差是一个定值。

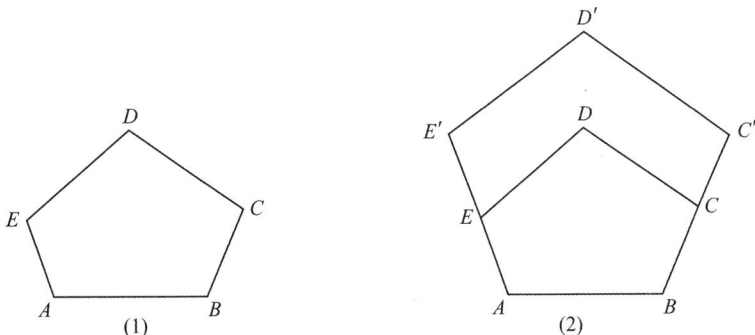

图 4 - 40

2. 倒推法

倒推法是事先预知了解题的依据或题目的结论,而由此出发设置习题条件的一种改编或编制习题的方法。

例 37:以递推关系 $a_n = 3(a_{n-1} - 1)$ 编一数字推理题,假如令 $a_1 = 2$,则有习题:

按规律,在括号内填上恰当的数:2,3,6,(　　),(　　),123。

例 38:要编一有关浓度的应用题。已知有 1000 克浓度为 15% 的盐水,加入了 100 克浓度为 20% 的盐水和 400 克浓度为 10% 的盐水,最后得到 1500 克浓度为 14% 的盐水。于是可编如下的应用题:

瓶中装有浓度为 15% 的酒精溶液 1000 克,现在又分别倒入 100 克和 400 克的 A,B 两种酒精溶液,瓶里的酒精溶液浓度变成了 14%。已知 A 种酒精溶液的浓度是 B 种酒精溶液浓度的两倍,那么 A 种酒精溶液的浓度是百分之几?

例 39:要编一个 5 次多项式的因式分解题。我们可以先设

$$x^5 + px^4 + qx^3 + rx^2 + sx + 1 = (x^3 + ax^2 + bx + 1)(x^2 - x + 1),$$

对比两边 x 的系数,可得
$$\begin{cases} p = a - 1 \\ q = 1 - a + b \\ r = a + 1 - b \\ s = b - 1 \end{cases}$$

为了让需因式分解的多项式简洁一点,可让系数中零多一点,例如令 $a = 1$, $b = 0$,可得 $p = q = 0, r = 2, s = -1$,于是有题目:

分解因式：$x^5 + 2x^2 - x + 1$。

3. 条件变换法

条件变换法是将习题的条件加以改变，从而获得新题的一种改编或编制习题的方法。广义地来说，改变习题的条件种类很多，包括习题情境的改变，不过这里是特指条件弱化、条件强化和条件逆换三种情况。这三种情况都是在原题的基础上，对原题的条件或结论进行微调。

（1）条件弱化

条件弱化是指将原题的条件减弱（比原条件允许范围更广）。原题的条件减弱以后，原题的结论就会泛化，因此一般来说，原题的难度将增加。

例40：若 a,b,c 是正数，解方程：$\dfrac{x-a-b}{c} + \dfrac{x-b-c}{a} + \dfrac{x-c-a}{b} = 3$。

解：由 $(\dfrac{x-a-b}{c}-1) + (\dfrac{x-b-c}{a}-1) + (\dfrac{x-c-a}{b}-1) = 0$，

得 $$(x-a-b-c)(\dfrac{1}{a} + \dfrac{1}{b} + \dfrac{1}{c}) = 0,$$

由于 a,b,c 是正数，所以 $\dfrac{1}{a} + \dfrac{1}{b} + \dfrac{1}{c} \neq 0$，

所以 $$x = a+b+c。$$

如果我们去掉条件"若 a,b,c 是正数"，那么我们就得到一个新题：

解方程：$\dfrac{x-a-b}{c} + \dfrac{x-b-c}{a} + \dfrac{x-c-a}{b} = 3$。

它的解是：当 $\dfrac{1}{a} + \dfrac{1}{b} + \dfrac{1}{c} \neq 0$ 时，$x = a+b+c$；当 $\dfrac{1}{a} + \dfrac{1}{b} + \dfrac{1}{c} = 0$ 时，方程的解是任意常数。

例41：若 $a+b = \dfrac{1}{a} + \dfrac{1}{b} \neq 0$，求 ab。

解：因为 $\dfrac{1}{a} + \dfrac{1}{b} = \dfrac{a+b}{ab}$，$a+b = \dfrac{a+b}{ab} \neq 0$，所以 $ab = 1$。

如果我们去掉条件"$a+b \neq 0$"，则我们可以得到一个条件减弱的习题：

已知 a,b 为实数且 $a+b = \dfrac{1}{a} + \dfrac{1}{b}$，求 ab。

它的解是：当 $a+b \neq 0$ 时，$ab = 1$；当 $a+b = 0$ 时，ab 是小于零的任意数。

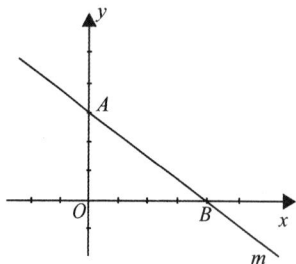
图 4-41

例42：如图4-41，直线 m 与 x 轴、y 轴分别交于点

$B,A,$ 且 A,B 两点的坐标分别为 $A(0,3),B(4,0)$。问：在 x 轴上是否存在一点 C，使 $\triangle ABC$ 为等腰三角形?若存在，请求出点 C 的坐标。

解：因为 $AB=5$，以 AB 为腰的符合条件的三角形有三个，x 轴上点 C 的坐标分别为 $(-4,0),(-1,0),(9,0)$；以 AB 为底的符合条件的三角形有一个，x 轴上点 C 的坐标为 $(\frac{7}{8},0)$。

如果将条件中的"在 x 轴上"减弱为"在坐标轴上"，可得题：

如图 $4-41$，直线 m 与 x 轴、y 轴分别交于点 B,A，且 A,B 两点的坐标分别为 $A(0,3),B(4,0)$。问：在坐标轴上是否存在一点 C，使 $\triangle ABC$ 为等腰三角形?若存在，请求出点 C 的坐标。

其解为：在 x 轴上有四点，分别是 $(-4,0),(-1,0),(9,0),(\frac{7}{8},0)$。在 y 轴上有四点，分别是 $(0,8),(0,-\frac{7}{6}),(0,-2),(0,-3)$。

对选择题，我们也可以进行类似的改编，尤其是对那些"作用不大"的选择题，例如：

例 43：（武汉竞赛题）设有理数 a,b,c 都不为零，且 $a+b+c=0$，则

$$\frac{1}{b^2+c^2-a^2}+\frac{1}{c^2+a^2-b^2}+\frac{1}{a^2+b^2-c^2}$$ 的值是（　　）。

A．正数　　　　B．负数　　　　C．零　　　　D．-1

此题对所要考核的知识点无用，因为它可以用特殊值法解，且选择支 B 和 D 有包含关系，不符合逻辑要求。如果我们把选择支也看作习题条件的一部分，那么改变选择支就相当于改变条件。以下就是弱化条件（增加了条件的不确定性）后的题：

设有理数 a,b,c 都不为零，且 $a+b+c=0$，则

$$\frac{1}{b^2+c^2-a^2}+\frac{1}{c^2+a^2-b^2}+\frac{1}{a^2+b^2-c^2}$$ 的值是（　　）

A．正数　　　　B．负数　　　　C．零　　　　D．不能确定

当然也可以把选择支都去掉，改成填空题或解答题，例如：

设有理数 a,b,c 都不为零，且 $a+b+c=0$，求

$$\frac{1}{b^2+c^2-a^2}+\frac{1}{c^2+a^2-b^2}+\frac{1}{a^2+b^2-c^2}$$ 的值。

（2）条件强化

条件强化是指将原题的条件加强（比原条件更特殊）或增加一些条件（要求与原条件不矛盾，通常为限定性条件）。原题的条件加强以后，原题的结论也会相应地

加强,因此一般来说,原题的难度将降低。

例44:七年级93个同学在4位老师的带领下准备到离学校32千米处的某地进行社会调查,可是只有一辆能坐25人的汽车。为了让大家尽快地到达目的地,决定采用步行与乘车相结合的办法。如果你是这次行动的总指挥,你将怎样安排他们乘车,才能使全体师生花最短的时间到达目的地?最短的时间是多少?(师生步行的速度是5千米/小时,汽车的速度是55千米/小时,上、下车时间不计。)

解题思路:人要分4拨,人和车同时出发,由车往返接运,当做到人车同时到达目的地,则时间最短,这样,各组乘车的路程一样,步行的路程也就一样。

解:分4组,设每组坐车行 a 千米,步行 b 千米,

因为第二组从出发到坐上车,已步行了 $\frac{a}{55}\times 5+\frac{a-\frac{a}{11}}{60}\times 5=\frac{1}{6}a$(千米)。同理,第三组从出发到坐上车,已步行了 $\frac{2}{6}a$(千米);第四组从出发到坐上车,已步行了 $\frac{3}{6}a=\frac{1}{2}a$(千米)。由于第四组坐上车后直接到终点,所以 $\frac{1}{2}a=b$,于是可得 $a=\frac{64}{3}$(千米),最短时间为 $2\frac{86}{165}$(小时),安排略。

在此问题的解决中,需分为4组,但每组坐车和步行的路程、时间关系,对一般的学生来说,普遍感到复杂,难以理清。为了让这些学生也能通过思考获得解决问题的训练,我们可以通过条件强化构筑新题,使所得新题的数量简单一点。例如改编如下:

七年级93个同学在4位老师的带领下准备到离学校14千米处的某地进行社会调查,可是只有一辆能坐50人的汽车。为了让大家尽快地到达目的地,决定采用步行与乘车相结合的办法。如果你是这次行动的总指挥,你将怎样安排他们乘车,才能使全体师生花最短的时间到达目的地?最短的时间是多少?(师生步行的速度是5千米/小时,汽车的速度是55千米/小时,上、下车时间不计。)

此题只需将人分为2组,也设每组坐车行 a 千米,步行 b 千米,则有

$$\begin{cases} a+b=14 \\ \dfrac{b}{5}=\dfrac{2a-b}{55} \end{cases},$$

解得 $a=12$(千米),$b=2$(千米),最短时间为 $\frac{34}{55}$(小时),安排略。

例45:a,b,c 都是正数,关于 x 的方程 $(c+a)x^2+2bx+c=0$ 有两个相等的实

数根。问：a, b, c 可否作为一个三角形的三边长？若可以，这是个什么形状的三角形？

解：首先可得　$b^2 = c(c+a) \rightarrow \begin{cases} b > c \\ c + a > b^\circ \end{cases}$

① 当 $a = c$ 时，$b^2 = c^2 + a^2$，三角形为等腰直角三角形；

② 当 $a = 2c$ 时，$b^2 = c(c+a) = 3c^2 \rightarrow a^2 = c^2 + b^2$，三角形为含 $30°$ 角的直角三角形；

③ 当 $a = 3c$ 时，$b^2 = c(c+a) = 4c^2 = (2c)^2$，$a, b, c$ 不构成三角形；

④ 当 $a < c(<b)$ 时，a, b, c 满足 $\begin{cases} a + c > b \\ c + b > a, \\ a + b > c \end{cases}$　a, b, c 可以构成三角形；

过 C 作 $\triangle ABC$ 的高，设 x 如图 $4-42$ 所示，若 $x > 0$，则 $\angle B$ 为钝角；若 $x < 0$，则 $\angle B$ 为锐角。

由 $b^2 - (c+x)^2 = a^2 - x^2$，

得 $x = \dfrac{ca - a^2}{2c} = \dfrac{a}{2c}(c-a) > 0$，故 $\triangle ABC$ 为钝角三角形。

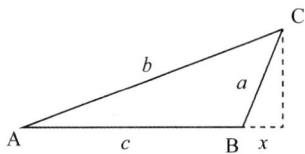

图 $4-42$

⑤ 当 $c < a < 2c$ 时，有 $2c^2 < b^2 = c(c+a) < 3c^2 \rightarrow \sqrt{2}c < b < \sqrt{3}c$，

所以　$c + b = \dfrac{ac}{b-c} > \dfrac{ac}{\sqrt{3}c - c} = \dfrac{a}{\sqrt{3}-1} > a$，

所以 a, b, c 满足 $\begin{cases} a + c > b \\ c + b > a, \\ a + b > c \end{cases}$　a, b, c 可以构成三角形。

当 $c < a < b$ 时，同 ④ 可证 $\triangle ABC$ 为锐角三角形；

当 $c < b < a$ 时，过 B 作 $\triangle ABC$ 的高，设 x 如图 $4-43$ 所示。若 $x > 0$，则 $\angle A$ 为钝角；若 $x < 0$，则 $\angle A$ 为锐角。

由 $a^2 - (b+x)^2 = c^2 - x^2$，

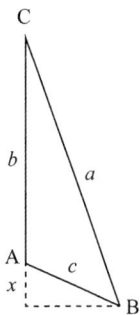

图 $4-43$

得 $x = \dfrac{a^2 - b^2 - c^2}{2b} = \dfrac{a+c}{2b}(a-2c) < 0$，故 $\triangle ABC$ 为锐角三角形。

综上，当 $c < a < 2c$ 时，$\triangle ABC$ 是锐角三角形(也可用余弦定理判断 $\cos A$ 的正负)。

⑥ 当 $2c < a < 3c$ 时，有 $3c^2 < b^2 = c(c+a) < 4c^2 \rightarrow \sqrt{3}c < b < 2c$，

所以　$c < b < a$，

由于 $c+b = \dfrac{ac}{b-c} > \dfrac{ac}{2c-c} = a$，

所以 a,b,c 满足 $\begin{cases} a+c>b \\ c+b>a, \\ a+b>c \end{cases}$ a,b,c 可以构成三角形。

过 B 作 $\triangle ABC$ 的高，设 x 如图 $4-44$ 所示，若 $x>0$，则 $\angle A$ 为钝角；若 $x<0$，则 $\angle A$ 为锐角。

由 $a^2-(b+x)^2 = c^2-x^2$，

得 $x = \dfrac{a^2-b^2-c^2}{2b} = \dfrac{a+c}{2b}(a-2c) > 0$，故 $\triangle ABC$ 为钝角三角形。

⑦ 当 $a>3c$ 时，有 $b^2 = c(c+a) > 4c^2 \rightarrow b > 2c$，

由于 $c+b = \dfrac{ac}{b-c} < \dfrac{ac}{2c-c} = a \rightarrow c+b < a$，

所以 a,b,c 不能构成三角形。

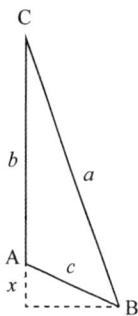

图 $4-44$

最后结论：

① 当 $a<c$ 时，$\triangle ABC$ 为钝角三角形；

② 当 $a=c$ 时，$b^2 = c^2+a^2$，三角形为等腰直角三角形；

③ 当 $c<a<2c$ 时，$\triangle ABC$ 是锐角三角形；

④ 当 $a=2c$ 时，$b^2 = c(c+a) = 3c^2 \rightarrow a^2 = c^2+b^2$，三角形为含 $30°$ 角的直角三角形；

⑤ 当 $2c<a<3c$ 时，$\triangle ABC$ 为钝角三角形；

⑥ 当 $a>3c$ 时，a,b,c 不能构成三角形。

另外，当 a,b,c 能构成三角形时，我们还能证明 $\angle B = 2\angle C$，虽然证明这个结论不难，但"猜想出"这个结论却是有难度的。因此，对中学生尤其是初中生而言，要完整地进行以上解答并不容易。为了降低题目难度，我们可采用条件强化的方法，例如将 a,b,c 可构成三角形作为条件（这可略去判断三边是否构成三角形的证明），同时再加一个 a 与 c 的关系条件，习题难度会大幅降低，比如：

已知 $\triangle ABC$ 中，$b^2 = c(c+a)$ 且 $a<c$，求证 $\triangle ABC$ 是钝角三角形。

（3）条件逆换

条件逆换是指将数学习题条件中的事项与结论中的事项作相等个数的交换形成新题的一种方法。例如，勾股定理与勾股定理逆定理就是条件与结论互换的两个不同命题。

例 46：在 $\triangle ABC$ 中，$\angle C = 90°$，CD 是斜边上的中线，那么 $CD = \dfrac{1}{2}AB$。

如果将条件"$\angle C = 90°$"与结论"$CD = \dfrac{1}{2}AB$"互换,可得习题:

在 $\triangle ABC$ 中,CD 是 AB 边上的中线且 $CD = \dfrac{1}{2}AB$,那么 $\angle C = 90°$。

这是一个真命题。

例 47:如图 4-45,小圆的 $\dfrac{2}{3}$ 有阴影,大圆的 $\dfrac{5}{7}$ 有阴影,大圆阴

影面积与小圆阴影面积的比是多少?

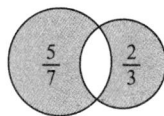

图 4-45

此题不难求得大圆阴影面积与小圆阴影面积的比是 5:4。如果我们将其中一个条件与结论互换,我们可得以下习题:

如图 4-46,大圆阴影面积与小圆阴影面积的比是 5:4,小圆的 $\dfrac{2}{3}$ 有阴影,求大

圆阴影部分占大圆的几分之几?

解:小圆无阴影的部分是 $\dfrac{1}{3}$,由于大圆阴影面积与小圆阴影

面积的比是 5:4,可以看作 $\dfrac{2}{3}$ 是 4 份,所以 $\dfrac{1}{3}$ 是 2 份。这样小圆是

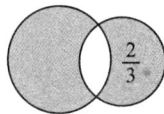

图 4-46

6 份,大圆是 7 份,大圆的阴影部分是 5 份,所以大圆阴影部分占大

圆的 $\dfrac{5}{7}$。

如果原命题与其逆命题均为真命题,那么通过条件逆换的方法编题是比较方便的;但如果不是,那么用这个方法编题时,必须注意新编习题条件的充分性和结论的完备性。

例如"两个三角形全等,则它们面积相等"和"两个三角形面积相等,则它们全等"是互为条件逆换的两个命题,前者为真命题,后者为假命题。

例 48:证明:当 $a \geqslant 1$ 时,关于 x 的不等式 $|x+a| \geqslant |x-3|$ 的解包含"$x \geqslant 1$"。

解:因为 $|x+a| = |x-(-a)|$,所以原不等式为 $|x-(-a)| \geqslant |x-3|$,

由数轴(见图 4-47)可知,x 到 $-a$ 的距离大于等于 x 到 3 的距离,故不等式的解

$x \geqslant \dfrac{3+(-a)}{2} = \dfrac{3-a}{2}$,所以对每一个 a,其解集都包含"$x \geqslant 1$"。

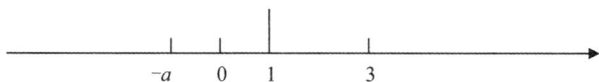

图 4-47

但当我们采用条件逆换得到新题:

"证明：关于 x 的不等式 $|x+a| \geqslant |x-3|$ 的解包含'$x \geqslant 1$'，则实数 a 的取值范围为 $a \geqslant 1$"。却是一个假命题。因为除了 $a \geqslant 1$ 符合要求以外，$a = -3$ 也符合要求。注意到这一点后，可编新题：

若关于 x 的不等式 $|x+a| \geqslant |x-3|$ 的解包含"$x \geqslant 1$"，则实数 a 的取值范围为_____。

或者：

已知关于 x 的不等式 $|x+a| > |x-3|$ 的解包含"$x > 1$"，证明：$a > 1$。

4. 类比法

类比法是通过比较两个或两类对象在一些属性上的相似或相同，对其中的一个（类）对象做出类似结论的一种改编或编制习题的方法。其基本形式是

原题有条件 a, b, c，　　　结论 d

新题有条件 a, b, c'，

新题有　　　　　　　结论 d'

这里 c 和 c'、d 和 d' 是有着一定相似性的对应条件和对应结论。由于类比而得的命题具有或然性，所以结论 d' 的真实性有待推理证明确定。

例 49：对任何实数 a, b，证明：$a^2 + b^2 \geqslant 2ab$。

将二元类比到三元或四元，我们可得以下命题：

(1) 对任何实数 a, b, c，证明：$a^3 + b^3 + c^3 \geqslant 3abc$。

(2) 对任何实数 a, b, c, d，证明：$a^4 + b^4 + c^4 + d^4 \geqslant 4abcd$。

第一个命题我们可以通过举反例来确定它是错的，第二个命题我们可以证明它是正确的。推理如下：$a^4 + b^4 + c^4 + d^4 \geqslant 2a^2 b^2 + 2c^2 d^2 \geqslant 4abcd$。

例 50：证明：正三角形内切圆半径是其高的三分之一。

习题揭示了不论正三角形的边长如何，半径与高的比是一个常数。现将平面类比到空间，正三角形类比到正四面体，圆类比到球，类比推理为：不论正四面体的棱长多少，内切球半径与其高的比也是一个常数，于是可得下列习题：

证明：正四面体内切球半径是其高的四分之一。

例 51：勾股定理：已知直角三角形的两条直角边分别为 a, b，斜边为 c，则有 $a^2 + b^2 = c^2$。勾股定理有一个完美的几何解释：分别以 a, b, c 为一边向三角形外作正方形，则直角边上的两个正方形的面积和等于斜边上正方形的面积，见图 4-48(1)。因为正方形都相似，以此为依据作一个类比，分别以 a, b, c 为一边向三角形外作相似多边形，则两直角边上的多边形面积之和等于斜边上的多边形面积，见图 4-48(2)。这个结论是正确的，因为相似多边形的面积比等于相似比的平方。

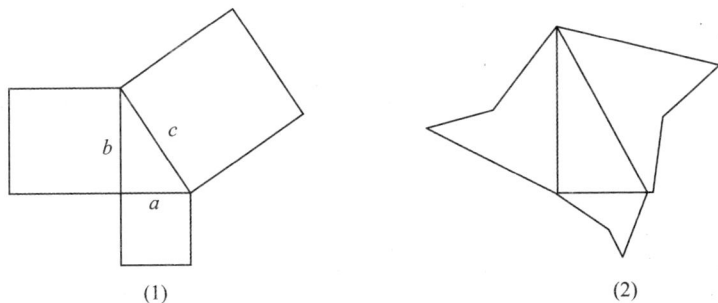

(1)　　　　　　　　　　　　　　　(2)

图 4 - 48

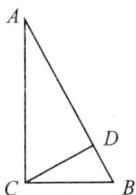

图 4 - 49

既然如此，我们再作一类比，分别以 a,b,c 为一边向三角形内作相似三角形，以 AC 为边做的是 $\triangle ADC$，以 CB 为边做的是 $\triangle CBD$，以 AB 为边做的是 $\triangle ACB$，见图 4 - 49。通过以上类比，我们得到以下新题：

已知 CD 是 Rt$\triangle ABC$ 斜边上的高，利用相似三角形证明：$AC^2 + BC^2 = AB^2$。

5. 推广法

推广法是将习题中条件的范围或结论的范围扩大，使原题成为新题特殊情况的一种改编或编制习题的方法。

例如，依高斯计算 $1+2+3+\cdots+99+100 = 50 \times (100+1) = 5050$ 的方法，后人进行了推广：得到 $1+2+3+\cdots+n = \dfrac{1}{2}n(n+1)$。

例 52：如果两个正数的和一定，证明：当它们相等时，其乘积达到最大。

此题就是例 24。根据本节例 24 所述，我们可以有以下推广：

如果 n 个正数的和一定，证明：当它们相等时，其乘积达到最大。

习题的证明可由（正数）算术平均大于等于几何平均公式

$$\frac{a_1 + a_2 + \cdots + a_n}{n} \geqslant \sqrt[n]{a_1 \cdot a_2 \cdot \cdots \cdot a_n}$$

（$a_1 = a_2 = \cdots = a_n$ 时等号成立）获得。

例 53：以 $\triangle ABC$ 的边 AB, AC 为边向三角形外作正方形 $ABEF$ 与 $ACGH$（见图 4 - 50），则过点 A 及 FH 的中点的直线必垂直于 BC；反之，过点 A 垂直于 BC 的直线必经过 FH 的中点。

这是一道很普通、在平面几何书籍中很容易找到的习题。现将正方形推广为包含它的菱形（正方形也是菱形），可得新题：

以 $\triangle ABC$ 的边 AB,AC 为边向三角形外作菱形 $ABEF$ 与 $ACGH$（见图 4-51），且这两个菱形在顶点 A 处的内角互补，则过点 A 及 FH 的中点 N 作直线交 BC 于 M，则 $\angle AMB = \angle FAB$；反之，过点 A 作直线 AM，若 $\angle AMB = \angle FAB$，则直线 AM 必经过 FH 的中点 N。

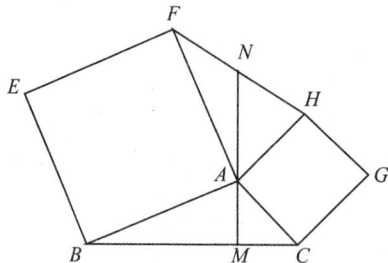

图 4-50

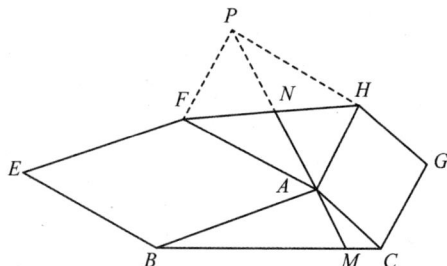

图 4-51

这里只证明反之这种情况。

证：过 H 作 AF 的平行线与 AM 的延长线交于点 P，AM 的延长线交 FH 于点 N，连接 FP，

则
$$\angle FAH + \angle PHA = 180°,$$

又由已知条件可得
$$\angle FAH + \angle BAC = 180°,$$

所以
$$\angle BAC = \angle PHA,$$

因为
$$\angle AMB = \angle FAB,\angle FAB + \angle HAC = 180°,$$

所以
$$\angle AMB + \angle HAC = 180°,$$

而
$$\angle AMB = \angle ACM + \angle MAC,$$

故
$$\angle ACM = \angle NAH,$$

于是
$$\triangle ABC \cong \triangle AHP,PH = AF,$$

因此，四边形 $AHPF$ 是平行四边形，N 是 FH 的中点。

例 54：设 $a > 0,b > 0$，证明：$\sqrt{\dfrac{a}{a+3b}} + \sqrt{\dfrac{b}{b+3a}} \geqslant 1$。

为了推广该题，我们先对该题进行证明。

证明：设 $t = \dfrac{b}{a}$，则原不等式等价于 $\sqrt{\dfrac{1}{1+3t}} + \sqrt{\dfrac{1}{1+\dfrac{3}{t}}} \geqslant 1$，由于 t 与 $\dfrac{1}{t}$ 的倒

数关系，若能证明 $\sqrt{\dfrac{1}{1+3t}} \geqslant \dfrac{1}{1+t^p}$，则同理可得 $\sqrt{\dfrac{1}{1+\dfrac{3}{t}}} \geqslant \dfrac{1}{1+\dfrac{1}{t^p}} = \dfrac{t^p}{1+t^p}$，两式

相加便可证得原题。

以下说明这样的 p 是存在的。

要 $(1+t^p)^2 \geqslant 1+3t$ 成立,只需 $2t^{p-1}+t^{2p-1} \geqslant 3$ 成立,

因为 $2t^{p-1}+t^{2p-1} = t^{p-1}+t^{p-1}+t^{2p-1} \geqslant 3\sqrt[3]{t^{p-1} \cdot t^{p-1} \cdot t^{2p-1}} = 3\sqrt[3]{t^{4p-3}}$,

令 $p = \dfrac{3}{4}$,即得 $2t^{p-1}+t^{2p-1} \geqslant 3$,于是 $\sqrt{\dfrac{1}{1+3t}} \geqslant \dfrac{1}{1+t^p}$ 成立。

我们看到在证明中用到了正数的算术平均数大于等于几何平均数的定理,其中的数 3 是至关重要的。那么,3 能否改成一般的数呢?比如 k,此时不等式右边的数 1 也必做相应的改变,设为 λ。能否进行一些推广呢?如能,k 和 λ 的关系如何?我们考察以下问题:

设 $a > 0, b > 0$,若 $\sqrt{\dfrac{a}{a+kb}} + \sqrt{\dfrac{b}{b+ka}} \geqslant \lambda$,求 λ 与 k 的关系。

同上,我们考虑 $\sqrt{\dfrac{1}{1+kt}} \geqslant \dfrac{\lambda}{1+t^p}$ 时,p, λ 与 k 应满足什么关系。

要 $(1+t^p)^2 \geqslant \lambda^2(1+kt)$ 成立,只需 $(1-\lambda^2)t^{-1}+2t^{p-1}+t^{2p-1} \geqslant k\lambda^2$ 成立,当 $\lambda < 1$ 时,上式左边是三个正数,与算术平均数大于等于几何平均数定理相应的是以下的幂平均不等式定理:

$$p_1 a_1 + p_2 a_2 + p_3 a_3 \geqslant (p_1+p_2+p_3) a_1^{\frac{p_1}{p_1+p_2+p_3}} \cdot a_2^{\frac{p_2}{p_1+p_2+p_3}} \cdot a_3^{\frac{p_3}{p_1+p_2+p_3}},$$

于是

$$(1-\lambda^2)t^{-1}+2t^{p-1}+t^{2p-1} \geqslant (4-\lambda^2) t^{-\frac{p_1}{p_1+p_2+p_3}} \cdot t^{\frac{p_2(p-1)}{p_1+p_2+p_3}} \cdot t^{\frac{p_3(2p-1)}{p_1+p_2+p_3}}$$
$$= (4-\lambda^2) t^{\frac{p(p_2+2p_3)-(p_1+p_2+p_3)}{p_1+p_2+p_3}},$$

此处 $p_1 = 1-\lambda^2, p_2 = 2, p_3 = 1$,

令 t 的指数 $\dfrac{p(p_2+2p_3)-(p_1+p_2+p_3)}{p_1+p_2+p_3} = 0$ 且 $4-\lambda^2 = k\lambda^2$,

得 $\lambda = \dfrac{2}{\sqrt{k+1}}, p = \dfrac{k}{k+1}$,又由 $\lambda < 1$,得 $k > 3$,

这时 $(1-\lambda^2)t^{-1}+2t^{p-1}+t^{2p-1} \geqslant k\lambda^2$ 成立,

从而有 $\sqrt{\dfrac{1}{1+kt}} \geqslant \dfrac{\lambda}{1+t^p}$ 成立。

综合以上,我们可将原题推广为一个更一般的新题:

若 $a > 0, b > 0$,则 $\quad \sqrt{\dfrac{a}{a+kb}} + \sqrt{\dfrac{b}{b+ka}} \geqslant \dfrac{2}{\sqrt{k+1}} \quad (k \geqslant 3)$。

6. 演变法

演变法是将习题条件中涉及的量或图式(关系式中的元素)或图形(位置或形状)作适当的改变,对原题进行改编或编制的一种方法。

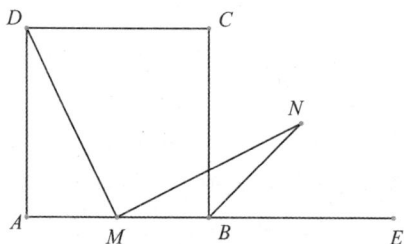

图 4-52

例 55:如图 4-52,已知正方形 $ABCD$,M 为 AB 中点,$MN \perp DM$,BN 平分 $\angle CBE$,求证:$MD = MN$。

移动点 M 的位置,我们可以有以下演变:

演变题一:已知正方形 $ABCD$,M 为 AB 上一点,$MN \perp DM$,BN 平分 $\angle CBE$,求证:$MD = MN$。

演变题二:如图 4-53,已知正方形 $ABCD$,M 为 AB 延长线上一点,$MN \perp DM$,BN 平分 $\angle CBE$,求证:$MD = MN$。

演变题三:如图 4-54,已知正方形 $ABCD$,M 为 BA 延长线上一点,$MN \perp DM$,BN 的反向延长线平分 $\angle CBE$,求证:$MD = MN$。

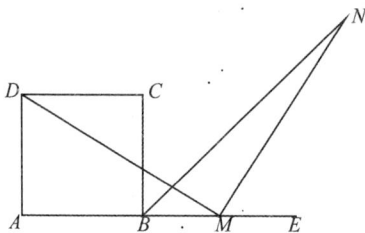

图 4-53

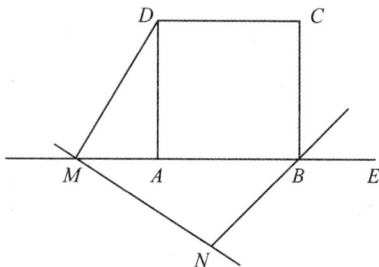

图 4-54

下面给出演变题一的一个证明方法,这个方法稍加变通即可适用于另外两题的证明。

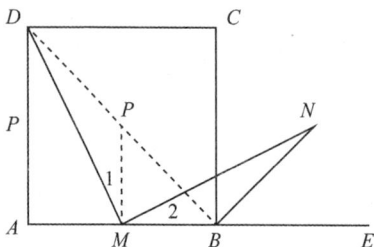

图 4-55

证明:连接 BD,过点 M 作 AB 的垂线,与 BD 交于点 P,如图 4-55,则 $MP = MB$,$\angle 1 = \angle 2$,又 $\angle DPM = \angle MBN = 135°$,所以 $\triangle DPM \cong \triangle NBM$,于是 $DM = MN$。

以下例题我们将看到用演变法编制习题的过程。

例 56:设 A,B,C 为 $\triangle ABC$ 的三个内角,则有

$$\tan A + \tan B + \tan C = \tan A \times \tan B \times \tan C, \tag{1}$$

我们知道(1)的成立源于等式

$$A + B + C = \pi,$$

同样从 $\qquad 2A + 2B + 2C = 2\pi,$

也可推得 $\qquad \tan 2A + \tan 2B + \tan 2C = \tan 2A \times \tan 2B \times \tan 2C, \tag{2}$

令 $\qquad \tan A = x, \tan B = y, \tan C = z,$

则 $\qquad x + y + z = xyz,$

利用 $\tan 2A = \dfrac{2\tan A}{1 - \tan^2 A} = \dfrac{2x}{1 - x^2}, \tan 2B = \dfrac{2y}{1 - y^2}, \tan 2C = \dfrac{2z}{1 - z^2},$

代入(2)得 $\qquad \dfrac{x}{1 - x^2} + \dfrac{y}{1 - y^2} + \dfrac{z}{1 - z^2} = \dfrac{4xyz}{(1 - x^2)(1 - y^2)(1 - z^2)}$。

于是我们可得习题:

已知 $x + y + z = xyz$,其中 x, y, z 为实数且不为 ± 1,证明:

$$\frac{x}{1 - x^2} + \frac{y}{1 - y^2} + \frac{z}{1 - z^2} = \frac{4xyz}{(1 - x^2)(1 - y^2)(1 - z^2)}。$$

此题用通分方法即可得到证明。

例 57:有外形完全一样的 9 个小球,其中有一个是次品(次品重一些),用无砝码的天平找出坏球,最少需称几次?(人教版五年级下册数学广角)

虽然问题要解决的是 9 个球,但我们往往会从"更少"的个数着手,考虑"更多"的个数,以期找出其中的规律性结论,见下表。

球的个数	保证找出次品所需称的次数	称的方式
2	1	
3	1	
4	2	
5	2	
6	2	3＋3
7	2	3＋3＋1
8	2	3＋3＋2
9	2	3＋3＋3

续　表

球的个数	保证找出次品所需称的次数	称的方式
10	3	3＋3＋4
11	3	3＋4＋4
12	3	4＋4＋4
13	3	4＋4＋5
14	3	4＋5＋5
……	……	……

演变题一：有外形完全一样的 N 个小球，其中有一个是次品（次品重一些），用无砝码的天平找出坏球，最少需称几次？

解：当 $3^{k-1} < N \leqslant 3^k$ 时，最少需称 k 次。其中一个具体的方法是：将 N 分成"最平均"的三堆，其中有两堆小球的个数相同，每一堆小球的个数都不大于 3^{k-1}，将相同个数的两堆称一次我们便可确定次品球在三堆中的哪一堆。从确定的这一堆中找出次品球，所需的称球次数不多于 $k-1$ 次。依此类推，即得上述结论。

演变题二：有外形完全一样的 9 个小球，其中有一个是次品（次品重量与正品不同），用无砝码的天平找出坏球，最少需称几次？

由于次品球的轻重未知，所以称两次不够，需称三次。那么在次品球轻重未知的情况下，称三次最多能从几个球中找出次品球呢？这就有了下列习题：

演变题三：有外形完全一样的 12 个小球，其中有一个是次品（次品重量与正品不同），用无砝码的天平找出坏球，最少需称几次？

解：最少需称 3 次。将球分为 3 堆，每堆 4 个，记为第一堆、第二堆、第三堆。把第一堆、第二堆分别放在天平的两边称第一次：若天平平衡，说明坏球在第三堆；若天平不平衡，说明坏球在第一堆或第二堆中。

（1）天平平衡

从第三堆中取 3 个球与天平上的第二堆球中的某 3 个球换一下，称第二次：若天平平衡，第三堆中余下的球便是坏球；若天平不平衡，坏球便在与第二堆交换的 3 个球中，而且可以知道坏球的轻重；锁定这 3 个球和坏球的轻重，再称一次，便可确定哪一个是坏球。

（2）天平不平衡

这时坏球在第一堆或第二堆中。为了方便叙述，把球进行编号，重的一堆球编为 1，2，3，4 号，轻的一堆球编为 5，6，7，8 号，第三堆球称为标准球。

现在对球进行重新分组:3,4,5号球为一组,1,2号球再加一个标准球为一组,称第二次:

① 若天平平衡,说明坏球在6,7,8号球中且坏球轻,这样再称一次就可把坏球找出来;

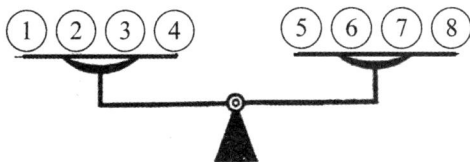

② 若天平不平衡,如果3,4,5号球重,则坏球在3,4号球中且坏球重,这样再称一次便可确定坏球;如果3,4,5号球轻,则坏球在1,2,5号球中,把1,2号球称一下(第三次称),若平衡则5号球是坏球且坏球轻,若不平衡则重的一个便是坏球。

12个小球是不是称3次能找出次品球的最大个数?具体说:如果有13个小球而其余条件和要求不变,最多称3次能找出次品球吗?

演变题四:有外形完全一样的13个小球,其中有一个是次品(次品重量与正品不同),用无砝码的天平找出坏球,最少需称几次?

解:最少需称3次。将13个小球如下编号:

① ② ③ ④ ⑤ ⑥ ⑦ ⑧ ⑨ ⑩ ⑪ ⑫ ⑬

(1)第一次称:

⑨ ⑩ ⑪ ⑫ ⑬

若天平不平衡

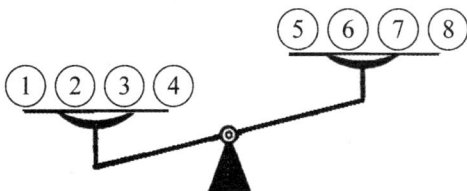

⑨ ⑩ ⑪ ⑫ ⑬

则后两次的称法与12个球的称法一样。

(2)若天平平衡,第二次称:

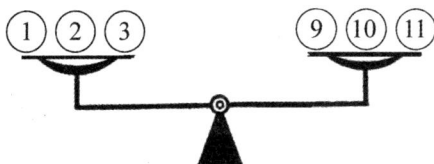

⑫ ⑬

① 若天平平衡,说明 12,13 中有一个是次品球,再称一次即可找出;

② 若天平左重右轻,说明 9,10,11 中有一个轻的次品球,再称一次即可找出;

③ 若天平左轻右重,说明 9,10,11 中有一个重的次品球,再称一次即可找出。

参 考 文 献

［1］朱德全. 数学素养构成要素探析［J］. 中国教育学刊，2002(2).

［2］王子兴. 论数学素养［J］. 数学通报，2002(1).

［3］杨芳芳，林龙英，王保燕. 数学素养［EB/OL］. http://wenku. baidu. com/link?url＝3SEYET7diR5SCaKjzJxyLNjoBLPfTtKKdPiaW1wBbGHwH8uQEf_j0WbS2UCNiKtYkOpOvnUKCQaYKpaMaDo_2t1O74l55Hz4oOcSXBm0_－C.

［4］［美］R. 柯科，H. 罗宾. 什么是数学［M］. 增订版. 左平，张饴慈，译. 上海：复旦大学出版社，2005.

［5］［英］斯科特. 数学史［M］. 侯德润，张兰，译. 北京：中国人民大学出版社，2010.

［6］章士藻. 数学方法论简明教程［M］. 南京：南京大学出版社，2007.

［7］郜舒竹. 数学的观念、思想和方法［M］. 北京：首都师范大学出版社，2004.

［8］张奠宙，过伯祥，方均斌，等. 数学方法论稿［M］. 上海：上海教育出版社，1996.

［9］王青建. 数学史简编［M］. 北京：科学出版社，2004.

［10］徐洁磐. 离散数学导论［M］. 北京：高等教育出版社，1991.

［11］张禾瑞. 近世代数基础［M］. 北京：高等教育出版社，1978.

［12］王黔玲. 形式逻辑简明教程［M］. 成都：四川大学出版社，2012.

［13］戴再平. 数学习题理论［M］. 上海：上海教育出版社，1991.

［14］赵士纲. 新课程背景下的小学数学习题的分类研究与思考［J］. 吉林省教育学院学报，2006(11).

附录一

圆周率是用什么方法获得证明的

圆的周长与直径的比是一个常数——圆周率,这个结论在欧几里得和阿基米德时代得到了证明,这个时代大约是公元前 300—前 212。证明的方法是穷竭法和双重归谬法。

穷竭法:从大量中减去一个大于或等于它一半的量,再从余量中减去大于或等于这个余量的一半的量,并且不断重复这个过程,则最后剩下的,将是一个比小量更小的量。

用现在的符号表示就是,设大量为 a,小量为 b,

第一次减,所得的量 $< \frac{1}{2}a$,第二次减,所得的量 $< \frac{1}{2^2}a$,$\cdots$,

第 k 次减,所得的量 $< \frac{1}{2^k}a$,所以存在自然数 n,使 $\frac{1}{2^n}a < b$。

在《几何原本》12 卷的命题 2 里,欧几里得使用穷竭法证明了:"诸圆彼此之比,等于在其直径上作出的正方形之比。"即

$$\frac{S}{s} = \frac{D^2}{d^2}$$

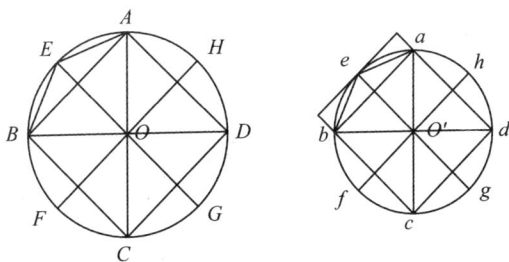

附录图 1

如附录图 1,欧几里得假定 $D^2 = BD^2$ 与 $d^2 = bd^2$ 之比不等于圆 $ABCD$ 的面积(S)与圆 $abcd$ 的面积(s)之比,而等于圆 $ABCD$ 的面积(S)与比圆 $abcd$ 的面积小的一值 K 之比。在圆 $abcd$ 内作正方形 $abcd$(见附录图 1),并过 a,b,c,d 各点作圆的外切正方形。则两正方形的面积有 2 倍关系,因外切正方形的面积大于圆面积,故圆

内接正方形的面积大于圆面积的 $\frac{1}{2}$。现设弧 ab,bc,cd,da 的中点为 e,f,g,h，过点 e 作圆 $abcd$ 的切线，在 ab 上完成一个长方形（见附录图1），这个长方形面积是 $\triangle abe$ 面积的一半，因此它大于弓形 aeb 的面积的 $\frac{1}{2}$。同理，对于弓形 bfc 也有类似结果。

继续这个过程，依穷竭法，会得到一些弓形的面积和（圆 $abcd$ 面积与内接正多边形面积差）小于圆 $abcd$ 面积与 K 的差，即

$$s-圆\,abcd\,内接正多边形面积 < s-K$$

这样，内接正多边形的面积大于 K。再在圆 $ABCD$ 中也作圆内接正多边形 $AEBFCGDH$，它与多边形 $aebfcgdh$ 相似，两者的面积比等于它们相似比的平方，

故有
$$\frac{D^2}{d^2}=\frac{S}{K}>\frac{S_{AEB\cdots}}{s_{aeb\cdots}}=\frac{D^2}{d^2},$$

矛盾说明所假定的情况不可能存在。

同理可证，若 BD^2 与 bd^2 之比不等于圆 $ABCD$ 的面积与圆 $abcd$ 的面积之比，而等于圆 $ABCD$ 的面积与比圆 $abcd$ 的面积大的一值 K 之比，也有矛盾。经过这双重归谬，得到结论 $\frac{S}{s}=\frac{D^2}{d^2}$ 正确。

阿基米德 —— 欧几里得学生的学生，用穷竭法证明了圆面积的计算公式：

$$K=\frac{1}{2}R\cdot C\,(R\,是圆的半径，C\,是圆的周长)，$$

阿基米德用穷竭法和"双重归谬法"证明了（见附录图2）：

（1）若圆面积 $S>K$，作圆内接正方形，同欧几里得一样证明，得矛盾；

（2）若圆面积 $S<K$，作圆外接正方形，可证圆面积大于圆外接正方形面积的一半，

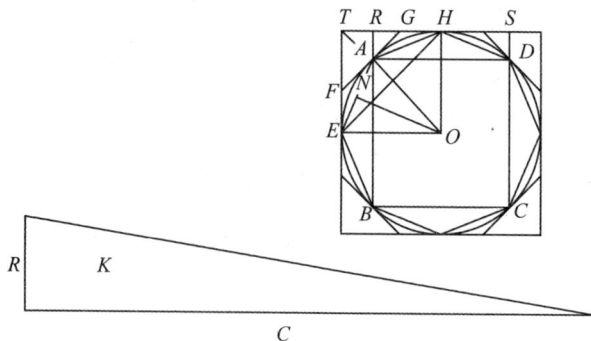

附录图2

所以,余量 $y_1 =$ 外接正方形面积 $-S < \dfrac{1}{2}$ 外接正方形面积。

在圆外接正方形的基础上,作圆外接正八边形(见附录图2),因为 $S_{\triangle EAF} + S_{\triangle HAG} < S_{\triangle FGT}$ (这只要证明 $EF < TF$ 即可),所以,外接正八边形的面积 $-S < \dfrac{1}{2}y_1$。

依次继续做,同理可知每一次的余量都符合穷竭法的要求,

所以,外接正多边形面积与圆面积之差 $< K - S$,

即外接正多边形面积 $< K$,

但圆外接正多边形的面积 $= \dfrac{1}{2}R \cdot C_n$,其中 C_n 是外接正多边形的周长,显然 $C_n >$ C,这样 $K > S$,矛盾。所以 $S = K$。

把欧几里得的结论与阿基米德的结论联立起来即可推出 $\dfrac{C}{c} = \dfrac{D}{d} \rightarrow \dfrac{C}{D} = \dfrac{c}{d}$。

最早的圆周率近似值由阿基米德计算得出。

附录二

勾股定理的别名

勾股定理又称毕达哥拉斯定理。但在希腊它还被称为已婚妇女定理,在阿拉伯被称为新娘的座椅,这是怎么回事?

事情要从欧几里得在《几何原本》第1卷命题47中对勾股定理的证明用图说起,见附录图3。欧几里得的证明方法可见本书第四章第四节例25。

古希腊天文学家对巴比伦的星座说法进行了补充和发展,编制出了古希腊星座表。公元2世纪,古希腊天文学家托勒密综合了当时的天文学成就,编制了48个星座,并用假想的线条将星座内的主要亮星连起来,把它们想象成动物或人物的形象,结合神话故事给它们各起了适当的名字,如猎户座、金牛座等。正是古希腊的星座文化,使古希腊人对欧几里得证明勾股定理的图进行了充分的想象,把它想象成附录图4的模样,并把勾股定理称为已婚妇女定理。

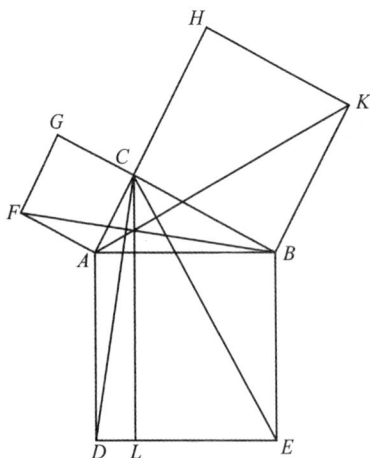

附录图3

附录图4

图书在版编目(CIP)数据

教育数学基础 / 汪一敏著. —杭州：浙江大学出版社，2015.12
ISBN 978-7-308-15147-4

Ⅰ.①教… Ⅱ.①汪… Ⅲ.①小学数学课—教学研究 Ⅳ.①G623.502

中国版本图书馆 CIP 数据核字（2015）第 223868 号

教育数学基础

汪一敏　著

责任编辑	何　瑜（wsheyu@163.com）	
责任校对	余梦洁	
封面设计	杭州林智广告有限公司	
出版发行	浙江大学出版社	
	（杭州市天目山路 148 号　邮政编码 310007）	
	（网址：http://www.zjupress.com）	
排　　版	杭州林智广告有限公司	
印　　刷	浙江省良渚印刷厂	
开　　本	710mm×1000mm　1/16	
印　　张	15	
字　　数	277 千	
版 印 次	2015 年 12 月第 1 版　2015 年 12 月第 1 次印刷	
书　　号	ISBN 978-7-308-15147-4	
定　　价	38.00 元